영혼의 길잡이 2

Orientations Volume 2 Part A for
Those Who Accompany Others on the Inward Journey
Copyright ⓒ by John A. Veltri, S. J.
Guelph Centre of Spritualiy, Guelph, Ontario, Canada N1H 6J9

Translated by KIM Yong Taek, S. J.
Korean translation ⓒ 2023 by Dong Yeon Press
Published by arrangement with John A. Veltri, S. J.

영혼의 길잡이 2
― 내적 여정을 동반하는 사람들을 위한 책

2023년 12월 11일 처음 찍음
(천주교 서울대교구 인가일 2023년 10월 13일)

지은이 | 존 벨트리
옮긴이 | 김영택
펴낸이 | 김영호
펴낸곳 | 도서출판 동연
등   록 | 제1-1383호(1992년 6월 12일)
주   소 | 서울시 마포구 월드컵로 163-3
전   화 | (02) 335-2630
팩   스 | (02) 335-2640
이메일 | yh4321@gmail.com
S N S | instagram.com/dongyeon_press

Copyright ⓒ 도서출판 동연, 2023

ISBN 978-89-6447-972-8 04230
ISBN 978-89-6447-970-4 (영혼의 길잡이 시리즈)

영혼의 길잡이 2

내적 여정을 동반하는
사람들을 위한 책

존 벨트리 지음
김영택 옮김

동연

옮긴이의 글

『오리엔테이션』(*Orientations*)의 저자인 존 벨트리John A. Veltri, S. J.는 캐나다 예수회 신부이다. 그는 Spiritual Freedom의 저자인 존 잉글리시John English, S. J.와 더불어 캐나다 구엘프Guelph의 예수회 영성센터 로욜라 하우스 Loyola House에서 영성 프로그램 운영과 증진에 탁월한 역할을 하였다.

나는 예수회에서 수련과 철학 과정을 마친 후 서강대학교 교목실에서 사목 실습을 하던 1992년 초에 벨트리의 책『오리엔테이션』을 처음 보았다. 그것은 보급판 피정 지도 안내서였다. 나는 때때로 피정 지도할 때 이 책을 참조하며 많은 도움을 받았다. 벨트리는 이 책의 내용을 증보하여『오리엔테이션 1』(*Orientations vol. 1*)이라는 이름으로 1994년에 출판했고『오리엔테이션 2』(*Orientations vol. 2*)를 A와 B로 나누어서 1998년 2월에 출판했다. 나는『영혼의 길잡이』라는 이름으로『오리엔테이션 1』을 2006년에 번역하고 이나시오 영성연구소에서 한정판으로 출판했다. 그 후 나는 이 책의 오역과 미진한 부분을 발견하고 교정한 후 이번에『영혼의 길잡이 2』(2A), 『영혼의 길잡이 3』(2B)과 함께 출간하게 되었다.

나는 벨트리에게 권유를 받았고, 로욜라 하우스에서 받은 수련과 체험을 잊지 않으려고, 또 예수회를 통해 받은 하느님의 많은 은총에 조금이라고 보답하고 싶은 마음으로 이 책을 번역했다. 그런 마음으로 시작했음에도 나의 부족한 능력 때문에 번역은 지난한 과정이 되고 말았다. 하지만 번역 과정은 십수 년 전 고인이 된 벨트리를 다시 만나 대화하고 가르침을 받는 기회를 내게 주었다. 또한 이 책은 1:1 개인 지도뿐만 아니라, 비록 일곱 명이라는 적은 숫자지만, 지도할 영성 지도자들을 양성하면서 시행착오 겪은 끝에 번역하였는데, 그들은 내게 많은 도움을 주었다. 특히 이 책은 내가 로욜라 하우스의 인턴 과정에서 배우고 체험한 것을 떠올려 주면서 나의 영성 지도자로서 부족한 자질뿐만 아니라 우여곡절을 겪으면서 드러난 나약함과 한계를 돌아보고 계속 다듬고 넘어서도록 도전하고 도와주었다.

보스턴의 웨스턴예수회신학대학원의 마가렛 가이더Margaret Guider 교수는 나에게 영성 지도 실습 과목을 지도하면서 로욜라 하우스의 영성 지도자 과정을 권유했다. 나는 가이더 교수의 권유와 추천에 용기를 얻어 특수 연학으로 1997부터 1998년까지 로욜라 하우스의 영성 지도자 인턴십 프로그램에 참여했다. 그 당시 벨트리는 로욜라 하우스 옆 힐 커뮤니티Hill Community라는 예수회 공동체에서 영성 지도하며 책을 쓰고 있었다. 내가 그를 처음 만났을 때 그의 책『오리엔테이션』을 언급하며 몹시 반가워하자 그는 놀라면서 기뻐하였다. 우리는 때때로 힐 커뮤니티에서 같이 식사하면서 영신수련과 영성 지도에 대해서 대화를 나누었다. 어느 날 그는 자신이 예수회 안에서 많은 고통을 겪었다고 내게 조용히 이야기했다. 그때 나는 오랫동안 로욜라 하우스에서 영신수련 지도에 많은 공헌을 했을 뿐만 아니라『오리엔테이션』이라는 탁월한 책을 쓴 그가 고통을 겪었다는 말에 의아했다.

로욜라 센터의 초기부터 운영에 참여했던 벨트리는 다음과 같이 회상했다. "나는 70년대 초부터 로욜라 하우스의 지도자들과 이것을 체험하는 여러 가지 방법을 개발했다. 그들은 이렇게 사전에 준비하는 기간을 준비 기간(Disposition Days)이라고 불렀다. 나도 그들과 함께 일하고 영신수련 지도 방법을 훈련시키면서 영성 지도의 초기 단계에서 준비 기간 적용 방법을 배웠다"(『영혼의 길잡이 3』, 262). 그의 증언에 따르면, 그들은 기존의 방식에서 벗어나 영신수련 본문과 피정자들의 체험을 바탕으로 서로 대화하며 새로운 지도 방법을 개발하고 적용했다. 추측건대 그는 새로운 영성 지도 방법을 적용하고 시도하는 과정에서 고통을 겪었던 것 같다.

로욜라 하우스에서 지도자들은 피정 지도를 할 때마다 매일 오후에 모여 지도 경험을 서로 나누었다. 그들은 이것을 팀 모임(team meeting)이라고 불렀다(『영혼의 길잡이 3』). 우리는 팀 모임에서 서로 신뢰하고 우리 자신의 나약함과 한계를 나누었다. 이런 나눔은 지도자가 다른 지도자들에게 자격이 없는 사람으로 판단 받을 수 있는 위험한 장소와 시간이 될 수 있었다. 하지만 우리는 모두 한계를 지녔음을 인정하였기에 팀 모임은 동료에게서 도움과 격려를 받으며 영성 지도 기술을 다듬을 수 있는 안전한 장소와 시간이 되었다. 그런데도 나는 팀 모임에 들어가기 전에 늘 긴장했다. 하루는 그곳에서 수년 동안 팀의 일원이었던 제임스 볼러James Bowler S.J.가 "나는 이 모임에 들어가기 늘 두렵고 긴장된다"라고 내게 슬며시 이야기했다. 그때 나는 "나만 그런 줄 알았는데 너도 그러냐"라며 맞장구를 쳤다. 우리는 서로 공감하고 웃으면서 모임에 들어갔다. 비록 내게 긴장과 두려움을 느끼게 했던 모임이었지만 나는 한국에 돌아와 많은 시간을 혼자서 지도할 때면 그들과 함께했던 모임이 무척 그리웠다.

지도자들이 대화를 통해 스스로 나약함과 한계를 드러내면서 새로운 방법을 찾고 시도하는 로욜라 하우스의 문화가 낯설고 불편한 사람들도 있을 것이다. 그러나 실패를 통하지 않은 성장은 없다고, 벨트리를 비롯한 수많은 사람의 주장에 동의하는 사람들은 로욜라 하우스의 문화를 수용하며 성장했을 것이다. 또한 로욜라 하우스의 영성 지도자들이 이런 과정을 통해서 연구하고 발전시킨 영성 지도 방식은 많은 사람에게 영적 도움을 주었다.

이 책은 도전과 실패를 통해서 성장해 온 로욜라 하우스에서 영성 지도하고 영성 지도를 연구하며 자신의 신념을 지키고 살아온 벨트리의 삶과 지도 체험이 녹아있는 작품이다.

벨트리는 지도자의 역량과 필요에 따라서 『영혼의 길잡이』 2권과 3권을 저술했다. 『영혼의 길잡이 2』는 일러두기 19번을 따라 영신수련을 1:1로 지도하는 초보 영신수련 지도자를 위한 것이다. 그러나 벨트리는 피정 센터에서 진행되는 일러두기 20번을 따르는 영신수련 지도에도 『영혼의 길잡이 2』를 사용할 수 있다고 주장한다. 이것은 영신수련을 초대하고 이끄는 분이 성령이라는 것을 생각하면 당연한 주장이다. 하느님께서 우리 영혼에 들어오도록 허락하는 관상적 태도로 기도할 수 있는 곳이라면 그 어떤 곳에서라도 성령께서 이끄시는 영신수련을 체험할 수 있다. 피정자가 관상적으로 기도할 수 있으려면 자신을 안팎으로 잘 준비해야 한다. 피정자가 기도하도록 하고, 때와 상관없이 그렇게 준비할 수 있도록 잘 도와주는 것도 지도자의 역량이다.

『영혼의 길잡이 2』의 준비 기간에 대한 연속 해설은 그런 지도자의 역할을 자세하고 적절하게 설명했다. 이것은 벨트리를 비롯한 여러 지도자의 오랜 지도 체험에서 나온 실천적 지혜로서, 초보 지도자가 1:1 개인 지도에서 일어나는 여러 가지 상황에 잘 대처하면서 피정자를 준비시키도록 도와준다.

『영혼의 길잡이 2』는 준비 기간 해설에 이어서 영신수련의 각 주간에 따른 피정자의 역동과 이에 대한 지도자의 역할에 대해서도 자세하게 설명했다. 게다가 벨트리는 『영혼의 길잡이 2』에 30일 영신수련에 맞춘 매일의 기도 자료 30세트도 열거했다. 이것은 이냐시오의 영신수련 책에 담긴 내용을 바탕으로 하지만 더 다양한 성경 구절도 제시했다. 따라서 독자는 이러한 내용과 자료를 바탕으로, 벨트리의 주장처럼 『영혼의 길잡이』 2권을 일러두기 19번과 20번뿐만 아니라 다양한 방법으로 진행되는 영성 지도에 적용할 수 있을 것이다.

독자는 이 책을 읽으면서 자기도 모르게 벨트리의 주장에 동화되어 이 책의 지시를 곧이곧대로 따르게 될지도 모른다. 벨트리는 이 점을 간파했는지 이 책을 하나의 길잡이로 삼되 스스로 길을 개척하도록 어느 순간에는 이 책에서 벗어나라고 다음과 같이 권했다.

"부칙과 관련해서(그리고 이 책에 담긴 모든 것!!), 그것들은 그저 수많은 가능성과 가상적인 각본에 불과하다는 것을 기억하라. 기도 길잡이는 바로 당신이다. 그리고 당신의 적용과 성찰이 문자로 쓰인 지시보다도 훨씬 더 나은 도구일 수 있다. 실제로 진행되는 영신수련에 맞게 적용하는 것이 영신수련 역동의 본질이다. 지도를 지형에 맞추어야지 지형을 지도에 맞추면 안 된다"(『영혼의 길잡이 2』, 78쪽).

이러한 권유는 책에 쓰인 문자가 아니라 성령께서 영성 지도 현장에 함께하며 이끄신다는 그를 비롯한 로욜라 하우스 지도자들의 체험과 믿음에서 나온 결론일 것이다.

『영혼의 길잡이 3』은 어느 정도 능숙해진 지도자를 위한 영신수련과 관련된 다양한 이론과 접근 방법에 대한 내용이다. 그 첫 번째가 관상에 대한 해석이다. 관상은 영신수련에서 가장 중요한 기도와 식별의 핵심 수단이다. 벨트리는 이냐시오가 영신수련에서 제시하는 관상 방법은 하느님을 직접 만나는 유일한 방법이 아니라 이냐시오가 체험했던 방법이며, 영신수련 본문에 있는 모델이라고 주장했다(3권, 47쪽). 특히 그는 관상을 '복음 관상'이라고 부르면서 이 부분을 깊고 자세히 다루었다. 그는 강생 수련(영신수련 100번)에 담긴 이냐시오의 설명은 이냐시오의 상상 방법이라고 주장했다. 따라서 그는 영신수련 본문의 방법 그대로 관상해야 한다는 주장은 이냐시오와 똑같은 방법으로 복음 관상을 하라고 강요하는 것임을 강조했다.

지도자가 영신수련 책의 문자에 지나치게 고착해서 이냐시오와 똑같은 방법으로 관상하라고 요구한다면 피정자들은 이냐시오와 똑같은 사람이 아니기 때문에 당연히 영신수련을 하면서 어려움을 겪을 것이다. 나도 역시 예수회 입회 후 수련원에서 처음 영신수련을 하면서 비슷한 어려움을 겪었다. 우리는 성격과 삶의 역사와 체험이 서로 다르기에 관상도 다르게 체험하는 것이 당연하다. 벨트리는 우리를 복음 관상의 세계로 이끄는 성령께서는 우리 각자에 맞게 복음 관상의 세계로 이끄신다고 주장했다. 나도 나의 영신수련 체험과 영성 지도 체험에 비추어 봐도 그의 주장이 영신수련의 의도에 합당하다고 생각한다.

복음 관상과 더불어 벨트리는 3권에서 영신수련의 진행 과정을 새로운 방법으로 시도했다. 그는 영신수련을 하는 피정자의 상태를 치유, 용서와 부름으로 나누었다. 이것은 다양한 영적인 움직임을 세 가지로 간단하게 축소하였기에 복잡한 피정자의 상황에서 앞으로 나아갈 방향을 잡는 데 도움을 준다. 한편 일레인 프리고Elaine Frigo, CSSF는 언제나 지도 방향을 이것만으로 축소하는 것은 바람직하지 않다고 내게 충고했다. 나도 그렇다고 생각한다. 그러나 식별과 선택이라는 영신수련의 주목적을 바탕으로 진행됐던 그간의 경향에서 본다면, 벨트리가 세 가지 상태 중에 특히 치유를 영신수련의 관점에서 설명한 부분은 매우 독창적이다.

그는 영신수련을 경험하려고 오는 사람들 대부분이 기억의 상처를 갖고 있고 치유가 필요하다는 것을 발견했다. 이러한 필요에 부합하고자 그는 피정자를 효과적으로 치유하는 방법을 피정자의 상태와 지도자의 역량에 맞게 구체적이고 자세하게 설명했다. 나도 상처 입은 사람들을 영적으로 동반할 때 그의 조언에 따라서 준비 기간이나 영신수련 둘째 주간에 상처를 치유하는 쪽으로 진행했다. 그런 과정을 통해서 나는 하느님을 만나 깊게 치유를 받은 피정자들을 많이 만났다. 따라서 영성 지도자들이 벨트리의 조언을 따른다면 치유가 필요한 피정자에게 도움을 줄 수 있을 것이다.

그 외에 벨트리는 3권에서 그리스도 나라 신화 해석과 접근, 결정 과정에 대한 설명, 4열 종대를 포함한 결정 방법과 승인 과정, 영신수련에 대한 다양한 해석과 접근, 두 번째 식별 규칙 세트와 첫 번째 규칙 세트 사이의 차이점과 관련성을 깊게 탐구했다. 또한 그는 영신수련에서 일어나는 회심 과정, 심리상담과 영성 지도와의 관계, 전통적 세계관과 발전적 세계관, 사회적 분석과 신학적 분석, 영성 지도자의 위상 등등에서 깊이 있고 새로운 이론을 전개하였다. 이러한 전개 과정을 통해 그는 다음과 같이 결론을 내렸다.

"당연히 오늘날 삶의 여정에서 신비에 대한 감각을 유지하거나 회복하고 사람들이 영혼을 잃지 않도록 돕는 우리 가운데 누군가는 '전문성'을 자신의 접근법에 숙련되게 통합하는 도우미가 되어야 할 필요가 있다. 영성 지도가 이렇게 되어야 한다는 것이 나의 지론이다"(3권, 360쪽).

나도 그의 지론에 전적으로 동의하면서 이 책은 영성 지도자들의 전문성 제고에 많은 도움이 된다고 생각한다.

다른 고전과 마찬가지로 우리는 영신수련을 잘못 해석하고 오해할 수 있다. 특히 영신수련은 수련 방법을 체계적이고 조직적으로 설명하였기에 오해가 빈번하게 일어나고 그것이 마치 이냐시오의 의도인 것처럼 사람들에게 전달되기도 한다. 벨트리는 이냐시오가 피정자에게 보내는 편지 형식으로 쓴 글에서 이점을 강조했다. "수년에 걸쳐서 사람들은 불행하게도 내 영성을 너무 엄격하고 조직적으로 생각했습니다. 그들이 그렇게 생각한 것은 영신수련의 외적인 구조와 내용을 내적 역동과 분리했기 때문이며, 언제나 내가 믿어온 매우 단순한 접근법을 때때로 잘못 해석하고 오해했기 때문이기도 합니다. 다시 말하면 우리는 오직 준비하고 창조적으로 개방하면서 최선을 다합니다. 그러면서도 우리는 오직 하느님의 영만이 우리가 찾고 있는 것을 주실 수 있다고 알고 있습니다"(2권, 385쪽).

문자에 갇혀서 체험을 방법이라는 틀에 끼워 넣으려는 지도자들 때문에 피정자들은 잘못 인도되거나 고정된 이냐시오 영성을 지니게 된다. 벨트리는 영신수련을 방법으로만 축소하면 오히려 이냐시오 영성을 배반하는 것이라고 강력하게 주장한다. 영신수련의 방법을 지나치게 고집하는 지도자들은 성령의 활동과 피정자의 유일성을 고려해서 이 말을 새겨들어야 할 것이다.

벨트리는 "이냐시오가 16세기의 사람들을 대상으로 영신수련을 저술했다"는 사실을 지적했다. 하지만 이냐시오는 피정자의 상황과 사정에 맞추어서 영신수련을 적용하라고 권했다. 벨트리는 이러한 관점을 발전적 세계관이라고 정의했다. 이것은 이냐시오가 살았던 중세와 다른 상황에서 살고 있는 사람들을 동반하는 우리에게 반가운 소식이 아닐 수 없다. 『영혼의 길잡이』도 발전적 세계관으로 쓰인 탁월한 책이지만 벨트리가 서문에서 말했듯이 이 책 역시 서구인들의 삶과 문화에서 나온 안내서이다. 따라서 독자들이 이 번역서를 사용하여 한국인들을 위하여 지도할 때는 안내서의 근본 취지를 유지하되 한국인들의 삶과 문화에 맞게 적용하면 더 도움을 받을 것이다.

벨트리는 영성 지도에 담긴 믿음을 다음과 같이 표현했다. "기도 체험을 표현하는 신앙인과 그녀의 이야기를 듣고 그녀가 표현한 내적인 현실을 스스로 주목하도록 돕는 또 다른 신앙인이 있다(3권, 264쪽). 영성 지도는 사제에게만 주어진 성사가 아니다". 이냐시오도 오랫동안 평신도로서 영신수련을 지도하였다. 따라서 영성 지도 카리스마가 있는 사람이면 누구나 이런 사명에 초대되고 파견될 수 있다. 또한 개인 영성 지도에 관심 있고 영성 지도에 대한 잠재력을 가진 가톨릭 평신도를 포함한 그리스도인은 누구라도 이 책을 통해 실질적인 도움을 받을 수 있을 것이다.

이 책을 교정해 준 최선경 카타리나 박사와 동연 출판사의 김영호 사장 이하 직원들 그리고 물심양면으로 후원해 준 사람들에게 감사를 드린다. 또한 부족한 나에게 자신들의 이야기를 나눠준 피정자들을 기억한다. 그들이 없었다면 하느님의 놀라운 손길을 체험하지 못했을 것이고 이 책을 번역할 용기도 내지 못했을 것이다. 그들과 스승이며 친구였던 벨트리를 비롯한 로욜라 하우스의 영성 지도자들에게 이 책을 바치며 감사를 드린다.

2023. 11.

김영택 S. J.

감사의 글

먼저 인내와 통찰과 전망vision을 가지고 지속적으로 살펴봐 준 존 잉글리시, S. J.에게 감사를 드린다. 그가 아니었으면 영신수련을 결코 사랑하지 못했을 것이다. 대부분의 내 생각은 그와 함께 찾아낸 것이다. 나는 1970년대 초 개발했던 첫 번째 기도 방법의 대부분은 존 잉글리시의 영신수련 책에 적힌 핵심 성경 구절에서 나온 것으로 기억한다. 그는 언제나 광범위한 비전에 관심이 있었고, 나는 그것으로부터 얻은 통찰과 함께 그것을 수용하는 특권을 누렸다. 존은 하느님께서 자신에게 준 은총을 자유롭게 나눌 정도로 관대했다. 결국 나는 그가 뿌린 많은 씨앗이 자랄 수 있게 만들었다.

많은 시간이 소요된 책의 문법과 문장을 인내로 교정해 주었고, 나의 직관적인 우뇌에서 떠오르는 통찰의 파편을 끄집어내 준, 성공회 성 조지교회의 사제인 진 미첼Jean Mitchell에게 감사의 빚을 졌다.

나에게 자유를 주고 분위기를 조성해 주면서 책을 출판할 수 있도록 경제적으로 또 진심으로 지지해준 예수회 공동체에 감사드려야 할 빚을 졌다. 늦었지만 심리적인 조명을 알게 해 준 고든 조지Gordon George, S. J.에게 감사를 드린다. 이 책의 문제점을 찾아주고 매우 유익한 제안을 해준 일레인 프리고, 정신적 구조라는 관점에서 생각하도록 가르쳐 준 존 레사지John LeSarge, 사회 분석에 대한 자신의 통찰을 가르쳐 준 잭 밀란Jack Milan, 자신의 예비 수정 원고와 이 책을 마치도록 확신을 더해준 피터 올리펀트Peter Oliphant, 지속적으로 지지해주고 세세한 차이를 제시해 준

프랭크 월른Frank Whelan, S. J., 문화적 관점에 대해 보게 해 준 존 위컴John Wickham, S. J.에게도 감사를 드린다.

근무기력증을 앓고 있는 나를 직접적이고 지속적으로 돌보는 사람들이 필요했다. 지난 4년 동안 그들의 보살핌이 없었다면 나는 결코 이 책을 완성할 엄두도 내지 못했을 것이다. 따라서 구엘프의 장애인 보호 센터의 전체 임직원과 수행 간호사들인 리사Lisa, 린다Linda, 셰릴Cherly, 재니스Janice, 안젤라Angela, 사라Sarah, 조나Jonna, 캐시Cathy, 멜리사Melissa, 줄리Julie E., 베로니카Veronica, 애널리스Annelies, 디Dee, 브랭크Brank, 애슐리Ashley, 레슬리Leslie, 팜Pam, 메리Mary, 브랜이Brani, 헬렌Hellen, 줄리Julie P., 킴Kim I., 킴Kim M., 그리고 마르타Marta에게 감사를 드린다. 내 몸을 지속적으로 돌보아 주고 도서관에서 책을 찾아주며 사려 깊게 도움을 준 진 맥크라렌Gene McLaren, S. J.와 이 책을 타이핑하도록 도와준 카이로프락터인 크리스티 문로Christie Munro에게도 감사드린다.

이 책에 대한 여러 가지 디자인을 포함해서 창조적인 생각을 제시해 준 케빈 볼리아나츠Kevin Bolianatz, 최종 디자인을 결정하는 데 도움을 준 루이스 누겟Louise Nuget, 기도 자료의 해설을 디자인한 블러리 헤인스Rev. Vlerie Haines, 자신의 시를 준 루스 매클린Ruth Mclean, 유익한 제안을 한 프로비도 크로졸레토Provvido Crozzoletto, MCCJ, 격언을 준 타시아 거윙Tarcia Gerwing과 데이빗 하웰스Rev. David Howells, 책의 형식에 관련되어 유익한 추천을 한 블루 아리스 멀티미디어 그룹Blue Iris Multimedia Group의 앨런 레이Alan Ray에게도 감사를 드린다.

축복, 기도, 희망

당신이 이 책을 참조할 때 당신의 기도와 삶에 따라서,
영신수련의 흐름과 당신이 알고 있는 다른 분야의 지식에 비추어
하느님과 함께하는 피정자의 기도와 삶의 체험을
성찰할 수 있기를 바란다.
당신이 이 책을 읽으면서 하느님의 신비로
더 깊이 타인을 안내하는 기술과 이해를 증진시키는
지혜를 발견하기를 바란다.
에페소 3,17-21와 II코린 1,3-7은 여러분을 위한 나의 기도이다.

차례 —————————————————————————————

들어가기

나는 다양한 환경에서 영신수련 여정을 하는 사람들을 동반하는 길잡이들의 학습과 심도 깊은 토론에 도움을 주기 위해 이 책을 썼다. 또한 나는 이 책에서 영신수련 지도자들이 기술에 대해 토론할 때 필요한 대화를 조성하려고 노력했다. 이러한 대화를 통해 이론과 실제, 추측과 획기적인 통찰이 서로 혼합된다. 우리는 이 모두를 경험하면서 끊임없이 놀란다.

나는 쓸 내용이 많아서 책을 두 권으로 나누었다. 나는 영혼의 길잡이 2권에 전반부 1, 2부를 넣었고 3권에 3, 4, 5부를 넣었다.

1부는 몇 차례의 지도 감독을 받으며 19번에 따른 영신수련을 동반하기 시작하는 초보 영적 길잡이를 위한 연속 해설이다. 나는 1부에서 그런 사람을 '기도 길잡이prayer guide'[1]라고 불렀다. 나는 1부 전체에서 기도 길잡이가 피정자의 수련 여정을 안내하면서 영신수련의 내용과 기술을 연구하고 이용할 수 있도록 영신수련 본문의 해당 문장과 이 책의 일부를 참조하였다.

2부는 내가 앞에서 언급한 기도 길잡이를 포함한 모든 영성 지도자들에게 유용한, 일러두기 19번에 따른 영신수련 여정 동반과 영신수련 여정의 적용 자료이다.

3부는 영혼의 길잡이 3권에서 시작하며 더 진전된 이론과 실습으로서 영신수련에 대한 더 깊은 이해이다. 나는 3부에서 영신수련을 다른 방법의 영성 지도에 적용하는 데 필요한 의견을 제시했다. 또한 3부는 연속 해설이 필요 없는 영성 지도자들과 실천적인 영성을 가르치는 사목자들을 위한 것이다. 나는 3부에서 영신수련의 중요 분야를 다음과 같이 체험적이고 실제적으로 탐구했다.

1. 나는 3부에서 영신수련 본문을 영성 지도자의 체험과 연관시켰고 영신수련 여정과 더불어 영신수련 밖에서 일어나는 피정자의 체험도 연관시켰다.

2. 3부는 다음과 같이 강의용으로 사용될 수 있다.

• 참고사항은 영신수련 본문과 마찬가지로 연속 해설에 들어있다. 따라서 학생들은 피정자를 안내하면서 강의에서 배웠던 이론을 발견하고 '익숙해질' 수 있다.

• 자신들의 체험과 판단이 이론과 상반되는지 학생들 스스로 점검하도록 독려하는 성찰과 연구 과제는 각 장에 있다.

• 나는 3부에서 심리학적 · 사회학적 · 문화적 소양 · 기타 등등과 같은 지식과 지혜를 갖춘 학생들을 지원하기 위해 계속 연결했다.

4부의 지속적 영성 지도는 영신수련의 이용과 적용 그리고 일반적인 영성 지도와 관련된 문제를 다루었다. 나는 3부에서처럼 강의실에서 연구하고 성찰하며 토론할 수 있도록 도움을 주는 쪽으로 4부를 구성했다. 게다가 나는 초보 영성 지도자들을 위한 프로그램 작성과 광범위하고 다양한 환경에서 수행하는 사도직 촉진을 위한 자료를 4부에 담았다.

5부의 부록은 이 책의 모든 다른 부분과 연결된다. 5부의 내용은 다음과 같다.

A. 영적 안내자의 자질 함양에 필요한 수단

B. 이 책에서 사용되고 내포된 주요 용어와 개념을 '실용적으로 정의한' 용어집

C. 연구 보조 색인, 다이어그램, 성찰 질문, 사례

D. 책 전체에 관련된 주요 용어와 개념 색인

당신이 이 책의 맥락을 더 연구하고 싶다면 30장을 읽어라. 나는 거기서 더 명확하게 구별해서 이 책의 맥락을 밝혔다. 게다가 내가 심혈을 기울인 30장의 구별은 영신수련과 영신수련 적용 토론에서 발생하는 모호성을 규명하는 데 도움을 준다.

진지한 담론에 대한 설명

나는 이 책에서 영신수련을 학문적으로 연구하지 않았다. 나는 내 주장이 전통적이고 확고한 연구 문헌에 근거했음을 입증하기 위한 주석을 달지 않았다. 나는 더 비판적인 성찰에 필요한 자료를 제공했다. 이 책은 대화와 우호적인 회합, 세미나 그리고 실제적인 워크숍 체험을 나눠준 영적 길잡이들의 지혜를 모은 설명서이다. 여기에 담긴 지혜는 매우 다양한 관점에서 기술을 연마한 이냐시오 영성 지도자들의 풍부하고 생생한 구전이다. 나는 설명서 전체를 간결하게 썼다. 어떤 부분은 여러분에게 너무 단순해 보일 수도 있고, 다른 부분은 매우 복잡하고 도전적으로 보일 수도 있다. 이 책은 실제적인 것과 근거가 없이 직관적으로 비약된 것처럼 보이는 방법에서부터, 연결되지 않은 채 남아 있을 수도 있는 고립된 정보 조각 주변을 스스로 맴돌 수 있는, 다소 깊은 통찰에 이르기까지 일률적이지 않고 다양한 측면을 설명한다. 여러분

중 몇몇은 다듬어지지 않은 문체가 불편할 것이며, 다른 이들은 더 사실적이거나 배우기 쉬운 문체가 산파maieutic와 같고 편안할 것이다.[2]

이 책의 사용 방법

나는 이 책을 처음부터 끝까지 한 번에 쭉 읽게 쓰지 않았다. 또한 영신수련을 전통적으로 해설한 책에서 일반적으로 연상되는 동일한 논리를 전개하지 않았다. 대체적으로 나는 연속 해설을 제외하고는 하나의 장에서 다른 장을 연역적으로 전개하지 않았다. 당신은 3권의 각 장을 그 자체로 이해할 수 있고, 다른 장에서 전개됐을지라도 각 장의 지식과 관련되고 반복되는 개념을 만나게 될 것이다. 나는 이 책 자체를 서로 대조했고 이 책과 『영신수련』의 일러두기를 서로 대조했다. 따라서 당신은 필요에 따라 이 책의 가치를 판단할 수 있다.

당신이 영성을 가르치거나 훈련받은 영성 지도자 또는 기도 길잡이의 지도 감독자라면 색인과 용어 풀이에서 관심 사항을 찾아보라. 그다음에 3부나 4부에서 한 장을 선택하고 이 책의 다른 부분까지 참조와 곁들여서 그 장 전체를 읽어라.

당신이 영신수련 피정자를 동반하는 기도 길잡이들을 양성하기 위한 지침서를 찾고 있다면, 특별히 이 책의 4부를 주목하라. 그것은 4부 이전에서부터 『영신수련』 내용 밖의 상황에 이르기까지의 기도 길잡이의 학습에 적용된다. 또한 이어지는 표제에 딸린 내용도 읽어라.

초보 영신수련 지도자를 위한 조언

당신이 일러두기 19번으로 누군가를 도우려고 안내서를 찾을 때 여정 전체를 지도하는 비결recipe을 찾으려고 하지만 않는다면 이 책은 당신이 필요로 하는 모든 것일 수도 있다. 이미 정해진 프로그램이나 지도 방법은 너무 기계적일 수 있다. 그런 것은 피정자의 요구를 식별하는 데 도움을 주는 자료를 적용하도록 안내하지 못하거나, 당신의 직관이나 판단을 믿지 못하게 만들 것이다. 자료 없이 당신 스스로 일하도록 이끌어 주지 않는 설명서는 쓸모가 없다.

1장부터 19장까지의 연속 해설은 19번을 따르는 영신수련 동반에 도움을 주는 다소 상세한 안내서이며 지도map이다. 나는 1장에서 10장까지 매우 상세하게 여정 동반을 설명했으나 거기에서조차 프로그램에서 벗어나서 제시된 구조가 육성하려는 과정에 집중하라고 당신에게 권장했다. 당신은 이 시점에서 피정자에게 원칙elements이 필요하지 않기 때문에 기간을 더 길게 연장해서 제시된 원칙을 적용하거나 무시할 필요를 곧바로 알아챌 것이다. 그런 원칙은 연속 해설이 가정한hypothesized 것과 다른 입장을 지닐 수도 있다. 나는 지형을 지도에 맞출 것이 아니라 지도를 지형에 맞추라고 당신에게 거듭 촉구할 것이다.

가끔 이 책을 사용하는 사람은 나의 직관적인 논리 때문에 혼란스러울 수도 있다. 나는 필요할 것 같은 새로운 주제를 기도 길잡이에게 제시했다. 그러나 나는 꼭 필요할 때마다 새로운 주제를 더 깊이 이해하는 데 도움이 되는 자료를 후반부에 제시했다. 그래서 나는 영적 황폐를 처음 소개할 때 모든 자료를 한꺼번에 주지 않았다. 따라서 나는 피정자나 기도 길잡이에게 추가 자료가 필요할 경우 영적 황폐를 덧붙여서 설명했다. 나는 처음에 주어진 것보다 더 많은 자료가 필요한 기도 길잡이에게는 색인과 용어 풀이에 있는 참고 사항과 여러 사항이 제시하는 이 책의 다른 부분을 찾으라고 권한다.

연속 해설은 11장 이후부터 지시를 절제하면서 줄어든다. 11장까지는, 마치 코치가 수영을 배우는 사람에게 근접하듯이 나는 기도 길잡이에게 근접하려고 노력했다. 그러나 어떤 시점에 이르면 모든 수영 코치가 알고 있듯이, 초보자에게 스스로 수영하라고 촉구해야 할 시점이 다가온다. 11장은 연속 해설에서 그 시점을 표현한다. 나는 그 시점부터 뒤로 빠지고 기도 길잡이에게 스스로 판단하라고 권했다. 나는 주제를 더 깊이 다루면서 보충 통찰과 자료를 제공하는 3부를 더 많이 사용하라고 길잡이에게 권했다. 기도 길잡이가 앞의 열 개의 장이 제시한 프로그램보다 더 벗어나도록 만드는 것이 내 목적이다. 그것은 고정적이고 전통적인 세계관을[3] 무의식적으로 조장하는 프로그램에 매이지 않고 결국에는 직관과 판단에 따라 영신수련을 사용하도록 기도 길잡이를 이끌기 위한 자극이다.

포괄적 용어

현실적인 이유로 나는 1부의 연속 해설에서 기도 길잡이를 지칭할 때는 여성 대명사를, 피정자를 지칭할 때는 남성 대명사를 사용했으며 나머지 부분은 인칭 대명사의 성을 번갈아 사용했다. 예를 들면 23장에서 영성 지도자는 남성, 피정자는 여성이다. 24장은 반대로 사용했다. 나는 한 가지 번역본의 성경 자료를 활용하지 않았고 기억나는 대로 활용했다. 당신은 내가 활용한 성경 자료로 성gender을 더 개방적이고 즉각적으로 인식하며 사용할 수 있을 것이다. 나는 비슷한 방법으로 간스Ganss, 모리스Morris, 풀Puhl, 테틀로우E. Tetlow 등과 같은 이들의 영어 번역본과 함께 뮬란Mullan의 번역본을 내 말과 어투로 바꾸어 먼저 사용하면서 『영신수련』에서 인용한 것을 활용하였다.

나는 다른 방법도 포함시키고자 노력했다. 우리는 다른 방법으로 『영신수련』 본문을 적절하게 사용하기 위하여 『영신수련』의 전문 용어와 독창적인 이미지로 『영신수련』 본문을[4] 이해하는 것이 당연히 필요하다고 생각하지만, 한 수도회의 관점보다 교회 일치와 초교파적으로 영신수련을 사용하는 데 관심을 두고 해설했다.

나는 다른 문화를 고려하며 해설할 수 없었다. 내가 속한 문화는 당연히 북미 문화이다. 이 점은 이 책의 발전적 가치관developmental world view과 사례case에서 매우 분명히 드러난다. 그러나 우리의 영성 지도 방법이 근거한 몇몇 지역의 문화가 북미 문화인지 아닌지 의심스러운 곳이 많다.

다소 독특한 부분

어떤 독자는 여기서 사용하는 대문자, 단편적 인용, 생소한 전문 용어가 혼란스럽고 특이하게 보일 것이다. 그러나 나는 미주에서[5] 설명 했듯이 더 분명하게 만들어주고 능숙한 사도직 증진에 필요하다고 생각한 대화(비판적 성찰)를 이끌어 내려고 노력했다.

시작하면서 언급하였듯이, 1부는 일차적으로 기도 길잡이prayer guide를 위한 내용이기 때문에 나는 1부에서 그 용어를 사용하였다. 이 책의 나머지 부분은 영적 안내를 하는 누구에게나 도움을 줄 수 있기 때문에,

나는 '영성 지도자spiritual director', '영적 길잡이spiritual guide' 그리고 '길잡이guide'라는 용어를 서로 바꾸어 사용했다. 게다가 비슷한 이유로 나는 나머지 네 부를 위해 각 장의 제목을 다르게 구성했다.

들어가기 미주

1) '기도 길잡이'의 정의는 '용어 풀이'란을 보라. 또한 당신은 거기서 '영신수련 지도자', '영성 지도자'의 정의도 발견할 것이다. 이어서 나는 '기도 길잡이'란 영신수련을 온전히 끝냈고 다음의 조건을 갖춘 사람으로 설정하였다.
— 전공에 상관없이 대학 과정을 이수한 사람
— 공동체나 교구의 신자 재교육이나 공동체 과정에 참여한 사람
— 영신수련과 관련된 워크숍에 참여한 사람
— 다른 사람의 체험을 집중해서 듣는 능력을 천부적으로 지닌 사람

2) 'Maieutic'이라는 말은 '산파와 같은 역할을 하는 사람'이라는 그리스어인데, 산파란 피교육자 안에 들어있는 지식을 이끌어 내는 소크라테스 방법이다.

3) 나는 이성적 논리로 삶과 영적 성장을 이해하거나 좀 더 비판적으로 심지어 이성을 근거로 영신수련 여정의 결과를 판단하는 저자들과 다르게 영신수련을 해석했다. 지난 20년간 나는 인간 이해와 내적 심리 동기intra-psychic motivation, 특별히 영신수련의 역동으로 상상의 역할을 이해하게 되었다. 이것 때문에 나는 영신수련의 저자인 '로욜라의 이냐시오'에게는 중세와 현대의 발전적 세계관 모두가 더 편안했고 전통적 세계관이 훨씬 더 불편했음을 이해하게 되었다. 나는 여전히 영신수련을 전통적 세계관에 근거한 해석으로부터 보호할 필요가 있다고 생각한다.

4) 영신수련은 정예주의·남성·가부장·중세·로마 가톨릭·유럽이기 때문에 매우 배타적이다. 그러나 영신수련은 영적 여정에서 독특하고 문화적으로 다른 수많은 사람들의 역동적 공통성을 놀랍게도 개방적으로 포용한다.

5) 나는 영신수련의 전통에 따라서 영적 안내에 대한 실용 사전의 일부인 전문 용어를 책 전체에 대문자로 썼다. 예를 들면 대문자 G로 된 은총Grace은 '언제나 내가 청하는/내가 원하는 은총을' 가리킨다. 그러나 소문자 g로 된 은총grace은 다른 의미의 은총을 가리킨다. 대문자 C로 된 위안Consolation은 이냐시오가 일러두기[316]에서 설명하는 영적 위안인 반면 소문자 c로 된 위안consolation은 단순히 '위안'이거나 다르게 사용되는 것을 지칭할 수 있다. (한글에 대소문자가 없기에 영적 위안이라고 했고 은총은 굵게 썼다—역자).

가끔 나는 어떤 단어나 구절을 강조하거나 영신수련에서 사용하는 특정한 용어일 필요가 없음에도 그것의 전문성을 지칭하고자 홑 따옴표를 넣었다. 예를 들면 영성 분야의 '감정affectivity'과 철학 분야의 '타당하게to appropriate'는 일반적인 의미와 다르다.

게다가 나는 영신수련에 나오지만 명확한 명칭이 없는 개념을 지칭하고자 '거짓 영적 위안Counterfeit Consolation'과 '의식 성찰Awareness Examen'이라는 전문 용어도 만들었다. 이와 비슷하게 과정을 지칭하고 1:1 개인지도로 진행하는 영신수련을 위해 '영신수련 여정journey'이라는 용어를 사용했다. 용어집은 이러한 용어 대부분에 대한 실용 정의working definitions이다.

1부

연속 해설

준비 단계

준비 기간Disposition Days

　　이 책의 처음 여섯 장은 일러두기 19번에 따라 수련하는 사람들을 준비시키는 방법을 설명한다.[1] 기도 길잡이가 여섯 장의 지시를 잘 따르면 한 달 반 이내에 준비 단계를 끝낼 수 있을 것이다. 그러나 이것은 엄격하게 따라야 하는 형식이라기보다는 유연한 설명이다. 주어진 자료는 한 달 반보다는 일 년 동안의 준비를 위한 것일 수 있다. 이것은 마치 연주되는 곡의 느낌과 필요에 따라 줄어들고 늘어나는 아코디언의 울림통과 같다. 여섯 장을 넘어가는 더 많은 이론은 21장 '당신에게 보내는 이냐시오의 편지'와 30장 '다양한 관점의 영신수련 이해와 사용' 그리고 31장 '지속적인 영성 지도의 초기 단계'에 담겨 있다.

1 장
첫 면담; 기도 자료 1 안내

　첫 면담과 이어지는 몇 차례 면담에서 당신의 중요 임무는 당신과 피정자 사이에 라포rapport(신뢰와 친밀감 형성　역자 주)를 형성하는 것이다. 라포 형성은 처음의 두세 면담보다 더 오래 걸릴지도 모른다. 그러나 당신이 경청하고 존중하며 판단하지 않고 들어주면 라포가 형성될 것이다. 첫 면담에서 너무 많은 지시로 피정자를 질리게 하지 않도록 주의하라. 당신이 영신수련 여정의 첫 부분에서 겪었던 것을 기억해보라. 그때 당신은 두려움과 걱정, 이해와 희망, 오해를 경험하지 않았던가! 당신은 따뜻하고 서두르지 않는 분위기에서 신뢰 구축을 기대한다. 당신은 신앙인이다. 당신이 지도하는 사람도 신앙인이다. 당신과 함께하면서 당신을 통해서 일하며 도와주시는 예수님의 영이 면담에서 중요하다. 따라서 당신은 면담하면서 적당한 때에 피정자와 함께 지혜로운 선물을 달라고 성령께 기도할 수도 있다.

　당신 자신을 소개하면서 면담을 시작하고 피정자의 이름을 물어보라. 관심이 가는 부분을 조금 나누고, 다음과 같이 간단히 질문하라. "해밀턴에서 오셨군요. 해밀턴의 어느 지역이죠? 아드님은 몇 살인가요?" 이름과 전화번호를 주고받는 것을 잊지 마라. 서로 같은 입장이거나 친구 사이에 스스럼없이 말하는 분위기를 만들어라.

처음에 우호적인 관계를 형성하기 위하여 이렇게 접근한 뒤에 피정자가 두려움과 희망을 표현하도록 시간을 넉넉히 줘라. 당신은 다음과 같은 질문으로 피정자를 이끌 수도 있다. "영신수련을 하고 싶은 이유가 있나요? 무엇을 기대하나요? 나는 영신수련을 시작했을 때 몹시 겁이 났어요. 그래서 나는 한참 동안 걱정했지요. 영신수련을 시작하면서 기분이 어떤가요?" 대화를 계속하면서 적극적으로 들어주라. 즉, 반응하며 경청하고 들은 것을 점검하라. 당신이 들은 내용뿐만 아니라 피정자가 표현한 느낌에도 반응하라. 당신이 그렇게 적극적으로 들어주면 피정자는 자신을 더 적절하게 표현한다. 예를 들면 다음과 같다.

(피정자: '피', 기도 길잡이: '기')

피: "왜 여기에 있는지 정말 모르겠어요? (약간 안절부절못하며 당신에게서 눈길을 딴 데로 돌리고 있음). 오래전부터 신청하려고 생각했지요, 그러나⋯. 음⋯. 잘 모르겠어요. 어쨌든 모르겠어요⋯. 해야 할 일은 많은데⋯. 모든 것이 내게 밀려오는 것 같아요⋯ (침묵)."

기: "모든 것이 당신에게 밀려오고 당신에게 심한 것을 요구하는 것 같았군요?"

피: "음⋯. 예, 매번 지난 몇 달 동안 주변을 떠돌고 있는 것 같았어요. 사람들이 내게 뭔가를 해달라고 요구하였죠. 그것을 할 수 있을지 몰랐어요."

기: "혼란스러운 요구가 너무 많아서 수련하기를 오랫동안 망설였

군요…. 내가 보기에 당신은 혹시 너무 부담될까 봐 두려웠던 것 같네요?"

그러고 나서 피정자가 기도할 때 어떻게 성경을 사용하는지 또는 성경으로 기도하면서 체험을 했는지 알아보고, 그것이 어떤 체험인지 다음과 같이 질문하며 알아내기 시작하라! "당신은 성경으로 기도하면서 어떤 체험을 했나요? 도움이 될 만한 것을 발견했나요? 성경으로 기도하면서 경쟁심을 느꼈거나 어려웠나요?" 당신이 영성 지도 훈련에서 습득한 기술로 피정자의 체험을 담담히 들어라. 이때는 가르치지 마라. 가르치기보다는 들으면서 주목한 긍정적인 면을 강조하라. 부정적인 부분을 언급하거나 바꾸려고 하지 마라. 이러한 초기 상태에서 때때로, 오직 라포 형성에 도움이 된다면 당신이 성경으로 기도할 때 겪었던 어려움을 나누는 것도 좋을 수 있다.

처음 몇 차례 면담에서 라포 형성을 위해 나눠야 함에도, 면담은 서로를 나누는 곳이 아니다. 기도 길잡이인 당신은 피정자가 자신을 더 잘 이해하는 데 도움이 될 만한 당신 자신에 대한 어떤 것이라도 나눌 수 있도록 준비한다. 그러나 오직 피정자의 체험에 집중하면서, 방해되기보다는 도움이 될 때와 될 것만 같을 때 자신에 대한 것을 나눠라. 나눔은 표현한 것을 복잡하게 만들지도 모른다. 당신이 피정자의 경험이 아니라 당신의 경험에 비추어 피정자의 이야기를 듣고 해석할 위험이 나눔에 들어 있다. 지나친 나눔은 당신의 체험과 비슷해 보여도 사실은 전혀 다른 의미일 수 있는 피정자의 고유한 체험을 피정자 스스로 어느 정도 이해하게 도와주기보다는 당신의 문제를 피정자에게 투사하게 만든다.

지금 적절한 접근법을 정하는 데 도움을 받기 위하여 피정자가 성경으로 하는 기도에 익숙한지 알아보고, 다음과 같이 영신수련에 쓸 수 있는 시간을 논의하라. "당신은 영신수련 여정에 들어가면 적어도 매일 일정한 시간 동안 수련해야 한다는 이야기를 들었을 것입니다. 그 말이 어떻게 들렸나요?" 다시 피정자가 이해한 것을 표현하게 하라. 각각의 영적 수련을 위해 택할 수 있는 가장 좋은 시간에 대해 이야기를 나눠라. 다음과 같은 관점에서 실행해야 할 몇 가지를 제안하라.

   a) 기도 장소
   b) 기도 시간
   c) 기도 시간의 길이
   d) 영신수련 과정 동안 희생할 수 있는 것은? 예를 들면, 좋아하는 텔레비전 프로그램 등

당신은 기도 시간을 지나치게 마음 쓰는 피정자에게 기도 시간을 점차로 늘리라고 권장하면서 이 시점에서는 날마다 적어도 30분 정도의 기도를 제안할 수 있다.

이 책에서 일러두기 19번을 따르는 이상적인 영신수련은 면담하는 날을 빼고 매일 한 시간 반 동안의 영적 수련이다. 수련을 위한 기도 시간표는 다음과 같다.

수련 준비 5분
수련 60분
수련 체험 회고 쓰기 10분

하루를 마감하면서 의식 성찰 15분

그러나 어떤 피정자는 하루에 1시간 30분이 아니라 1시간만 낼 수 있다. 그런 사람들을 위한 기도 시간을 다음과 같이 바꿔라.

수련 준비 5분
수련 40분
수련 체험 회고 쓰기 7분
하루를 마감하면서 의식 성찰 8분

정말로 한 시간도 낼 수 없는 예외적인 피정자는 다음과 같은 시간에 따라서 7개월 동안 유익한 것을 얻을 수 있다.

수련 준비 및 수련 30분
수련 체험 회고 쓰기 5분
하루를 마감하면서 의식 성찰 5분

이러한 각각의 상황에서 기도 시간에 대한 충실이 필수적이다. 기도 길잡이와 피정자는 이것에 서로 동의해야 한다. 당신이 보기에 첫 면담에서 서로 동의할 수 없다면 세 번째나 네 번째 면담에서 서로 동의하는지 확인해야 한다.

체계적인 기도 시간표의 중요성에 대해 몇 가지를 언급하겠다. 무엇보다도 영신수련은 체계적인 기도 체험이다. 그리고 그것은 영신수련의 본질이며 효과이다. 나는 계속되는 일상에서 기도 시간을 고정할 필요가 있다고 주장하지 않는다. 어떤 사람은 어느 날에 20분 기도할 수 있고, 다른 날에 5분, 또 다른 날에 한 시간 기도할 수 있다. 또한 기도 체험을 하면서 계속 유의미하게 안내받을 수도 있다. 그런 사람은 비체계적인 영신수련으로도 은총을 받을 수 있다. 그러나 기도 길잡이는 피정자의 기도 내용을 파악하거나 확인하지 못하기 때문에 비체계적인 방법으로 지도하기 매우 어렵다. 피정자에게 영신수련을 안내할 때 일정한 기도 시간표를 강조하라는 가장 큰 이유는 기도 시간표가 피정자의 자발적인 subjective 체험을 판단하는 중요한 방법이기 때문이다. 외적이고 체계적인 시간표가 식별을 위한 시금석을 제공한다. 기도 길잡이는 그것으로 피정자의 피정에 대한 자발성을 평가한다. 기도 길잡이가 피정자가 무엇을 기도하고 있고, 얼마나 시간을 사용했으며, 어떤 은총을 찾고 있는지 알고 있다면, 피정자의 자발적인 체험 내용을 판단할 수 있다.

체계적인 기도 시간표는 피정자에게도 중요하다. 이냐시오는 영신수련 본문에서 이 점을 다음과 같이 분명히 밝혔다. "영신수련 지도자는 피정자가 매일 다섯 개의 수련이나 관상에 한 시간이나 그보다 조금 더 머물도록 분명히 일깨워주어야 한다. 그는 피정자가 적어도 한 시간 동안 기도에 충실한 것 자체로 만족하도록 지도할 필요가 있다. 왜냐하면 적enemy은 흔히 관상이나 묵상, 기도 시간을 줄이려고 갖은 수단을 다 쓰기 때문이다"[12]. 때때로 우리가 하느님과 나눌 수 있는 유일한 것은 시간이다. 시간은 우리가 하느님께 협력하고 있음을 보여주는 징표이다. 기도가 건조하고 '아무것도' 일어나지 않는 것처럼 보였다면 기도하며 충실하게 보낸 시간은 피정자가 하느님께 충실했다는 징표이다.

더 현실적으로 보면, 기도 시간은 인생의 박자와 같다. 우리는 시간에 맞춰 각각의 활동을 하며 산다. 우리는 일하는 시간·노는 시간·먹는 시간·잠자는 시간 등 많은 활동으로 꽉 찬 일상에서 수련 시간에 충실하지 않으면 종종 수련 시간을 놓치기 쉽다. 우리는 기도에 충실할 때 기도가 하루의 모든 활동에 어떻게 스며드는지 알게 된다.

피정자와 함께 매일의 체계적인 기도 시간표를 논의하고 기도 자료 1번을 피정자에게 주라. 기도 자료 a)부터 f)까지의 매일 기도 수련 방법을 설명해 줘라. 나는 피정자가 기도 시간을 충실히 지키는 것 외에 일상에서 영적 독서를 할 수 있도록 별도 자료를 추가했다. 추가 자료는 그날의 기도 분위기나 환경에 도움을 주는 것이다. 기도 길잡이인 당신의 안내를 위한 추가 독서의 선택 기준은 다음과 같다. a) 주제를 한 주 더 연장할 필요성. b) 추가 독서 자료의 피정자에 대한 적합성.[2]

주제와 찾고 있는 은총을 설명해 주라. 매번 영적 수련을 하는 내내 구체적인 은총을 계속 청하라고 피정자에게 권하라. 다음은 간단하지만 제안에 가까운 설명일 수 있다.

"당신은 당신을 돌보시는 하느님을 보여 달라고 진정으로 청해야 합니다. 당신 가까이에 계신 하느님을 자연스럽게 주목하십시오. 가까이 계시는 하느님을 편안하게 체험하십시오. 이것을 체험하지 못하거나 혼란스럽다면 하느님께 말씀드리십시오. 이 모두에 대한 당신의 진정한 느낌을 표현하십시오."

당신은 이 시점에서 기도하며 듣는 방법 몇 가지를 제안하기 시작할 수 있다. 당신은 면담 초기에 발견했던 필요에 맞추어 제안한다. 예를 들면, 피정자가 일 중심적인 사람처럼 보였다면, 당신은 다음과 같이 말할 수 있다.

"기도할 때, 긴장을 푸십시오. 하느님께서 당신을 위해 머물게 허락하십시오. 당신 스스로 그것을 파내려고 노력하기보다는 하느님께서 당신에게 보여 주시게 허락하십시오."

또는 그가 혼란하거나 집중하지 못하는 것처럼 보였다면, 당신은 다음과 같이 제안할 수 있다.

"기도할 때 구절 하나에 단순하게 머무르십시오. 구절과 함께하십시오. 사탕을 삼키기보다는 녹여 먹는 것처럼 하거나, 샤워기로 빨리 씻고 나오기보다는 욕조에 푹 잠기는 것처럼 머무르십시오."

당신은 면담이 끝날 즈음에 면담 중에 일어난 것을 간략히 요약할 수도 있다. 그리고 다음 면담 시간과 장소를 확인하라. 당신은 다음과 같이 마칠 수 있다.

"우리는 다음번에 당신이 수련할 때 함께 하신 하느님을 찾아볼 것입니다. 그것을 너무 걱정하지 마십시오. 당신의 체험을 편안하고 쉽게 설명하기까지는 시간이 걸릴지도 모릅니다. 어쩌면 당신은 기도 체험을 강조하거나 주목하기 위하여 기도를 끝내고 몇 글자를 적을 수 있습니다. 그러나 기도하면서 적으려고 하지 말고 기도를 끝낸 뒤에 적으십시오. 그것이 다음번에 면담할 때 도움을 줄 수도 있습니다."

요약

▎구체적인 사항

— 서로 믿고 부드러운 분위기로 라포를 형성하라.

— 서로를 조금 알아 두라.

— 이름, 전화번호, 전화하기 가장 좋은 시간 등을 주고받아라.

— 피정자가 두려움과 희망을 표현하도록 충분히 시간을 주라.

— 매일 기도 시간을 소개하고 전념하도록 이끌어 주라.

— 회고에 대한 간략한 자료를 주라.

— 기도할 때 듣는 방법을 안내하라.

— 기도 자료 1번을 주라.

— 다음 면담 장소와 시간을 정하라.

2 장
준비 기간의 목적
기도 자료 1번 수련 체험 듣기;
기도 자료 2번 안내

당신이 앞으로 읽을 내용은 준비 기간이다. 그것은 영신수련 여정을 위한 준비이다. 당신이 피정자의 이야기를 듣고 대화할 때, 다음 질문을 반드시 의식하라. "나는 피정자가 영신수련을 잘 준비하도록 어떻게 도와줄 것인가?"

막연한 이 질문을 더 구체적으로 이해하기 위해서 영신수련 본문의 첫째 주간 첫째 날을 잠시 살펴보자. 이냐시오가 첫째 주간 첫째 날에 다섯 개의 수련으로 20번에 따라 시작하는 30일 영신수련을 마음에 그렸다고 간주하고, 우리는 다음 이론에 따라 영신수련을 잘 준비한 피정자를 가상할 수 있다. 피정자는 다음과 같은 능력과 자질을 지녀야 한다.

― 그는 기도할 때 상상한다[47], [53].
― 그는 회고할 수 있고 [77] 반복 기도를 이해한다[62].
― 그는 예수님과 직접 관계를 맺고 예수님을 섬기는 길을 찾고 싶다[20], [53].

— 그는 둘째 주간 복음 관상과 비슷한 상상을 하면서 한 시간 내내 수련할 수 있다[53].

— 그는 자신의 체험을 명확하게 표현할 수 있다[17].

이것은 무리한 요구이다. 언젠가 동료 영적 길잡이가 이 요구에 대해 다음과 같이 말했다. "그렇게 준비된 사람은 영신수련을 안 해도 됩니다!" 그녀는 우리가 때로는 피정자가 바로 그렇게 준비되도록 도와주고자 영신수련을 지도한다는 사실을 넌지시 암시했다.

앞의 이상적인 자질은 어디서든 다섯 주에서 이삼 년 정도의 준비 기간 기도로 조성된다! 당신은 피정자가 준비 기간에 기도하면서 다가올 첫째 주간 첫째 수련에서 유익benefit을 얻을 정도로 충분히 마음을 열 것을 기대한다. 우리가 제시한 모든 이론에 맞게 피정자가 준비되지 못했을지라도 너무 실망하지 마라.

기도 길잡이인 당신이 보기에 피정자가 충분히 준비되지 않아서 기간을 연장하고 싶다면 연장하라.[3] 다음은 준비 단계를 검토하는 당신에게 도움을 주는 항목이다. 각 항목은 중요도에 따라 나열했기 때문에 첫째 항목이 두 번째보다도 더 중요하다.[4] 피정자가 적절히 준비되는 데 많은 시일이 필요하다면 대여섯 항목만으로 만족하라.

1) 45분에서 60분 정도 기도할 수 있음

2) 기도하면서 어느 정도 긴장을 풀 수 있음

3) 하느님께서 주도권을 잡고 계시고 그것이 하느님의 행위임을 어느 정도 이해

4) 기도 체험을 충분하고 자세하게 기억하면서 성찰할 수 있음

5) 의존되고 사랑받는 피조물임을 체험

6) 하느님과 통교하며 마음을 더 열고 싶음

7) 어느 정도 영적 자유를 이해하고 있고 영적 자유를 원함

8) 은총을 청할 수 있고, 은총을 청하기의 중요성을 깨달음

9) 의식 성찰을 할 수 있음

10) 여러 가지 기도 자세 사용

11) 하느님의 거룩함을 감지

12) 삶을 문제보다는 신비로 보며, 삶에 대해 열려 있음

13) 자신의 재능과 약함을 그대로 인정

14) 마음속에 숨겨놓은 동기와 충동을 인식

이 목록은 단지 부분적인 검토사항으로 당신이 피정자를 도와줄 수 있는 방법을 알려준다. 어떤 항목은 9)번처럼 당신의 설명이 필요하다. 다른 항목, 즉 12)번은 당신이 피정자에게 그렇게 보고 열라고 권장할 필요가 있다. 대부분의 항목은 설명과 권장 모두가 필요하다. 당신의 영신수련 여정을 기억해 보면, 사전 설명이 필요했음에도 오로지 체험한 뒤에 이해할 수 있었던 개념이 있다. 예를 들면, 기도 회고review는 피정자가 충분히 체험한 후에 말이 되고 이해가 된다.

바라는 대로라면, 피정자는 준비 기간이 끝날 무렵에 관상적인 태도를 배우거나 관상하는 태도가 깊어질 것이다. 관상적인 태도는 일종의 개방으로 마음으로 듣고, 놓아주며 하느님이 하시도록 맡기는 능력이고, 기도를 조종하기보다는 하느님의 영향에 우리 자신이 반응하게 만드는 능력이다. 우리가 기도하면서 우리 자신을 놀라게 할 때, 즉 하느님의 말씀이 마음속에 감춰진 우리 감정을 드러낼 수 있을 때, 우리는 관상적인

상태가 된다. 하느님의 신비가 우리 자신의 신비를 건드리게 하고 우리의 삶이 하느님의 말씀에 영향을 받을 때 우리는 관상적인 태도를 지닌다.

언제나 균형이 필요하다! 관상적인 태도를 지니지 못한 피정자들에게서 나타나는 고정된 방식이 있다. 첫 번째는 기도하는 동안 교훈을 찾는 사람들이다. 그는 기도를 일종의 성경공부로 생각해서 기도를 통제한다. 그는 종종 개념·이상·올바른 일·외적인 법·질서·의무 등에 관심을 둔다.

두 번째는 집중과 주목을 못 하는 사람이다. 그는 영원히 문제의 주변을 맴도는 것처럼 보인다. 그렇게 된 이유는 때때로 자기 삶의 문제를 직면하기 싫고 진짜 감정을 거부하기 때문이다. 그는 가끔 기도 길잡이의 말을 오해하는 것처럼 보이고 잘못된 일에 흥분한다. 그는 사물의 본질을 파악하지 못하는 것처럼 보인다.

세 번째는 과장하는 환상가이다. 그가 하는 말은 종종 너무 감상적이고 심지어 상징적일 수 있다. 때때로 그는 현실과 동떨어져 보이는 기도 체험을 지나치게 감상적으로 표현한다.

당신은 이러한 경향 중의 일부를 지니는 피정자와 함께할 때는 균형을 잡으라고 권하면서 지도해야 한다. 공부하듯이 기도하는 사람은 조금씩 감정에 집중하는 기도를 배울 필요가 있다. 기도에 집중하지 못하는 사람은 스물다섯 개보다 하나에 집중하는 법을 조금씩 배워야만 한다. 몽상가는 자신이 기도하고 있는 자료의 인지적인 면cognitive component에 더 집중할 필요가 있다.

의심할 여지없이 영신수련은 체계적인 체험이다. 따라서 이러한 준비 단계에서 해야 할 당신의 역할 중 하나는 기도 성찰·자세·의식 성찰 등을 적절하게 가르치는 것이다. **그럼에도 영신수련을 준비시키는**

당신의 주된 역할은 내적 체험을 주목하도록[5] 피정자를 독려하는 것이다.
기도할 때 체험에 주목하게 만드는 것이 관상적인 태도를 육성하는
가장 효과적인 방법이다. 당신은 어떻게 관상적인 태도를 육성하는가?
당신은 피정자가 내적 체험을 표현하도록 도와주면서 관상적인 태도를
키워줄 수 있다. 당신은 직간접으로 도와줄 수 있다.

더 직접적으로 접근할 때는 친절하게 다소 외적인 것을 질문하며
시작하라. 그리고 나서 더 내적이고 다소 정서적인 반응을 일으키는
질문을 하라. 우선 다음과 같은 질문이 적절하다.

— 어떤 성경 구절로 기도했는가?
— 시간이 빨리 흘러갔는가 아니면 느리게 흘러갔는가?
— 성경 구절에서 어떤 인상을 받았는가?
— 성경 구절의 어떤 부분이 좋았나?
— 성경 구절의 어떤 부분이 싫었나?

피정자가 좀 더 피상적인 수준에 머물러 있으면 그것을 확인하는
질문을 하되 피상적으로 반응하는 피정자와 기꺼이 함께하라. 나중에
피정자가 당신에게 기도 체험을 나눌 때 편안해지는 것처럼 보이면,
기도 체험에서 더 깊은 의미가 있는 것을 표현하도록 다음과 같이 촉진하
라. "그 시편에서 당신이 체험했던 것을 더 이야기해 볼까요. 당신에게
가장 깊이 와닿은 것은 무엇인가요? …. 당신은 그것을 어떻게 느꼈나
요?" 때로는 당신은 다음처럼 피정자의 기분을 특정해서 물어볼 수도
있다. "당신은 그렇게 체험하면서 기분이 좋았나요? 행복했나요? 슬펐
나요? 무관심했나요? 희망적이었나요? 절망적이었나요?"

기도 길잡이는 '왜?'라는 질문을 거의 하지 말아야 한다. 당신이 무엇인가를 표현하고자 애썼던 때와 '왜 그렇게 느꼈나요?' '왜 그 말에 충격을 받았나요?'라고 이유를 캐내려는 질문을 받았던 때를 돌이켜 생각해 보라. 그런 질문을 받았을 때 당신은 어떻게 반응했는가? 당신의 체험이 대부분의 사람들이 했던 체험과 같았다면 아마도 당신은 표현하기 힘들었을 것이다. '왜'라는 질문은 공격적이다. 건전한 실천sound practice에 근거한 인간관계론으로 보면 보통 그렇게 캐내는 질문은 도움이 안 된다. 그것은 라포와 대화를 육성하기보다는 오히려 방해가 된다. 특히 이 단계에서 이 말은 꼭 맞는다.[6]

대체로, 이렇게 준비 단계를 진행하면, 당신은 피정자가 기도에서 떠오르는 삶에 대한 느낌과 생각을 규명하고 표현하도록 돕게 된다. 피정자의 삶에 대한 느낌과 절실한 생각이 좀 더 분명해지면, 다음과 같이 하느님께 표현하라고 피정자에게 권하라. "그 느낌을 하느님께 말씀드렸나요? 기도할 때 체험한 진정한 느낌을 하느님께 말씀드리기를 두려워 마세요." 때로는 그것은 하느님과 서로 주고받는 대화라고 다음과 같이 설명하면 도움이 된다. "예수님이 당신 앞에 앉아 있다고 상상하십시오. 당신의 마음과 생각을 그분께 말씀드리십시오. 그리고 조용히 머물면서 당신에게 대답하시는 예수님을 상상하십시오. 예수님과 대화를 나눠 보십시오."

당신이 마음을 열고서 무엇을 듣고 있는지 돌아보게 만드는 다음의 간접적인 질문은 피정자가 떠오르는 삶의 더 깊은 의미를 더 효과적으로 표현하도록 도와준다.

기: 　그 시편으로 기도할 때 기분이 어땠나요?

피: 　(한참 침묵한 뒤) 그 시편 때문에 약간 당황했어요. 하지만 내가 그런 식으로 반응한 것이 이상해 보였어요….

기: 　자신이 약간 흥분한 것에 놀랐군요.

피: 　네, 나는 그냥, 하느님께서 나를 정말로 돌보신다고 믿어요. 그런데 내가 왜 당황했는지 이해할 수 없었어요. 결론은 나는 피조물이고 하느님께서는 창조주시죠….

기: 　(머뭇거리며 생각을 말함) 하느님께서 당신을 매우 잘 돌보신 다는 것을 진정으로 믿었기 때문에 그렇게까지 당황할 것이라 고는 생각하지 않았군요.

　당신은 어느 정도 피상적인 반응을 일으켰던 표면적이고 직접적인 몇 가지 질문으로 이야기를 풀어갈 수도 있다. 그러나 피정자가 점점 더 깊게 반응하기 시작하는 지금 당신은 조금씩 더 간접적으로 접근할 수도 있다. 당연히 거의 즉각적으로 마음속 깊이 반응하는 피정자들도 있다. 당신이 피정자가 내면의 체험을 주목하도록 도와주면 피정자의 관상적인 태도가 촉진된다. 관상적인 태도는 피정자가 기도 체험에서 실제로 현존하는 것을 더 깊이 의식하는 데 도움을 준다. 이것은 피정자가 하느님께 마음의 문을 열도록 격려한다.

　앞으로 당신이 피정자에게 체험을 구체적으로 표현하라고 권하는 것이 중요할 것이다. 막연한 표현generalization은 무척 많은 사실을 의미할 수 있다. "지난 주간에 진짜로 십자가를 진 나 자신을 발견했어요"라는 말은 "내 아들이 숨기고 싶은 나의 약점을 내게 들이대서 당황하여 다투었어요"이거나 "기도하면서 심란했고 편안하지 않았기에 매우 힘들었어요"라는 것을 의미할 수도 있다. 그래서 기도 길잡이는 부드럽고 조심스럽게 막연한 표현의 뒤편에 있는 의미를 상기시켜 준다. "잠깐만요. 당신은 십자가를 지는 것에 대해서 말을 했습니다. 미안하지만 당신이 무슨 말을 하고 있는지 짐작할 수 없군요" 또는 "당신에게 힘들었던 시간을 좀 더 이야기해 주겠습니까?" 또는 "당신은 지난주에 몹시 고생했군요. 그것은 마치 십자가를 지는 것과 같았던 모양이죠?"

우리는 기도하면서 더 깊은 반응을 알아채지 못할 때 하느님께서 멀리 있는 것과 같고 비인격적인 분처럼 느낀다. 이것은 마치 연인에게 무엇인가를 감추려는 것과 같다. 우리가 사랑하는 사람에게 무엇인가를 감추면 그 사람에게서 더 멀어지는 것을 느낄 것이다. 그렇게 우리는 안전한 장소로 숨는다. 피정자는 자신의 깊은 움직임을 깨닫지 못하는 경우, 그것을 부드럽게 표면에 떠올리도록 도와주는 기도 길잡이가 필요하다. 피정자가 **지금 표면에 떠올릴 필요가 있는 내면의 진실한 움직임에 하느님께서 영향을 주시도록 허락하지 않으면 영신수련 중에 유의미한 성장은 일어나지 않는다.**

하느님께서 내면의 깊은 움직임에 영향을 주시도록 우리가 허락하지 못하는 이유 중의 하나는 하느님의 가짜 이미지이다. 우리는 가짜 이미지를 알아채지 못해도 독재자·영화감독·신성한 사탕 기계·위대한 디자이너·재판관·가짜 연인 또는 이러한 이미지의 조합으로 이루어진 하느님과 관계를 맺을 수도 있다. 가짜 이미지는 하느님·삶·타인들 그리고 자신과 관련이 있다. 이것들은 우리가 하느님의 말씀을 듣는 데 영향을 주거나 회피하게 만든다. 준비 기간의 근본적인 의도는 가짜 이미지를 바로잡는 것이며, 적어도 가짜 이미지를 바꾸기 위한 무대를 만들어서 피정자가 하느님의 말씀을 들을 수 있게 하려는 것이다. 피정자들은 우리처럼 기도에서 발생한 가짜 이미지를 쉽게 파악할 수 없다. 우리가 자신의 가짜 이미지를 교정하는 데 시간이 무척 오래 걸린다는 것을 깨달으면 피정자들이 자신들의 이미지를 다루는 데도 시간이 무척 오래 걸린다는 것도 깨달을 것이다.

이미지는 삶 및 하느님과 우리의 관계를 성찰하는 유익한 도구가 될 수 있다. 살아가는 방식은 이미지의 다양한 변화를 일으킨다. 인생의 한 시점에서 만들어지는 결혼이나 경력의 이미지는 나중에 형성되는 이미지와 같지 않다. 이미지는 치료나 수용이나 인식이 필요한 역사적이고 심리적인 과거 사건의 전반적인 잔상spectrum과 연결된다. 그것은 몇 해에 걸쳐서 받아들이고 적응한 자신과 하느님에 대한 가르침과 연결된다. 이미지는 신앙·문화적 관습·자아 이미지·사상·체험의 상상적 파편·기억의 총합이다.[7] 피정자와 하느님과의 관계와 그의 삶에 작용할 수도 있는 이미지를 시종일관 주의 깊게 살펴보라. 때때로 피정자와 함께 이미지에 대해 이야기하는 것도 도움이 된다.

우리는 삶에서 작용하는 이미지를 어떻게 발견할 수 있는가? 우리는 참된 하느님의 이미지를 갖고 기도하고 그것에 대한 움직임을 주목함으로써 삶에 작용하는 이미지를 발견할 수 있다. 당신은 피정자가 기도하면서 영향받고 있는 자신을 주목하도록 도와준 뒤에 진짜 느낌과 기억을 표현하도록 안내할 수 있다. 당신은 그에게 점점 더 인격적인 관계에서 멀어지게 만들고 때때로 그 관계를 변화시키는 이미지를 더 깊게 알게 해달라고 하느님께 청하라고 제안할 수 있다. 이미지의 변화와 그로 인한 우리의 의식과 타인과 세상과의 관계 변화는 영신수련이 끝난 한참 뒤에 일어날 수도 있다.

준비 기간과 영신수련 전반에 적용되는 해설은 이 정도면 충분하다.

이제 나는 두 번째 면담을 더 구체적으로 다루겠다.

당신은 적절한 시간 동안 편안하게 이야기를 나눈 뒤에, 짧게 기도하며 면담을 시작하고 싶을 수도 있다. 신앙을 계속 유지해 주는 시작 기도는 면담의 핵심 즉 지난주 동안의 기도 내용에 집중하게 피정자를 도와준다. 하지만 시작 기도를 짧게 하라. 이것은 신앙 나눔도 아니고 기도 모임도 아니다. 너무 타당하고 조심스러운 기도는 면담 분위기를 '신앙심을 고취하는' 쪽으로 바꿀 위험이 있다. 당신이 너무 깊은 신심 쪽으로 면담의 분위를 만들면, 피정자는 개방하기보다는 오히려 숨는다. 다음과 같은 것이 예상된다. 피정자와 당신은 특정한 수사적 표현을 더 선호할 수 있고 그런 분위기에서 서로 미성숙하게 관계를 맺을 수도 있다.

그러고 나서 당신은 다음과 같이 질문하며 면담을 시작할 수 있다. "지난주 동안 기도할 때 어떤 일이 있었나요?" 피정자는 종종 이 시점에서 곧바로 기도에 집중하지 못하겠지만 기도에 대해 돌려서 말할 것이다. 이것은 당연한 반응이다. 왜냐하면 우리가 곧바로 기도에 집중하려면 시간이 꽤 걸리기 때문이다. 당신이 그렇게 집중하기까지 시간이 얼마나 걸렸는지 생각해보라! 이 시점에서 점검할 필요가 있는 사항은 다음과 같다.

a) 그는 성경으로 기도할 수 있었는가? 그는 기도 시간을 매일 충실하게 지켰는가?

b) 그는 성경으로 어떻게 기도하였는가?

c) 어떤 것이 더 충실하게 기도하는 데 도움이 되었는가? 자세, 긴장 풀기, 은총을 구하는 기도, 성경 구절이나 요점에 머무르기.

이렇게 대화를 나눈 뒤에 많이 들어주고 가끔 조금씩 가르치면서, 당신은 구체적으로 기도 체험에 더 집중할 수 있다. 도움이 된다면, 당신은 더 유의미한 기도 체험 가운데 하나만 이야기하라고 피정자에게 제안할 수 있다. 내적 체험을 표현하는 법을 피정자에게 가르치는 것이 이 단계의 목적임을 기억하라. 격언대로 "급할수록 돌아가라!make haste slowly"

피정자는 기도 자료 1번의 성경 자료로 기도하면서 일어났던 일을 표현할 것이다. 따라서 기르는 분, 어머니처럼 보살피는 분, 베푸는 분, 돌보는 분과 유사한 하느님의 이미지와 피정자의 관계를 주목하도록 노력하라. 할 수 있다면 그에게 내적 움직임을 표현하도록 권하고 움직임을 주목하도록 도와주기 시작하라. 많은 경우에 피정자가 자신의 움직임을 쉽게 표현하고 움직임을 강하게 체험하기 시작하는 데 여러 주weeks가 걸릴 수도 있음을 기억하라.

피정자가 가까이 계시는 하느님에 관한 성경 자료를 어떻게 이해하는지 들은 뒤에, 당신은 이야기를 주고받으며 시간을 보낼 필요가 있다. 지난주에 당신 자신에 대해서 조금 이야기해 주었으니 이제 서로를 좀 더 알고 싶어 해도 된다.

면담의 적당한 시점에서, 반드시 기도 회고를 설명해 주라. 회고는 일일이 서술해야 하는 것이 아님을 다음과 같이 강조하라.

— 회고는 기도하면서 하는 것이 아니다.
— 회고는 오직 몇 줄만 적는 것이다.
— 회고는 교훈이 아니라 체험한 느낌을 발견하려는 노력이다.
— 회고는 기도 수련 때 자연스럽게 반응하게 허락한다.

— 뭔가를 잊어버렸다면 그것에 마음을 쓰지 마라.

회고는 가장 중요한 영적 수련 중의 하나이다. 다음 몇 차례의 면담에서, 당신은 다음과 같이 회고의 중요성을 피정자에게 가르칠 필요가 있을 것이다. "회고하면서 스스로에게 던질 중요한 질문은 '수련하면서 내 안에서 무슨 일이 일어났는가?'입니다. 이 질문은 당신의 생각을 적으라고 초대하지 않습니다. 오히려 회고는 수련하면서 자신 안에서 저절로 일어난 생각에 대한 느낌을 묻는 것입니다." 회고는 당신의 도움 없이 피정자가 기도 체험을 스스로 주목하도록 돕는 방법이다. 피정자가 회고를 실천하면 머지않아 영적인 움직임을 스스로 식별한다.

면담의 끝부분에서 하느님께 의존과 하느님의 선물은 하느님 자신이라는 기도 자료 2를 주라. 자료를 줄 때, 면담에서 들은 것에 맞게 설명하라.

요 약

▌구체적인 사항

— 신뢰하는 마음으로 환영하며 시작하라.

— 피정자가 성경으로 어떻게 기도하는지 알아보라.

— 피정자가 가까이 계신 하느님과 어떻게 관계를 맺는지 알아보라.

— 서로의 삶에 대해 조금 더 이야기하라.

— 회고를 가르쳐라.

— 기도 자료 2번을 주라.

— 기도 자료 2번을 줄 때는 반드시 피정자의 요구에 맞추라.

▌전반적인 사항

— 준비 기간은 피정자가 관상적인 태도를 지니도록 도와주어서 영신수련에 대한 개방성을 키워준다.

— 피정자가 내적 체험을 주목하도록 도움을 받으면 피정자의 태도가 관상적으로 바뀐다.

— 피정자를 집중하도록 돕는 과정에서, 직접적인 질문과 간접적인 반영, 그리고 능동적인 경청 모두 도움이 된다.

— 준비 기간은 피정자가 하느님에 대한 이미지를 바꾸도록 도와준다.

3 장
준비 기간 연속
기도 자료 2번 수련 체험 듣기;
기도 자료 3번 소개; 저항 다루기

기도 자료 2번의 주제는 피조물성creaturehood이다. 이것은 지도자가 준비 기간에 따로 다룰 수 있는 다음의 두 문장을 연결한다. 1) 사랑스러운 조물주인 하느님께서 당신을 닮은 나/우리를 창조하셨다. 2) 우리를 사랑하는 연인인 하느님께서 당신을 닮은 나/우리에게 당신 자신을 주신다[231]. 피조물성이라는 주제는 기도 자료 5번의 '원리와 기초'에서 한 번 더 나온다.

이 시점에서 당신은 피정자가 기도 자료 2번에 더 머물러야 할지를 판단할 수 있다. 그렇다면, 자신의 판단을 따르라. 당신은 피조물성이라는 주제를 다음과 같은 다양한 관점에서 판단할 수 있다.

— 하느님께서는 거룩하시다(초월성).

— 우리는 창조되었고 사랑이 필요한 존재이다.

— 하느님께서는 당신 자신을 위해서 우리를 창조하셨다.

— 우리가 가진 모든 것은 선물이다.

나는 피정자가 이러한 관점을 하나 또는 여러 가지 방법으로 뜻있게 체험하기를 바란다. 이것은 아마도 창조주 앞에서 느끼는 놀라움 또는 나약함이거나, 생명에 대한 깊은 존경 또는 조화로운 우주의 광대하고 아름다운 기획의 일부가 되거나, 받아들여지고 사랑받는 느낌 또는 우리가 비록 매우 작지만 인간 가족과 더불어 직접적으로 무척 사랑받고 있다는 것에 대한 놀라움이거나, 하느님의 자녀가 되는 체험일 것이다. 준비 기간은 영신수련 내내 있을 것으로 추정되는 그리스도교 근본 신앙을 바탕으로 한다.[8] 기도 길잡이인 당신은 영신수련 이면의 신앙 체계belief structure가 적용되기를 바란다. 당신이 기대하는 것은 지적인 깨달음이거나 신앙에 대한 동의라기보다는 마음 깊이 느끼는 체험이다. 첫 주간에서 자신의 죄와 세상의 죄를 깨닫기 전에 하느님의 자녀로서 사랑받는 체험은 피정자에게 매우 중요하다. 그러한 체험은 피정자가 악이라는 고통스러운 현실을 직면할 때 지탱할 수 있는 안전한 장소를 제공하고 용서하시는 하느님의 사랑과 조명에 마음을 열게 한다.

이론 및 희망과 상관없이 피정자는 그것을 체험하지 못하고 당신에게 올지도 모른다. 아마도 그는 여전히 당신과 친해지기가 어려울 수도 있다. 그 상황에서 당신은 사태의 표면에 머무르는 것이 더 적절하다는 것을 발견할 것이다. 그래도 괜찮다. 서두르지 마라. 피정자에게 기대하지 마라. 그의 미성숙한 부분에 함께 부드럽게 머물러라. 주제의 이런 측면을 알려주는 징조가 나타나면 그냥 들어 주라. 오직 그런 징조가 나타날 때 피정자가 그것을 주목하게 도와주라.

어쩌면 그는 단지 하느님 앞에서 긴장을 풀고 가까이 계시는 하느님을 인식하기 시작했을지도 모른다 (그것은 당신이 지난 주간에 바랐던 것이다!). 비록 기도 초기의 패턴처럼 보이는 것일지라도 그의 기도에서 떠오른 것이 무엇이든 격려하라. 피정자가 자신의 체험을 주목하게 도와주라. 또한 그 체험에서 비롯된 관점이나 양상modality이 무엇이든 하느님의 사랑받는 자녀라는 정체성을 더 깊이 인식하도록 도와주라.

때때로 영신수련 중에 피정자는 자신의 한계에 분노하고 인생의 굴곡 때문에 화가 나기 시작할 수도 있다. 그것은 모든 것을 아시는 하느님이 자신을 조작했다는 느낌이다. 그런 움직임이 당연히 있어야 하는 곳에서 일어남으로써 피정자는 더 나은 하느님의 이미지로 영신수련을 시작할 수 있다. 그러나 이것은 한참 뒤에 발생하기도 하고, 어떤 때는 첫째 주간이나 둘째 주간에 일어나기도 한다. 그런 분노가 면담 중이나 면담 후에, 기도 수련 중이나 특별히 세 개의 담화를 할 때 일어난다면 그것을 표현하라고 피정자에게 권하라. 하느님을 하느님으로 인정하는 데 필요한 깨달음을 하느님께 청하라고 피정자에게 권하라. 가끔 그런 분노는 내가 3장 후반부에서 고찰한 것처럼 더 미묘하게 일어나기도 한다.

피정자의 기도 체험에서 일어난 것을 듣고 서로 식별하며 상의한 뒤, 당신은 한 가지를 제안하거나 어떻게 진행할 것인지와 무엇을 청할 것인지를 설명하면서 기도 자료 3을 줄 수 있다. 당연히 당신은 들은 것에 맞추어 제안할 것이다. 이 시점에서 당신이 필요하다고 감지한 것이 주어진 기도 자료보다도 더 중요하다. 어쩌면 당신은 기도 자료 2번의 일부를 다음 주 전체 또는 일부 기간 다시 기도하라고 그에게 제안할 수도 있다.

피정자가 지난 면담 때 소개받은 회고를 했는지 알아보는 것이 이번 면담에서 중요하다. 당신은 피정자에게 지난 주간의 회고 노트를 큰 소리로 읽어보라고 요청할 수도 있다. 회고는 피정자가 자신의 기도 체험을 성찰하고 스스로 하느님의 움직임을 주목하는 데 도움을 주는 기술이다. 어떤 피정자들은 회고를 쓰는 것이 어렵다고. 어떤 피정자는 너무 긴 시간 동안 모든 것을 쓰고 싶어 한다. 다른 피정자는 무엇을 써야 할지 모를 수 있다. 또 다른 피정자는 다음 해에 노트를 읽으면서 유익한 점을 얻기 위하여 교훈과 '찬사'로 모든 것을 연결하고 싶어 한다! 피정자들이 회고하면서 내적 움직임이나 영적인 움직임을 파악하기보다는 기도에서 얻은 결론을 쓰려고 하면 어려워진다. 그들은 체험보다도 기도 수련 뒤에 떠오른 생각을 쓴다.[9] 당신이 집중해야 할 것은 기도 수련을 하는 피정자의 내적인 움직임이다. **기도 길잡이가 우선적으로 경청해야 하는 것은 피정자가 기도 수련 중에 그의 마음에서 떠올랐던 것이다.**

지금부터 가끔, 당신은 피정자가 기도 수련 중에 떠오르는 자연스러운 생각 그리고 느낌과 같은 움직임을 자각하는 법을 배우고 있는지 확인하기 위해 가르치고 점검할 필요가 있을 수도 있다. 매우 의도적이지만, 다음 몇 주간 동안 매 기도 수련 후에 회고하면서 피정자에게 다음과 같이 스스로 몇 가지 질문을 하라는 제안은 때로는 도움이 될 수도 있다. 그러나 피정자가 질문에 답을 하더라도 능숙하게 회고하려면 시간이 오래 걸릴지도 모른다.

a) 어떤 성경 구절을 기도 자료로 사용했는가?

b) 기도 시간 내내 수련했는가?

c) 기도하는 동안에 편안하거나 불편했던 부분은 어디였나?

d) 기도하는 동안에 일어났던 느낌이나 생각은?

e) 다음에 기도할 때 돌아가야 할 부분은?

f) 어떤 은총을 하느님께 청했는가? 그것을 받았는가? 어떻게?

바람직한 회고에는 피정자가 당연히 주목해야 하는 다음과 같은 세 가지 측면이 있다.

- 기도 전before ― 기도 수련 환경 살피기. 즉 기도 준비, 원거리 근거리 모두에서 기도 준비. 예를 들면, 기도 수련에 영향을 주는 매일의 생활 방식.
- 기도 중during ― 기도 동안에 일어났던 구체적인 체험과 중요 사항 살피기.
- 기도 후after ― 움직임(풀리지 않는 체험 또는 골칫거리나 불편한 것, 다시 돌아봐야 할 하느님의 현존을 느낀 부분)에 대한 판단과 심각하게 반응했던 요점으로 돌아가는(반복) 결정.

회고에 대해 논의한 후 필요하다면 반복과 은총을 청하는 기도 또는 대화를 좀 더 설명해 주라. 그러나 이 시점에서 너무 많은 설명은 바람직하지 않다.

반복, 은총 청하기, 대화

반복은 영신수련의 가장 중요한 역동 중의 하나이다. 불행하게도 많은 기도 길잡이들이 이것을 충분히 이해하지 못한다. 그들은 반복을 종종 강의 준비나 시험공부를 하듯이 일어났던 것을 더 잘 파악하기 위해서 같은 자료로 돌아가는 것으로 이해한다. 그러나 반복은 기도 중에 다음과 같은 움직임이 일어났던 곳으로 돌아가는 것이다[62]. 영적으로 위안을 받은 순간(들려 오르는 느낌, 하느님의 현존 체험, 기대하지 않았던 깨달음이나 의미 등), 영적으로 황폐한 순간(매우 고생, 불편, 하느님의 부재 체험 등) 또는 영적으로 이해한 순간(감동적인 깨달음이 시작되거나 깊어진 느낌).

종종 반복은 피정자에게 설명하기 어려운 내용이다. 그러나 일단 피정자가 스스로 반복하고 일어난 움직임으로 돌아가기를 원하면, 당신은 그가 영신수련의 역동에 들어갔음을 알게 된다. **나중에 피정자가 아직 움직임이 온전히 끝나지 않았음을 알아채거나 어떤 느낌이나 떠오른 생각으로 돌아가야 할 것 같다고 말하면 당신은 그가 실제로 영들을 식별하기 시작했음을 알게 된다.**

당신이 기도 자료 2번의 내용에 따라 반복을 설명했다면, 피정자와 반복에 대해 논의하기 시작하고 다음의 질문을 하라. "당신이 저번주에 받은 d), e), f)의 자료를 사용했을 때 무엇이 반복 선택에 영향을 주었나요?" 당신은 다음번 면담에서 다음과 같은 질문으로 반복을 권할 수 있다. "당신이 보기에 저번주의 기도 자료에서 다시 돌아가야 할 요점이 있습니까? 그 이유는 무엇인가요?" 당신은 다음과 같은 방법으로 설명할 수도 있다. "당신은 회고하면서 돌아가도록 이끄는 움직임에 주목할 수도 있습니다. 어느 땐 당신은 불편한 감정이나 돌아가서 좀 더 머무르라고 당신을 부르시는 하느님을 느끼기 때문에 이것을 알게 됩니다. 당신은 반복으로 자신 안에서 일어나는 영들의 움직임에 관심을 둡니다. 돌아가서 앞의 수련에서 체험한 움직임으로 계속 수련하는 것을 겁내지 마십시오." 당신이 피정자에게 반복을 이해시키려면 몇 주가 걸릴지도 모른다. 여기서 단순히 문제를 제기하고 그와 함께 여정을 동반하면서 반복과 반복의 중요성을 계속 깊이 인식시켜라.

우리는 각각의 수련을 시작할 때만 **은총**을 청하지 않는다. 오히려 우리는 수련하는 내내 그리고 대화하면서 계속 **은총**을 청한다. 우리가 **은총**을 청하는 이유는 무엇보다도 기도에서 일어나는 성장은 하느님의 선물이지 우리의 노력이 아니라는 것을 깨닫기 위함이다. 우리는 **은총**을 청하면 행위자doers가 아니라 수혜자receiver가 된다. 우리는 **은총**을 청하면 기도에 집중한다. 이냐시오는 다음과 같이 계속 **은총**을 청하라고 제안한다. 그는 기도 수련 때마다 **은총**을 청하라고 피정자에게 지시한다. 우리는 은총을 청할 때 **은총**을 받게끔 우리 자신의 일부분을 연다. 우리는 우리 삶의 일정 부분을 하느님의 활동에 맡긴다. 피정자는 주어진 **은총**을 얻기 위해 기도할 때 막연한 **은총**이 자신의 필요에 맞게 더 구체적으로 바뀌는 것을 발견한다. 예를 들면 피정자는 주 초반에 자신과 직접 관계하는 창조주를 인식하게 해달라고 기도할 수 있다. 그는 주 중반에 일어나는 두려움을 주목하기 시작한다. 그는 어떤 사람과 친해질까 봐 두려워하는 자신을 발견한다. 그는 특별한 이유로 친밀감을 믿기 힘들다는 것을 발견한다. 그래서 그는 자신에게 필요한 믿음을 달라고 기도하기 시작한다. 가끔 영신수련 여정의 아무 때라도 면담할 때 피정자에게 다음과 같은 질문은 도움이 된다. "지금 당신은 자신에게 구체적으로 필요한 것이 무엇인지 알고 있나요?" 피정자가 청하는 **은총**이 구체적으로 어떤 것인지 당신은 질문해야 한다. 또한 당신은 다음과 같이 제안할 수도 있다. "당신이 청하고 있는 **은총**을 받지 못한 것 같으면 대화할 때 그것에 대해 예수님과 대화해 보십시오."

이냐시오의 개략적인 모델을 보면, 담화colloquy는 수련을 끝내기 바로 전에 하는 것이다. 피정자가 일찍 그렇게 담화하지 않았다면 수련을 끝내기 바로 전에 담화해야 한다. 그러나 담화는 수련 중 어느 때라도 할 수 있다. 우리가 담화하고 싶을 때 담화를 할 수 있다. 때때로 우리는 **은총**을 청하는 기도를 할 때도 담화를 시작한다. 친구가 친구에게 대화로 말하듯이[54] 우리는 우리 생각을 하느님께 털어 놓는다[53]. 우리는 우리 자신의 체험을 말한다. 그것은 유혹·영적 황폐·영적 위안 또는 열망이다. 우리는 충고, 마음을 더 열기, 구체적인 문제에 관한 깨달음과 같은 요구에 대해 의논한다[199]. 담화는 보통의 대화처럼 서로 주고받는 것이다. 독백은 대화도 아니고 담화도 아니다. 우리는 담화를 통성기도로 생각하지 말아야 한다. 여기서 담화는 발견하기 위한 수단이다. 나중에 담화는 피정자에게 자유를 주는 수단이 될 것이다.[10] 자신의 체험을 이야기하고 자신의 생각을 털어놓을 때 마음속의 덜 의식된 less-than-conscious 부분이 드러난다. 계시와 발견은 자신과 하느님의 조명인 은총으로부터 나온다. 우리는 열심히 담화를 할 때 우리 자신을 잊어버리고 이것저것 말하며 깊고, 예기치 않았던 열망까지 표현한다. 이러한 열망이 증진되고 영적 자유가 증가하고 있다는 조짐이 생기면, 우리는 성령의 자극impulse을 인식한다.

앞 장에서 말했듯이, 담화는 양방향으로 진행되는 대화이다. 피정자는 예수님께나 아버지인 하느님, 어머니인 하느님께 말씀드리기 어렵지 않지만 종종 그분들과 이야기를 주고받지 못한다. 담화는 대화이고 대화는 이야기를 서로 주고받는 것이다. 종종 담화는 상상력을 사용하도록 피정자를 격려해서 이야기를 주고받도록 도움을 줄 것이다.

영적 황폐와 저항

여기서부터 나는 이 단계에서 나타날 수도 있지만 영신수련 여정 후반부에서 나타날 수도 있는 주제, '저항'을 다루겠다.[11] 피정자가 기도를 잘하고 체험도 잘 표현하고 있다고 가정하자. 그는 지금 당신에게 지난주가 끔찍했다고 말했다. "나는 전혀 집중할 수 없었어요. 지지난주에는 기도가 꽤 잘 되는 것 같았는데 지난주는 전혀 달랐어요." 당신은 그의 이야기를 적극적으로 듣고 나서 그의 체험을 어떻게 탐색하고 반응하겠는가?

무엇보다도 먼저 당신은 언제나 기도의 외적인 면을 점검해야 한다. 피정자가 기도 시간 내내 온전히 머물러 있었는가? 그는 기도를 준비했는가[6]? 그에게 걱정거리나 마음을 쓸 일이 생겼는가? 그렇다면 그는 그것으로 기도하거나 그것과 기도를 분리하려고 노력했는가? 그는 여전히 관대한가? 그에게 좌절과 같은 심리적인 문제가 있는가? 이런 외적인 질문을 통해 갈등이 생길 만한 이유가 드러난다면 그 문제를 여기서 다뤄라. 더 확실한 것을 사용할 수 있다면 더 애매모호한 것을 찾지 마라. **그것이 오리처럼 생겼고, 오리처럼 꽥꽥거리고 오리처럼 뒤뚱댄다면, 그것을 오리라고 불러라!**

그러나 겉으로 보기에 지난주의 갈등이라고 확신할만한 것이 아무것도 없다고 가정해 보자. 그렇다면 당신은 그가 어떻게든 스스로 하느님에게서 멀어지고 있다고 추측할 수 있다. 기도 자료가 성경에 표현된 하느님의 이미지와 조화를 이루지 않는 이미지를 드러냈는가? 피정자가 화·분노·두려움·슬픔이 깊어지는 것을 체험하고 있는가? 때로는 분심distraction에 빠지거나 기도에 충실하지 못함은 반응이 일어나고 있다는 표징이다. 피정자가 다룰 필요가 있는 기억이 떠오르고 있는가? 피정자는 자신의 삶에 분노하고 있는가? 그가 싫어하는 피조물성과 의존성에 관련된 것이 있는가?

들는 데 도움을 받으려고 마음 한편에 그런 질문을 간직할 수 있으나, 가능한 그것들 중 어떤 것도 전혀 맞지 않을 수도 있음을 명심하라. 그러므로 판단하지 마라. 당신의 역할은 들는 것이다. 당신이 듣고 있을 때 일어나는 현상을 피정자가 주목하도록 돕는 것도 당신이 할 일이다. 여기서 발생할 수 있는 위험은 당신이 성급하게 해석해서 피정자가 주목하지 못하게 만드는 것이다. 우리는 여기서 세 가지 방법으로 접근할 수 있다.

첫 번째는 꾸준히 적극적으로 들는 것이다. 적극적으로 들으면서 지난주의 고민을 표현하는 피정자에게 다음과 같이 반응하라. "당신은 지난주에 정말로 많이 고민했군요. 그것을 말하기 어렵습니까? 잠시 지난주를 생각해 봅시다. 때때로 우리는 실패처럼 보이는 것과 혼란에 집중할 때 의미 있는 체험을 합니다. 지난 이틀 동안의 수련을 생각해 봅시다. 비록 하찮게 보이는 것일지라도, 수련하면서 떠오른 생각과 느낌을 말해 보십시오." 피정자가 말하는 것을 듣고 그가 말하거나 암시한 것을 조심스럽게tentatively 반영하라.[12] 예를 들면, 당신은 들으면서 초조함을 가리키는 구절이나 단어를 주목할 수도 있다. 당신은 그렇게 더 직접적인 한두 가지 질문으로 다음과 같은 감정의 표현에 집중할 수 있다. "당신은 긴장하고 초조했다고 말했는데요. 어떤 것을 초조하게 느꼈나요?"

싫증 나고 메마르거나 하느님이 안 계신 것 같은 느낌은 기도하면서 정서적으로 멀어지고 있다는 표징일 수 있다. 앞에서 제안한 것과 같은 질문을 하면서 그것이 일어난 **원인이 아니라** 일어난 것에 관심을 두라. 당신은 이전보다 좁은 분야를 다루게 될 것이다. 피정자의 정서적인 반응에만 마음을 두고 가능한 정확하게 그것을 반영해 주라. 그가 표현하는 것을 해석해서 바꾸지 마라. 그러한 체험이 두려움·화 또는 원하지 않는 부정적인 감정을 가리고 있다고 의심되면 당신은 피정자가 말하고 싶지 않은 감정을 말하거나 스스로 인식하기 전까지 많은 시간을 들여서 조심스럽게 탐색해야 한다. 우리가 감정을 하느님께 말할 수 있으려면 시간이 걸린다. 혼란과 좌절로 말미암아 숨어버린 감정을 고무시키는 것이 당신의 역할이다. 이번 주에도 또는 계속해서 피정자가 감성적인 기도를 못 할 수도 있음을 명심하라. 그러므로 일러두기[319]의 제안에 따라 더 적극적으로 성찰하면서 기도하라고 권장하는 것도 좋다. 감성적으로 머무는 것이 거의 불가능할 때는 좀 더 지성적으로 접근하는 수련이 필요할 수도 있다.

두 번째는 일러두기[7]의 지시처럼 부드럽고 친절한 격려로 시작된다. 당신이 영신수련에서 너무 이르다고 생각하지 않았으면 '영들을 식별하는 첫 번째 규칙 세트'를 참조하고 피정자에게 보여 줘도 좋다. 일러두기[315], [317], [319]-[321]을 면담 중에 함께 읽어라. 그것들 가운데 어떤 것이 피정자의 체험에 해당하는지 찾아내기 위하여 잠깐 논의하라. 그 후 다음 주의 기도 진행을 함께 상의하라. 지난주의 기도 자료 일부를 반복해야 하는 것을 알고 있는지 그에게 물어보라. 종종 이런 초기 단계에서 많은 것을 배우고 있는 피정자에게 규칙을 드러나게 적용하는 것은 적절하지 않을 수도 있다. 그러나 성경으로 기도하는 것과 기도 체험 표현에 익숙해진 피정자는 기도 체험을 통해 영적 이익을 얻을 수도 있다. 어떤 경우든 우리는 이러한 방법을 영적 황폐라는 갈등이 일어날 것 같은 때가 지난 후에 사용할 수 있다. 우리가 규칙을 드러나게 사용하면, 종종 숨어있는 감정은 금방 확인되지 않고 나중에 피정자가 규칙에 담긴 이냐시오의 제안에 따라 수련할 때, 진짜 문제가 표면으로 떠오를 수 있음을 유념하라.

세 번째는 체험 이면에 있는 원인을 찾고자 피정자에게 협조를 구하는 것이다. 당신은 다음과 같이 피정자의 협조를 구할 수 있다.

"알다시피 마틴, 당신이 설명하고 있는 곤경은 당신을 매우 혼란스럽게 하는 것처럼 보이지만, 사실 그것은 특별한 방법으로 당신과 대화하려는 성령의 노력일 수 있습니다. 때때로 하느님의 영께서는 우리를 깨닫게 하려고 시도하실 때 우리는 두려움이나 혼란, 슬픔을 느끼며 반응합니다…. 마치 당신이 설명한 것처럼 말이죠. 어쩌면 일어나고 있을지도 모르는 것을 함께 찾아봅시다. 당신은 지난주의 기도 자료 가운데 어느 부분이 마음에 안 들었나요? 각 구절을 함께 찾아봅시다. 첫 번째는 모세가 신발을 벗는 장면이었죠."

피정자가 당신의 말을 이해하지 못할 때 종종 세 번째 방법은 곧바로 결실을 얻지 못할 것이다. 그는 수련 후 조명을 받을 때까지 혼돈과 혼란이 어떻게 다른 기분을 억압하는지 알지 못할 것이다. 하지만 당신은 체험에 담긴 의미가 무엇인지 밝혀주는 은총을 하느님에게서 받으려고 노력하는 피정자를 위하여 기초 작업을 하고 있다.

첫 번째 방법은 철저히 간접적이다. 두 번째 방법은 영들을 식별하는 규칙을 직접 적용한다. 세 번째 방법은 피정자에게 탐색 과정에 의식적으로 협력할 것을 요청한다. 나라면 이 단계에서 피정자가 자신의 더 깊은 반응을 더 쉽게 표현할 수 있을 때를 위해서 두 번째와 세 번째 방법을 유보하는 한편 첫 번째 방법을 사용하겠다.

요약

▎구체적인 사항

— 당신은 피정자가 창조주에 의해서 사랑스럽게 존재하는-더 전문적으로
  말해서 피조물성 체험이라고 부르는 의미 있는 체험을 하기 바라고 있다.
— 절실하고 현실적인 피정자의 요구에 응답하는 것이 제시된 기도 자료를
  따르는 것보다 더 중요하다.
— 앞의 기도 흐름과 관련되어 떠오르는 어떤 것이라도 격려하라.
— 피정자는 피조물의 한계 때문에 나중에 화가 치밀 수도 있다.
— 피정자의 회고 방식을 점검하고 조금 가르쳐주는 것이 필요할 수도 있다.
— a) 반복, b) 은총을 청하기, c) 주고받는 대화인 대화를 설명하라.
— 면담을 바탕으로 주목할 것과 기도 자료 3번을 주라.

▎전반적인 사항

— 다음은 기도에서 일어나는 저항을 다루는 세 가지 방법이다.

> 1. 적극적이고 반영적으로 듣고 다음의 지침으로 피정자가 더 깊은
>   반응을 표현하도록 이끌어라.

— 원인이 아니라 일어난 것에 집중하라.
— 감정을 주목하라.

> 2. 영들을 식별하는 첫 번째 규칙 세트를 드러나게 사용하고 피정자
>   에게 규칙 사용법을 가르쳐라.

> 3. 탐색 과정에서 피정자에게 협력을 요청하라.

4 장
준비 기간 연속
기도 자료 3번 듣기; 첨가 사항; 기도 자료 4번 주기

기도 자료 3번은 피조물인 우리의 또 다른 측면과 우리와 나누고 싶으신 하느님의 열망을 전개한다. 즉, 하느님께서는 구세주 예수님을 통하여 몸소 그리고 함께 우리를 용서하길 바라신다. 그것은 다음의 두 가지 신학적 진실을 하나로 묶는다. 당신은 기도 자료 두 개를 적절히 판단해서 따로따로 제안할 수 있다. 1) 하느님께서는 우리를 몸소 용서하길 바라신다. 2) 예수님께서는 우리를 몸소 구원하길 바라신다.

이러한 주제는 자비와 동정심이 가득하신 하느님의 이미지를 전해준다. "하느님께서 우리 편이신데 누가 감히 우리를 대적하겠습니까(로마 8, 31)?" 우리는 하느님의 사랑에 대한 다음의 측면을 유추할 수 있다.

― 구원이 필요한 우리와 기꺼이 구원하시려는 하느님.
― 우리에게 끊임없이 친절과 동정을 베푸시는 하느님.
― 하느님의 사랑을 받고자 하느님께 의지하고 하느님의 도움 없이 하느님 의 사랑을 얻을 수 없는 우리의 한계.

─우리와 친밀한 관계를 맺고 죄와 우리 삶에 주는 죄의 영향으로부터 우리를 자유롭게 해 주려는 예수님의 열망. 죄의 영향은 두려움·불신·다른 사람과 함께 일하지 못함·인간적인 능력을 기꺼이 나누지 못함·절망이다.

우리 각자의 역사와 더불어 전반적인 공동체 역사에는 구원의 역사라는 진실이 암시되어 있다. 이것은 우리를 위해 일하고 수고하면서 우리의 사건에 현존하시는 하느님께서 당신의 내적 생명과 사랑을 우리에게 나누실 수도 있음을 의미한다[231], [235].

면담을 시작하면서 당신은 피정자가 더 깊은 차원의 하느님 사랑을 유의미하게 체험하기를 바라고 있을 것이다. 어쩌면 그것은 지난번 면담에서 나타나고 있는 하느님 사랑의 한 가지 양상이 깊어진 것일 수도 있다. 어쩌면 그것은 다음과 같이 당면한 주제와 더 깊이 관련된다. 그것은 죄인임에도 사랑받는다는 인식, 친절한 하느님에 대한 인식, 하느님은 소유할 수 없는 분이라는 깨달음, 하느님께 죄를 지은 우리가 하느님과 함께 누리는 더 큰 위로, 하느님의 자비에 대한 더 깊은 믿음이다.

당신은 피정자의 이야기를 들으면서 기도나 체험을 주목하도록 도와주고, 늘 용서하시려는 하느님이나 예수님과 피정자의 관계를 주목하려고 노력한다. 그는 성경의 어떤 구절로 자극받고 있는 것처럼 보이는가? 그는 그 구절로 어떻게 영향을 받는가? 그는 편안한가? 그는 불편한가? 그는 자기 안으로 숨어버리는가? 그는 자신을 둘러싸고 있는 현실을 이해하는가? 피정자가 전보다 더 인간적으로 관계를 맺고 있는가? 또는 그가 이론을 확립하거나 교훈을 배우면서 더 비인간적으로 관계를 맺기 시작했는가? 후자라면 어떤 하느님의 이미지가 그에게 영향을 주고 있는가?

기도 자료 3번은 용서받고 싶은 피정자의 욕구가 아니라, 용서하시려는 하느님의 열망을 강조한다. 나는 피정자가 자기 자신보다도 하느님께 더 마음 쓰기를 바란다. 그러나 이 주제를 소개받은 피정자는 종종 자신의 죄에 집중하는 것처럼 보인다. 피정자가 그렇게 되어 의기소침해지기 시작하면 미래를 위해 '인간 본성의 적이 만든 계략을 밝힘으로써' 피정자를 격려하고 힘을 주라고 당신에게 지시한 일러두기[7]을 기억하라. 앞 장에서 언급했듯이 이것은 영들을 식별하는 규칙을 너무 일찍 더 드러나게 적용하고 있는 것인지도 모른다. 여기에서 피정자가 자신에게 집착하게 만드는 움직임에 너무 집중하지 않는 것이 중요하다. 여기서 간략한 탐색은 준비 단계를 순조롭게 진행하도록 피정자를 격려할 수 있는 방법을 발견하기 위해 체험을 공감적으로 연결하는 데 도움을 줄 수도 있다. 피정자가 당신이 자기 이야기를 듣고 있다고 어느 정도 확실하게 느낀다면 비록 당면한 문제가 분명하지 않을지라도 그를 도우려는 거의 모든 격려는 전반적으로 도움이 될 것이다. 따라서 당신은 살면서 같은 입장에서[13] 겪은 좌절을 나눌 수도 있고, 좌절을 견디면서 기도하는 방법을 배운 경험담도 증언할 수도 있다. 또는 당신은 인내하며 용서와 사랑으로 대화하시는 하느님을 믿으라고 다음과 같이 가볍게 격려할 수도 있다. "당신도 알다시피 하느님은 당신이 자신을 그렇게 거칠게 다루는 것을 바라지 않으십니다." 피정자가 하느님의 열망과 열정 그리고 따뜻함을 강조한 성경 구절의 다른 측면을 주목할 수 있도록 부드럽게 격려하라. 어쩌면 당신은 그에게 지난주에 준 성경 구절 중 하나나 둘을 약간 다른 각도로 반복하라고 제안할 수도 있다. 이것은 첫째 주간이 시작되기 전에 필요한 기초를 놓는 데 충분할 수도 있다. 어쩌면 이 시점에서 첫 주간으로 들어가는 것이 너무 이를지도 모른다.[14]

이러한 준비 상태에서 마치 그림을 그리려고 화구를 준비하듯이 영신수련을 위해 계속 적절한 기초를 놓는 것이 중요하다.

피정자가 성찰 기술을 사용하는지 계속 관찰하라. 피정자가 당신이 몇 주 전에 소개한 회고를 하는지 주목하라. 또한 그가 반복하는지 점검하라. 그는 체험했던 움직임에 어떻게 돌아가는가? 당신은 마음속으로 그런 질문을 하면서 피정자가 기도체험에서 일어나고 있는 것을 주목하도록 도와준다. 피정자가 스스로 그러한 것에 주목하려면 시간이 오래 걸린다. 피정자가 그렇게 구체적으로 생각하기 전까지 당신은 두세 달 동안 반복 기도의 방향을 계속 잡아 줄 필요가 있을지도 모른다. 당신은 다음과 같이 제안할 수 있다. "어쩌면 당신이 겪는 좌절은 일어나고 있는 것을 말해주고 있을 수도 있습니다. 당신은 돌아가야 할 필요가 있는 지난주의 기도 부분을 알아차릴 수도 있습니다."

이것을 보완하려면 앞으로 나아가려 하지 말고 원하는 것을 발견한 요점에 만족할 때까지 조용히 머무르라는 이냐시오의 충고를 피정자에게 계속 상기시켜야 할 것이다[76]. 이것은 반복 체험과 관련이 있는, "많이 아는 것이 아니라 마음속 깊이 느끼고 맛 들인 것이 영혼을 가득 채우고 만족시킨다"는[15] 일러두기[2]와 유사하다.

그러나 기도 수련 경험이 없는 피정자는 종종 기도 자료의 추가 독서나 성경의 대칭 구절을 읽는 데 많은 에너지를 소비한다. 당신은 이것을 방지하고자 기도 자료 모두를 주지 않고 성경 구절 몇 개를 제시할 수 있다. 때때로 당신은 심지어 기도 수련 내내 성경 구절의 한두 소절이나 성경 이야기의 한 부분 또는 하나의 상징에 머무르라고 피정자에게 강조할 필요도 있다.[16]

한 가지 요점에 머무르는 조건은 무엇인가? 그것은 피정자가 기도하며 은총을 청하기 위해 사용하는 구절로써 '내가 원하는 것'을 발견하는 것이나 발견할 가능성이다. **은총** 청하기는 영신수련에서 매우 중요하다. 그러므로 피정자가 **은총**을 청하는 기도를 하는지 점검하기 위해서 "어떤 은총을 청하고 있나요?"라는 질문은 종종 도움이 된다. 또는, "청하고 있는 은총을 받았나요?"라고 질문하라. 때때로 피정자는 하느님께 청하는 것을 바꾸면서 꼭 필요한 것을 빠뜨리기 때문에 첫 번째 질문은 피정자의 갈망을 알려주는 단서를 제공한다. 예를 들면 제시된 은총이 예수님을 더 잘 아는 것뿐만 아니라 마음속 깊이 예수님을 더 잘 알게 해 달라는 것일 경우에 피정자가 그것을 빠뜨린다는 사실은 뭔가 중요한 것을 알려줄 수도 있다. 더 나아가서 첫 번째 질문에 대한 답변은 그가 이 시점에서 필요에 따라 은총을 구체적으로 청하는지를 알려줄지도 모른다.

당신은 구체적으로 은총을 청하라고 반드시 권해야 한다. 예를 들면 당신은 피정자가 이 과정에서 체험하는 절망을 함께 탐색하면서 사랑받으려면 반드시 완벽해야 한다는 피정자의 신념도 발견했다. 그래서 당신은 다음과 같이 더 구체적으로 은총을 청하는 기도를 그에게 권할 수도 있다. "당신은 여러 번 반복해서 은총을 청하십시오. 어쩌면 당신이 잘못했음에도 온전히 당신을 받아들이시는 하느님을 더 깊이 인식하게 해달라고 청할 수 있습니다!"

피정자가 기도 수련하면서 구체적으로 은총을 청하는 자신을 발견하는 방법은 피정자를 감동시키시는 하느님의 방법을 알려 준다. 예를 들면 "어떤 은총을 청하고 있나요?"라는 첫 번째 질문에 피정자는 다음과 같이 답변할 수도 있다. "하느님께 대한 고정관념을 버리게 도와 달라는 은총을 청하고 있습니다." 당신은 이 답변으로 피정자가 하느님의 다름을 감지하고, 자신의 피조물성을 체험하기 시작한 것을 알 수 있다.

앞으로 당신은 이냐시오가 수련으로 제시한 일반적인 은총이 점점 더 구체적으로 드러나는 것을 여러 달에 걸쳐서 주목하게 될지도 모른다. 피정자는 가끔 첫 번째 질문에 "은총을 청하고 있는 자신을 발견했다"라고 대답할 수도 있다. 달리 말하면, 그가 반복해서 은총을 청할 때, 그에게 희미하게 변화가 일어나기 시작한다. 그것은 마치 변화를 거의 알아채지 못한 피정자가 뿌리를 내리고 있는 말에 반응하면서 마음에서 일어나는 변화를 암시하는 "나 자신을 찾았어요"라는 말이나 다른 표현을 하는 것과 같다.

"기도하면서 은총을 받았나요?"라는 두 번째 질문은 피정자가 일어나고 있는 것과 하느님께로부터 받는 것을 스스로 식별하도록 도와준다. 그가 청하는 은총을 받고 있음을 알아챘다면, 당신은 그 은총을 받고 있는 것처럼 보이는 성경 구절에 머물러야 한다는 것을 알고 있는지 물어볼 수 있다. 그것은 한 번 더 그에게 반복을 각성시키고 특정한 움직임의 마감을 알아채도록 도와줄 수 있다. 이냐시오가 "만족할 때까지 한 가지 요점에 머물러 있을 것이다"라고 일러두기[76]에서 넌지시 비쳤듯이 앞으로 나아갈 것을 결정하는 기준은 피정자에게 있다. 피정자는 조금씩 이것을 인식하는 것을 배우면서 "예, 몇 차례 더 거기에 머물러야겠다고 생각합니다." 또는 "이제 그것으로 충분하다고 생각합니다"라고 말할지도 모른다. 그러한 반응은 그의 마음속에서 일어나고 있는 내적 움직임에 대한 깨달음을 알려준다.

반면에 피정자가 구하고 있는 **은총**을 받지 못하고 있음을 알아챘다면, 당신은 더 적절하게 피정자를 준비시키는 방법을 함께 의논할 수 있다. 당신이 함께 찾을 수 있는 근거나 범위에 대한 목록은 다음과 같다. 이것은 피정자가 영신수련의 역동으로 들어가는 방법을 배우고 있을 때 더 적합하다.

a) 기도 자세 — 은총을 받지 못하고 있을 때 자세를 바꾸라고 권할 만하다. 은총을 체험하고 있다면 같은 자세를 유지하는 것이 낫다[76]. '안팎으로 조화를 이루기'는 원하는 은총에 마음을 열게 하는 한 가지 방법이다. 외적인 자세는 내적인 준비에 중요하다.

b) 기도 준비하기 — 첫 번째는 기도 수련 '바로 전에' 준비하는 것이다. 피정자는 성경 구절을 미리 훑어보면서 구하고 있는 은총이 어떤 것인지 알고 있는가? 피정자가 기도하기 바로 전에 마음을 가라앉히고 모으기 위해 '자신을 내려다보시는 하느님을' 생각하면서 시간을 보내는가[75]? 예를 들면 피정자는 기도하려는 장소 앞에서 몸을 굽혀 절하거나 십자 성호를 천천히 긋는 것과 같은 존경을 표시할 수 있다. 어쩌면 그는 전화기를 끄고 방의 온도와 밝기를 점검할 필요도 있다.

다음은 온종일 '원거리에서 준비하기이다'remote preparation. 어쩌면 그는 하루 동안 벌어진 사건, 즉 너무 많은 일을 하루에 끝내려고 애쓰고, 화가 많이 난 동료들과 부딪히고 그들의 어두운 분위기에 마음을 쓰느라 지나치게 흥분되어 있을지도 모른다. 피정자는 삶을 생생하게 체험하면서 기도하고 있음에도 구하는 은총을 받는 데 방해받지 않도록 그날의 긴장을 풀어주는 적당한 여유가 필요할지도 모른다. 적절하게 준비한 후 수련을 잘 시작하는 최선의 방법은 바로 전의 걱정거리가 떠오르게 하고 그것을 확인한 후 흘러버려라.

c) 은총에 대한 열망―피정자는 기도하면서 실제로 은총을 원하고 있는가? 그렇지 않다면, 피정자는 아마도 은총을 원하는 것을 원하게 해달라고 절실하게 기도해야 할 것이다.

d) 시간에 충실하기―피정자는 기도 시간을 모두 사용하는가? 아니면 여기 저기서 '그럭저럭 쓸데없이' 시간을 보내는가?

e) 무절제한 애착―어쩌면 피정자가 기도 수련하려면 침묵을 철저히 지켜야 한다거나, 모든 뉴스를 알아야만 한다는 등의 잘못된 선입견으로, 매달리고 있는 것과 떨어져 있을 필요가 있는 것에 지나치게 집착하고 있는가? 영신수련이 바쁜 생활 속에서 억지로 끼워 넣어야 하는 또 다른 의무가 되고 있다면, '피정자는 그와 같은 지나친 선입견을 가질 수 있다.'

당신은 피정자와 위의 내용을 진지하게 대화하면서 대개 구시대의 주석가들 부칙이라고 불리는 [73]에서 [81]까지의 자료를 알려 주는 것이 적절한지 판단할 수 있을 것이다. 당신은 이 부칙을 일찍 알려 줄 필요가 있다. 당신은 『영신수련』 본문에 있는 이 부칙을 그냥 알려 줄 수 있고 일러두기[20]을 따르는 영신수련을 위한 이 부칙을 일러두기[19]에 적용할 수 있는 방법을 성찰하라고 피정자에게 요청하면서 알려 줄 수 있다. 이 부칙을 자신의 상황에 맞게 적용하라고 권하고 다음 면담 때 그렇게 할 수 있었는지 이야기하자고 제안하라.

이 부칙에 담긴 이냐시오의 제안은 첫째 주간의 더 절제된 분위기에 적합하다. 피정자가 구하는 은총과 자신 사이에 조화를 이루는 것의 중요성이 이 부칙에 들어 있다. [19]에 따라서 수련하는 피정자는 기도하는 동안 자신의 감수성receptivity에 영향을 주는 일상 활동에 자주 집중해야 한다. 이것은 기도 수련 전후의 활동과 관련해서 특별히 맞는 말이다.

피정자는 매일 저녁 의식 성찰을 하면서 이것을 평가해야 한다. 당신은 도움이 되는 다음 제안 중 몇 가지를 기도 주제에 맞추어 이어지는 여러 주weeks에 첨가하거나 조절할 수 있다.

— 기도를 하기 위한 특정하거나 성스러운 장소가 있는가?
— 가능하다면 시작하기 10분 전에 전화기를 끄고 초인종 소리를 줄여라.
— 시작하기 전까지 텔레비전을 보지 마라.
— 분위기를 위해 커튼을 닫아라.
— 가족들에게 앞으로 몇 달 동안 기도 수련한다고 설명하고 수련할 때 방해하지 말아 달라고 부탁하라.

피정자는 시행착오를 겪으면서 청하는 은총과 조화를 이루는 데 도움을 주는 것을 발견할 것이다.

당신은 이 제안이 피정자의 마음을 조종하는 일종의 자기 최면이라고 생각할 수도 있다. 그러나 전혀 그렇지 않다! 이것은 전인적인 참여이다. 한 사람이 조화를 이루며 자신을 준비시키려고 사용하는 모든 방법은 다음과 같은 믿음에 바탕을 두고 있다. '영혼을 돌보는 것은 마음psyche과 몸body이라는 내적이고 외적인 자신 모두를 돌보는 것을 망라한다.' 이러한 접근법에 담긴 또 다른 원리는 무엇이든지 받아들이는 사람의 상태에 따라서 받아들여진다는 것이다. 예를 들면 매우 긴장하고 혼란하며 심각하게 말려든 상태에서 기도하려는 사람은 세상을 혼란스럽게 받아들인다.

『영신수련』 본문과 영신수련이 지향하는 '역동'의 이면에 있는 심리학은 다음과 같이 단순하다.

나는 내가 찾고 있는 것을 줄 수 있는 분은 오직 하느님뿐이라는 사실을 깨달으면서 나 자신을 열기 위해 모든 것을 한다.

이것을 다음과 같이 다르게 말할 수 있다. 하느님이 하느님의 방법대로 하시기를 바라면서 나는 나의 방법을 따른다. 따라서 내가 십자가 위에 계신 예수님과 함께 슬퍼하고 아파할 것을 찾는다면, 나는 **내가 찾고 있는 동정심을 하느님께서 주실 것이라고 기대하면서** 온 힘을 다해 슬퍼하고자 노력한다. 예를 들면 진실로 진지하고 관대하게 영신수련에 충실하려고 마음먹었다면 나는 첫째 주간과 셋째 주간에는 '파티' 같은 것을 피하려고 노력할 것이다.

부칙과 관련해서 (그리고 이 책에 담긴 모든 것!!), 이것은 그저 수많은 가능성과 가상의 각본에 불과하다는 것을 기억하라. 기도 길잡이는 바로 당신이다. 그리고 당신의 적용과 통찰이 문자로 쓰인 지시보다도 훨씬 더 나은 도구일 수 있다. 실제로 진행되는 영신수련에 맞게 적용하는 것이 영신수련 역동의 본질이다. 지도를 지형에 맞추어야지 지형을 지도에 맞추면 안 된다. 안식일이 사람을 위해서 있지 사람이 안식일을 위해서 있지 않다.

이 준비 단계에서 피정자가 기도 시간 모두를 충실하게 보내는지 점검하는 것이 중요하다. 정해진 기도 시간에 대한 동안의 충실의 정도는 피정자의 주관적인 체험에 대한 객관적인 자료를 제공하기 때문에 당신과 피정자 모두에게 중요하다. 당신은 상황이 힘들어지고 피정자가 영적 위안이나 영적 황폐를 체험하고 있는지 판단하기 어려울 때 그것이 필요할 것이다. 구체적으로 기도 시간에 충실하라는 제안은 뭔가를 설득하는 것이거나 지도자가 지속적인 영성 지도에서 할 수도 있는 간접적인 격려가 아니다. 나의 다른 제안은 '강요하지 않고 격려하거나,' '지시하기보다는 부드럽고 간접적으로 이끈다'라는 규정 밑에 있음에도 정해진 시간에 충실은 이 목록 어디에도 속하지 않는다.

당신은 피정자가 온전하게 충실할 수 없는 더 긴 시간보다 더 짧은 시간으로(예: 한 시간보다도 삼십 분) 합의하는 것이 더 나을 것이다. 피정자가 첫째 주간 기도 자료를 시작하기 전에 충실하게 기도할 수 있는 시간을 명확하게 합의하고 그것을 지키는 것이 가장 중요하다. **이 점을 직면하는 것이 필수적일 수도 있다.** 피정자가 정해진 시간 동안 충실하게 기도하기 어려우면, 당신은 정직하게 그에게 영신수련이 적합하지 않을 수 있다고 설명해야 한다. 어쩌면 그는 지금 여정을 중단하고 충실하게 기도할 수 있을 때 여정에 들어가야 할지도 모른다. 어쩌면 그는 이냐시오 영성의 관점에서 지속적으로 기도 안내를 받을 수 있다. 그러나 그는 영신수련을 하고 있는 것이 아님을 깨달아야 한다.

기도 길잡이는 왜 이렇게 엄격해야 하는가? 먼저 정해진 시간은 기도에서 일어나는 것을 판단하는 데 중요하다. 두 번째로, 시간에 대한 충실성은 개방성과 관대함 그리고 열망을 보여주는 시금석이다. 셋째로, 나중에 영적 황폐가 영신수련의 시간을 줄이도록 피정자를 재촉하는 때가 올 것이다. 초기에 피정자가 적절하게 충실하게 시간을 지키지 못하면 당신은 인식되지 않거나 근거가 없는 도피나 다양한 저항과 같은 내적 반응을 알려주는 수단인 기도 시간에 대한 그의 태도를 활용할 수 없을 것이다. 피정자가 첫째 주간 자료에 들어가기 전에 이러한 문제를 다루면 에너지를 많이 절약해서 나중에 쓰게 될 것이다.

당신은 면담을 끝내기 전에 피정자의 대화 방법도 점검해야 한다. 면담을 끝내면서 기도 자료 3번의 주제에 더 이상 시간이 필요하지 않다고 생각되면 기도 자료 4번을 제시하라. 당신은 시간이 필요하다면 반복과 다른 성경 또는 다르게 적용한 것을 제시할 수도 있다. 피정자의 요구나 기도 체험에 잊지 말고 집중하라.

'연결하기'와 '해결하기'

피정자는 기도하면서 떠오르는 많은 문제를 하느님께서 도와주시어 해결하게 허락할 수 있어야 한다. 이러한 피정자의 능력은 준비 기간 이후에 진행되는 영신수련에서 중요하다[15]. 준비 기간은 이것을 위해 기초를 다지는 때이다. 당신이 사목 상담 능력을 갖춘 기도 길잡이라면 피정자의 문제 해결에 도움을 줄 수도 있다. 그렇다고 하더라도 하느님께서 영신수련의 역동을 통해서 그 문제를 해결하는 것이 더 나을 수 있으므로 당신은 문제 해결에 많은 시간을 쓰고 싶은 유혹에서 벗어나라. 당연히 시간을 유익하게 보내기 위해서는 언제나 그의 문제에 깊은 관심을 갖는 것이 중요하다. 그러나 당신이 지금 해결하려고 애쓴다면 나중에 하느님께서 해결하시도록 허락하게 피정자를 준비시켜줄 수 없을지도 모른다.

'연결하기'와 '해결하기' 사이의 차이점은 영성 지도와 다양한 형태의 심리상담 사이의 차이점을 드러낸다. '연결하기'는 피정자의 체험을 진정으로 알아듣고 그렇게 알아들은 것을 피정자에게 표현하는 것이다. 당신은 피정자의 체험을 온전하게 파악하지 못하고 또 포함된 문제를 보지 못해도 체험을 감지한다. 피정자는 표현하려고 애쓰는 뭔가를 당신이 파악하고 있음을 느낀다. 그는 그것을 표현하는 것과 당신과 함께 그것을 감지하고자 시간을 충분히 보내는 것에 만족한다.

반면에 심리 치료psychotherapeutic 상담자는 상담하면서 '연결'할 뿐만 아니라 내담자와 함께 문제도 '해결'한다. '해결하기'에는 상담자가 체험을 가능한 충분히 다루기 위한 내담자와의 대화가 반드시 들어간다. 심리 치료 상담자는 내담자의 문제 해결을 도와줄 때 먼저 내담자가 체험을 표현하게 한 후 숨겨진 문제를 풀어내고 다루는 과정을 계속 촉진한다. 심리 치료 상담자는 '해결하려고' 내담자와 상담할 때 해결책이 드러나도록 도와주는 모든 과정에 적극적으로 참여한다.

반면에 기도 길잡이는 기도 길잡이로서 구체적으로 활동할 때 일반적으로 문제를 해결하고자 피정자를 도와주지 않는다. [19]와 [20]을 따르는 영신수련 여정은 피정자가 해결해야 할 필요가 있는 것을 [2], [5], [15]을 통하여 하느님과 함께 해결하게 만드는 기도 길잡이의 실천과 믿음을 바탕으로 한다. 스스로 노력을 통하여 피정자가 깨닫도록 이끌며 돕는 분은 하느님이시다. '연결하기'는 기도 길잡이가 공감하며 피정자의 말을 들어주고 피정자가 하느님께 '해결'하시도록 허락할 수 있을 만큼 충분히 피정자의 이야기를 듣고 있다는 뜻이다. 연결을 바탕으로 집중할 은총이나 기도 자료를 제시하는 것이 당신의 역할이다. 요약하면, 당신의 진짜 역할은 피정자가 자신의 체험을 감지하고 진정한 자신을 하느님께 표현하도록 도와주는 것이다.[17]

때때로 '해결하기'가 적절하고 또 필요하며 '연결하기'로는 충분하지 않을 것이다. 의심할 여지 없이 영신수련 여정 중에 기도 길잡이가 피정자로 하여금 문제를 탐구하게 도와주고 면담 중에 체험을 더 깊고 솔직하게 이야기하도록 도와주어야 하는 때가 온다. 피정자가 마음을 활짝 열고 여정에 들어갈 수 있도록 영신수련 여정의 초기에도 그런 도움이 필요할 수도 있다.

요 약

█ 구체적인 사항

― 당신은 피정자가 더 직접적으로 하느님과 관계를 맺고 하느님이 피정자
를 받아주시듯, 받아주기를 바라는 하느님의 열망을 더 깊이 이해하기를
기대한다.

― 피정자가 자신의 많은 죄 때문에 주제에 의기소침하게 반응하고 하느님
의 받아들임과 용서하고 싶은 열망에 충분히 집중하지 못할 때 다음과
같이 하라.

  • 체험에 공감하며 연결하라.

  • 하느님의 열망을 알아차리는지 부드럽게 집중하라.

  • 피정자에게 힘을 주고 지지하라.

― 이 단계에서 반영적인reflective 안내가 중요하다. 피정자가 적절하게 회고
하는지, 은총을 청하는지, 대화를 하는지, 반복을 통해서 움직임이 일어
났던 곳으로 돌아가는지 점검하라.

― 조화의 원리를 가르쳐라. 부칙이 필요하면 사용 지침을 줘라.

― 첫째 주간을 시작하기 전에 매일의 수련 시간을 의논하라.

― 면담을 중심으로 기도 자료 4번을 주거나 면담을 바탕으로 바꿔라.

█ 전반적인 사항

― '연결하기'는 언제나 중요하다. '해결하기'는 가끔 필요한 기도 길잡이의
역할이다.

― 피정자가 하느님께서 문제를 떠올리시도록 기다리고 하느님께서 해결
하시도록 허락하는 방향으로 마음을 열 수 있게 힘을 주는 것이 기도
길잡이의 역할이다.

5 장
자유에 관한 기도 자료
4번 기도 체험 듣기;
기도 자료 5번과 원리와 기초 소개; 의식성찰

기도 자료 4번과 5번은 '원리와 기초'를 다룬다. 기도 자료 4번이 체험의 관점에서 제시되었다면 기도 자료 5번은 성찰하고 인식하는 관점에서 제시되었다. 이 책은 피정자가 주제를 조금이라도 이해하고, 진정으로 열망하면서 적응하도록 더 많은 시간을 주기 위해서는 1주보다 2주를 사용하는 것을 전제한다. 기도 자료 4번은 영적 자유에 관한 성경의 이야기를 소개한다. 우리는 하느님의 사랑을 마음에 스며들도록 허락할 때, 불가능 속에서도 믿고, 신뢰하며, 삶이 변하기를 바라고, 자극받은 영감을 따르며, 꾸준히 더 성장하게 된다(로마 5:5).

당신은 피정자가 영적 자유의 중요성을 이해하기를 바라고 있다. 이 말은 다음을 의미한다.

1. 영적 자유(치우치지 않음/초연)라는 개념 이해: 영적 자유와 신앙생활과
   의 관계 이해

2. 영적으로 자유로워지고 싶은 열망

3. 자유롭게 성장할 필요가 있는 부분을 구체적으로 깨달음. 예를 들면:

— 다른 부름보다 장점이 더 많다는 부름에서 나온 편견 — 학교 교육보다 교회 활동이 더 중요하다는 생각

— 하느님의 부름을 따르지 못하게 만들 수 있는 이기주의

— 결정에 영향을 주는 무절제한 애착, 예를 들면 한없이 만족하려는 지나친 욕구

— 은총의 선물을 남을 위해 사용하지 못하게 만드는 공포나 불안

— 교회, 인간 가족, 사회적 책무 그리고 자아 인식의 지평 확장의 필요성

— 사회적 역할에 대해 가질 수 있는 고정관념과 인간관계에서 더 책임지거나 덜 책임질 필요성 인식

기도 자료 4번을 수련해서 얻은 이러한 피정자의 이해와 열망은 그가 영신수련을 할 준비가 됐다는 결정적인 증거이다. 그러나 이 주제에 대해서 떠오르는 것처럼 보이는 내용이 무엇이든 피정자를 격려하고 들어주라. 피정자가 성경으로 기도하거나 기도 시간을 내는 것과 기도 체험을 표현하기 계속 힘들어하면, 당연히 당신이 촉진하기 위한 모든 희망과 내용은 한갓 이론에 불과하게 된다. 그렇다면 당신은 그가 영신수련을 하고 싶어 하는지 의심해도 좋다. 나는 다음 장에서 이 문제를 설명할 것이다. 그때까지 이 시점에서 피정자의 성장에 주목하고 그의 마음에서 일어나는 하느님의 활동에 더 마음을 열게 도와주는 반응과 아주 작은 움직임이라도 격려하라.

피정자의 기도에서 이 주제와 조화를 이루는 것이 아무것도 떠오르지 않는 것처럼 보이고 피정자가 영적 자유를 이해하지 못하겠다고 말하면,

자유라는 주제를 곧바로 논의하는 것도 현명할 수 있다. 이것은 인간적이고 영적인 삶에 바탕을 둔 주제이다. 이 주제에 대한 간단한 토론은 나중에 결실을 맺게 되는 사고 체계mental structure 형성에 도움을 줄 수도 있다. 어쩌면 당신은 여기서 다음과 같이 자유라는 선물을 이해하면서 성장했던 자신의 체험을 증언하며 시작할 수 있을 것이다.

"나는 영적 자유라는 말을 처음 들었을 때, 그 말을 확실히 이해하지 못했습니다. 당신은 자유라는 말을 들으면 어떤 생각이 떠오릅니까?" 또는 "어떤 사람은 아브라함의 이야기에 대해서 화를 냅니다. 하느님이 전혀 공평하신 것 같지 않습니다! 당신에게는 그것이 어떻게 와닿습니까?"라고 말할 수도 있고, "당신은 자유롭게 해달라고 하느님께 어떻게 도움을 청하고 있습니까?"라고 물어볼 수도 있다.

영적 자유라는 주제가 떠오르고 이 선물에 대한 인식과 열망이 점점 더 증가하면, 당신은 다음 중 하나와 비슷한 설명으로 그 움직임을 격려하거나 확인해 줄 수 있다.

"영신수련의 목적은 당신이 원하는 바로 그것에 맞게 당신을 준비시킵니다."

"당신이 기도하던 그대로 계속 기도하십시오."

"당신이 바라는 자유는 당신 스스로 만든 것이 아님을 깨닫기 바랍니다. 그것은 하느님의 몫입니다. 그것은 사랑받고 용서받는 체험에서 나옵니다."

"선물 자체가 목적이 아닙니다. 오히려 선물은 예수님과 당신을 더 깊이 결합해주는 수단입니다."

"그래요, 당신의 말대로 당신은 당신을 정화하는 하느님의 사랑이 필요할지도 모릅니다. 그러나 하느님께서 당신을 이끌게 두십시오. 너무 밀어붙이지 마십시오."

면담의 적절한 때에 피정자가 부칙을 어떻게 사용하는지 살펴보라. 그는 조화의 원리가 무슨 뜻인지 아는가? 그렇다면, 그는 그 원리를 일상생활과 기도 수련 준비에 어떻게 적용하는가?

이제 의식 성찰Awareness Examen을 설명해 줄 때가 되었다. 설명을 하되 피정자의 수준에 맞춰라. 피정자가 준비 기간 동안 은총을 체험하고 있고 체험을 표현하며 성찰하는 능력이 늘고 있다면, 단계적으로 의식 성찰을[18] 설명하라. 또한 그것의 체험적인 측면 즉 내적 느낌에 대한 성찰·반응·움직임을 강조하라. 의식 성찰은 온종일 영감을 주고 이끄는 하느님을 접촉하게 만들기 때문에, 당신은 영적 자유를 위한 매일의 수련인 의식 성찰을 설명할 수 있다. 의식 성찰은 이러한 움직임을 방해하는 장애물을 드러내는 데 도움을 준다. 또한 영신수련 중의 의식 성찰은 부칙을 적절히 사용하면서 조화의 원리를 충실히 따르는지 점검하는 방법이다. 따라서 의식 성찰은 식별하고 발견하는 수단이다. 의식 성찰은 피정자가 기도 수련하며 청하는 바로 그 은총을 일상에서도 주목하도록 도움을 준다.

반면에 피정자가 기도하면서 여전히 마음을 열지 못하고 체험을 혼란스럽게 표현하며 지금까지 개념에 대한 설명을 들으면서 다소 질렸다면, 단순하게 매일 '예수님과 하루를 마무리하는 마음으로 대화를 나누기 위해' 저녁에 하느님과 함께 잠깐 머무르라고 권하라. 하느님과 함께 있는 방법을 가르쳐라. 나중에 의식 성찰을 더 자세히 설명해 주는 것이 더 나을 수도 있다. 우리는 의식 성찰을 배우거나 실습하는 데 시간이 많이 걸린다는 사실을 종종 잊어버린다.

피정자가 기도 회고를 통해서 내적 체험에 주목하는 것을 배우고 있다면, 그는 의식 성찰 기술을 연마하려고 준비하는 것이다. 의식 성찰의 대상이 지난날의 체험이라면 회고의 대상은 기도 수련 체험이다.[19] 우리가 가끔 또는 매일 일어나는 사건event에 대한 내적 반응을 주목하고 그것의 의미를 성찰할 때, 의식 성찰은 사건 속에서 하느님을 발견하도록 도와주는 매우 중요한 수단이 된다. 그러나 우리는 이것을 어떻게 가르쳐야 하는가? 우리는 의식 성찰의 구조를 먼저 피정자에게 가르치고 머지않아 그가 그럭저럭 체험을 성찰하기를 바라는가? 반대로 우리는 먼저 체험 성찰을 천천히 가르쳐야 하는가? 이 질문에 대한 답은 기도 길잡이로서 피정자의 욕구needs를 감지하는 당신에게 달려 있다. 한 가지 사실은 분명하다. 의식 성찰은 영신수련 후의 지속적인 영적 성장을 위한 탁월한 수단이다. 영신수련 전체가 의식 성찰을 통하여 인격의 향상을 도와준다. 당신이 피정자가 기도하면서 일어난 일을 주목하도록 계속 도와주고 삶의 체험을 가지고 하느님께 기도하도록 점차로 격려할 때, 피정자는 체험의 의미를 주목하도록 도움을 받는다. 이 모든 것은 피정자의 의식 성찰을 도와준다.

의식 성찰이[20] 종종 다섯 개의 요점으로 이루어진 일반성찰 [43]의 외적인 구조를 사용하기 때문에 사람들은 종종 의식 성찰과 일반성찰을 연결하여 생각하고 혼동한다. 그러나 일반성찰은 의식 성찰과 매우 다르다. 이냐시오는 '양심 성찰'을 윤리 규칙에 따라 행동과 선택을 성찰하는 것으로 설명한다. 가톨릭 신자들은 화해성사를 받기 전에 양심 성찰을 한다. 또한 많은 그리스도인이 저녁기도 때 잠깐 양심 성찰을 한다. 의심할 것 없이 당신은 첫 주간 동안 피정자에게 자신의 죄악을 더 깊이 깨닫게 만들려고 양심 성찰을 권고할 것이다. 대체로 사랑의 법을 어긴 것을 모른 채 하느님의 말씀에 응답한 것을 성찰할 수 없으므로 의식 성찰은 일정한 형식의 양심 성찰을 전제한다.

보통 양심 성찰은 의식 성찰을 포함하지 않는다. 이냐시오는 일러두기[32]에서 다음과 같이 말한다. "양심을 깨끗하게 만들고 고백을 더 잘하게 도와주는 것이 양심 성찰의 목적이다." 우리는 양심 성찰을 하면서 "나는 오늘 어디에서 하느님께 거역하였는가?"[21]라고 질문한다. 반면에, 의식 성찰의 목적은 온종일 마음속에서 일어나는 체험과 움직임을 바라보고 집중하는 것이다. 우리는 의식 성찰하면서 "하느님께서는 오늘 나를 어디로 이끌고 계셨는가? 오늘 하느님의 은총이 분명하게 드러난 곳은 어디였던가?"라고 묻는다. 의식 성찰의 궁극적인 목적은 식별하는 삶이다.

조지 아쉔브레너Aschenbrenner는 1972년 판 〈Review of Religious〉에 의식 성찰에 대한 탁월한 논문을 발표했고 우리는 이것을 기점으로 의식 성찰을 이해하고 그 가치를 알게 되었다. 그는 이냐시오가 체험을 습관처럼 성찰했음을 발견했다. 거의 말년에 이냐시오는 "원하면 어느 시간이든 하느님을 발견할 수 있었다"[22]고 말했다. 아쉔브레너는 이냐시오가 일반성찰로 사용하던 일러두기[43]에서 의식 성찰의 구조를 가져왔다. 이 구조는 내적 반응에 집중하는 데 도움을 줄 수도 있다. 그러나 하루 동안 일어난 내적 움직임을 성찰하는 기술과 능력이 의식 성찰의 핵심이지 의식성찰의 구조가 핵심이 아니다. 더 나아가서 영신수련 여정 동안 하느님의 움직임을 발견하기 위하여 내적 체험을 성찰하는 기술은 일러두기[43]의 일반성찰보다도 영들을 식별하는 규칙 및 회고와 반복과 체험에 더 관련이 있다.

당신은 영신수련 초기의 어떤 시점에서 피정자에게 의식 성찰을 알려줄 수도 있고, 적절하다면 이번 면담에서 알려줄 수도 있다. 영신수련의 진행에 따라서 다음과 같은 의식 성찰의 측면, 특별히 c)와 e)가 적용되기를 나는 바란다.

a) 기도 시간
b) 양심 성찰 포함
c) 심리적이고 영적인 체험 지속적으로 성찰
d) 부칙 사용 점검
e) 때때로 영적 위안이나 영적 황폐인 내적 체험을 인식하고 결정을 내릴 때마다 이러한 움직임을 식별할 수 있는 능력

면담의 끝 무렵에 기도 자료 5번을 피정자에게 주라. 제시한 자료 그대로 피정자가 기도하기를 바라며, 다음과 같이 청할 두 가지 **은총**을 설명하라.

1) 첫 번째는 기도 자료에 대한 이해이다.
2) 두 번째는 하느님께서 어디서 어떻게 그를 부르시든지 예수님은 피정자가 듣고 따르는 데 필요한 깨달음과 힘을 주시며 지금 부활하여 살아계신다는 사실에 대한 깊은 믿음이다.

피정자에게 a)에서 d)까지의 원리와 기초 수련을 반드시 깊이 성찰해서 이해하라고 강조하라. 피정자는 그렇게 이해하면서 소중한 연애편지를 읽을 때 자연스럽게 사용하는 동일화assimilating와 성찰 능력을 모두 사용한다.[23] 당신은 의심의 여지 없이 피정자에게 성경으로 기도할 때 더 수동적으로 들으면서 자신을 가만히 놔두라고 권고했다. 당신은 이 단계에서 다음과 같이 믿음을 가지고 더 적극적으로 성찰하라고 권장할 수 있다.

"사랑하는 사람이 보내 준 매우 소중한 편지를 읽을 때처럼 집중하며 수련 처음의 반을 시작해보기 바랍니다. 수련 자료를 조심스럽게 읽고 상상하면서 머리와 마음으로 곰곰이 생각하십시오. 단어와 상상이 당신에게 스며들게 두십시오. 시간을 내어 직관으로 하느님께서 상상과 생각을 조심스럽게 다루며 당신에게 그것들을 깊이 이해시키시도록 허락하십시오. 조심스럽게 성찰하면서 읽는 것은 정원의 포도나무를 키우는 것과 같습니다. 자신을 가만히 놔두는 것은 마치 비가 내려서 포도나무를 키우는 것과 같습니다. 원리와 기초를 믿음으로 성찰하는 것은 영신수련 과정의 발전을 지지하는 뼈대를 만들기 위함입니다. 그것은 마치 포도나무가 자랄 수 있게 나뭇가지를 받쳐주는 지지대와 같습니다."

피정자에게 스스로 이해한 원리와 기초를 쓰라고 하는 목적은 그것을 더 깊이 이해시키기 위함이다. 원리와 기초에 대한 이해는 영신수련이 끝난 뒤 그에게 매우 중요할 것이다. 우리는 영적으로 살면서 기도 체험뿐만 아니라 종종 우리 자신을 원리와 교훈maxims에 담긴 가치로 결정을 내린다. 영신수련이 온전히 끝난 뒤에 다음과 같은 원리와 기초에 담긴 가치는 도움이 될 것이다. 그것은 하느님을 섬기는 데 가장 효율적인 것 선택·선택할 때 중요한 치우치지 않는 마음이나 영적 자유·만들어진 목적에 맞는 한에서 사용할 수 있는 모든 피조물·기타 등이다.

마지막으로 시간을 내어 기도 자료 e)와 f)에서처럼 다음과 같이 피정자를 부활하신 주님과 주님의 영에 집중시켜라. "[23]의 원리와 기초의 첫 번째 구절, '우리 주님을 섬긴다'에서 이냐시오는 주 예수님을 지칭하고 있습니다. 당신은 영신수련 시작부터 부활하신 예수님과 함께합니다. 원리와 기초가 어렵게 보일 수도 있습니다. 걱정하지 마십시오. 예수님은 당신과 끝까지 함께하십니다. 예수님의 영께서 당신에게 필요한 힘과 능력을 주시도록 허락하십시오."

원리와 기초는 독실한 그리스도인 삶의 바탕을 이루는 진실과 원리로 만들어졌다. 그것은 받아들여지고 사랑받는 에너지에서 나온 생각과 마음을 표현한다. 이러한 사실은 다음과 같이 사랑을 행동으로 표현할 수 있도록 우리 마음을 준비시킨다. "모든 것을 내게 주신 하느님께 무엇을 돌려 드릴 수 있을까?"(시편 116:12) 원리와 기초와 조화를 이루면서 살고 싶은 열망은 영신수련 첫째 주간에 들어가고 싶은 징표이다.

원리와 기초가 포함된 준비 기간은 영신수련 4주간을 시작하기 위한 준비 단계이다. 이 단계는 아주 짧거나 매우 길 수도 있다.[24] 어떤 사람은 준비 단계를 이 책의 예상대로 몇 주로 끝낼 수도 있고, 다른 사람들은 여러 달이 필요할지도 모른다. 이 단계에서 받는 기초적인 은총은 하느님의 자녀라는 근본적인 정체성을 피조물로서 깊이 느끼고 깨닫는 체험이다. 그것은 단순히 머리로 믿는 것이라고 할 수 없다. **사랑받는 피조물이라는 우리의 정체성에 대한 진정한 믿음은, 우리가 우리의 역사와 하느님의 개입이 서로 구체적으로 엮였다는 것을 깊이 깨닫는 지금, 현존하며 돌보**

시는 하느님께 달려 있다.

"당신은 진리를 알게 될 것이고 진리가 당신을 자유롭게 해 줄 것이다" 라는 구절은 영신수련이 작동하는 곳에서 적용되는 일반적인 규정일 수 있다. 그러나 어떤 진리는 이해하기 매우 어렵고, 우리가 그 진리에 충실하면서 머물 수 있는 안전한 장소가 아니면 그것을 깊이 받아들일 수 없다. 준비 기간의 역할은 정말로 자유로울 수 있는 안전한 장소의 확보이다. 이것이 제대로 되지 않으면, 타락한 세속과 그 안에서 부분적으로 스스로 협력하여 저지른 죄라는 첫째 주간 주제는 이해하기 어렵거나 심지어 불가능하다. 우리는 준비 단계에서 특별히 원리와 기초를 표현하면서 앞으로 작업할 계획을 짠다. 우리 밖에 있는 목적은 하느님의 은총과 함께 미래에 있다. 목적은 전체 작업을 만들고 다듬는다. 더 나아가서 그것은 다음과 같은 모순을 정립한다. **누구나 영적으로 자유롭고 싶다면 기꺼이 통제control를 포기해야 한다.**[25]

영적 자유는 영신수련의 목적이다. 이냐시오는 그것을 다음과 같이 설명한다. 영신수련의 목적은 "무질서한 경향에 따라서 결정하지 않음으로써 자신을 이기고 삶을 정돈하기 위함이다"[21]. 다른 식으로 표현하면 우리가 하느님을 온 마음으로 사랑할 때 우리 마음속 모든 열망과 열망에서 나온 감정affectivities, 생각, 결정 그리고 행동은 하느님께로 향한다. 그 순간 우리는 영적 자유를 누린다. 이냐시오는 '이기고 정돈하는' 것은 피정자의 몫이 아니고 하느님의 일임을 알았다. 사랑과 힘을 전달하는 하느님께서 다음과 같이 은총으로 이루어진 친밀한 관계인 자유를 주신다.

영신수련 중에 하느님의 뜻을 찾을 때, 창조주인 주님이 몸소 독실한 영혼과 통교하고, 그를 뜨겁게 사랑하고 칭찬하며 앞으로 하느님을 더 잘 섬길 수 있는 길로 준비시키시는 것이 더 적절하고 훨씬 더 좋다. 영신수련 지도자는 이편이나 저편 어느 편으로도 치우치거나 기울지 말고 저울처럼 중심에 서서, 창조주가 직접 피조물과 그리고 피조물이 창조주 주님과 함께 활동하도록 두어야 한다[15].

일러두기[15]는 영신수련 여정에서 하느님의 신비로운 통교와 기도 길잡이의 역할을 담고 있다. 기도 길잡이의 역할은 옆으로 물러나서 하느님 외에 누군가나 무언가가something 통교하고communicating 있는지를 식별하는 것이다. 어떤 기도 길잡이는 일러두기[15]는 준비 단계에서 적용되는 것처럼 해석한다. 나는 다르게 믿는다. 나는 일러두기[15]는 하느님께서 직접 통교하실 수 있게 피정자가 충분히 자신을 열었을 때만 적용된다고 믿고 있다. 이때 관상적인 태도를 지닌 피정자는 마침내 하느님께서 마음대로 쓰시도록 자신을 맡기며 하느님의 신비가 자신의 신비와 만나도록 허락한다. 길잡이는 이때부터 물러서서 바라보고 기다리며 식별한다. 이 시점부터 영신수련 구조의 이면에 있는 역동이 작용하게 하라.

기도 길잡이로서 당신은 지금까지 어떤 입장을 택했는가? 나는 당신이 지금까지 피정자를 준비시키는 데 필요한 만큼 개입할 수 있다고 생각했다. 어떤 때에는 당신은 다양한 기도 방법과 긴장을 푸는 방법을 가르쳤을 것이다. 어떤 때에는 당신은 피정자가 하느님께 마음을 여는 데 도움이 될지도 모르는 느긋한 분위기로 이야기를 나눴을 것이다. 즉, 피정자가 하느님과 직접 통교하며 진솔하게 자신을 열기까지 당신은 역동에 더 직접 개입할 수 있고 개입해야 한다. 그러나 그 시기가 지난 뒤, 피정자가 진솔하게 자신을 열면 당신은 저울처럼 중심에 서야 한다. 또는 "균형 잡힌 저울과 같아야 한다"(Puhl). 나는 이냐시오가 일러두기 [15]에서 지칭하는 피정자는 영신수련 여정의 역동에 들어간 사람이라고 믿는다.

피정자가 하느님과의 꾸밈없고 진솔한 만남을 계속 회피할 때, 기도 길잡이가 영신수련의 지시인, 예를 들면 일러두기[15]를 너무 문자 그대로 따르는 것은 위험하다. 심리학자들은 그런 위험을 '전이'transference라고 부른다. 그것은 다음과 같이 일어날 수 있다. '문자에 너무 매인' 기도 길잡이는 모든 경우에 그 지시를 따라야 한다고 해석한다. 그래서 기도 길잡이는 옆으로 물러나서 피정자에게서 움직임이 일어나기를 기다린다. 기도 길잡이는 애를 쓰고 있는 피정자를 방관하며 하느님의 활동을 방해하지 않으려고 마냥 기다린다. 한편, 애를 쓰고 있는 피정자는 의식적이고 무의식적으로 옆으로 물러나 있는 길잡이를 오해한다. 이 시점에서 피정자는 과거에 자신을 위협했던 사람들·선생·감독·부모·친척 등에게 했던 방식으로 길잡이와 관계를 맺기 시작한다. 전이가 일어난다! 기도 길잡이도 이때 역전이counter transference라는 자신에게 일어난 전이에 스스로 사로잡힐 수도 있다!

우리는 모두 부적절한 반응에 사로잡힐 수 있는 방법에 익숙하다. 가정에서 충분히 사랑받지 못한 피정자는 기도 길잡이에게서 사랑을 찾는다. 화를 내는 피정자를 두려워하는 기도 길잡이는 피정자가 표현하는 화를 주목하지 못한다. 우리도 마찬가지로 의미를 찾고 싶은 우리 자신의 욕구가 다른 사람의 이야기를 듣는 방식을 손상시킬 수 있음을 알고 있다. 그러나 우리는 기도 길잡이로서 일어나기 시작하는 상호 의존 관계를 인식하지 못함으로써 뜻하지 않게 기술을 잘못 적용할 수 있다. 따라서 우리가 피정자의 말을 들을 때 우리 자신이 겪는 영적 위안과 황폐를 인식하는 것은 매우 중요하다. **대부분 우리가 영적으로 황폐할 때 피정자에게 도움이 안 되는 쪽으로 반응할 수 있다.** "위안이 황폐에 반대되는 것과 같이 위안에서 나오는 생각도 황폐에서 나오는 생각과 반대된다"[317].

기도 길잡이는 파악하기 어려운 전이와 분명하게 도움이 안 되는 반응을 어떻게 피할 수 있을까? 둘 다 정직하고 진정한 관계로 그것을 피할 수 있다. 나는 개인적으로 피정자는 기도 길잡이를 거절할 수 있을 만큼 충분히 정서적으로 자유로워야 한다고 믿고 있다. 기도 길잡이가 진실하고 피정자에게 중요한 사람인 척 꾸미지 않으며 피정자가 기도 길잡이의 잘못과 변덕을 알아볼 수 있다면, 피정자는 둘의 관계를 있는 그대로 수용하고 둘 사이에 있지도 않은 요술을 부리지 않을 정도로 자유로울 것이다! 그러므로 나는 기도 길잡이가 정직하고 진정한 관계를 형성할 정도로 충분히 자유로워야 한다는 것을 최우선 규칙으로 제안하고 싶다. 기도 길잡이는 피정자에게 관상적인 태도를 육성해서 관상적인 상태에 이르도록 어떤 방법으로든 도와줄 수 있을 정도로 충분히 자유로워야 한다. 피정자가 관상적인 상태가 되면 기도 길잡이는 균형 잡힌 저울이 되기에 충분할 정도로 자유로워야 한다. 기도 길잡이는 언제나 피정자가 길잡이로부터 자유롭고 독립적으로 될 수 있도록 도와주어야 한다.

이 상태에서 피정자가 체험할 것으로 보이는 몇 가지 핵심 자유를 열거하는 것이 현명할지도 모른다. 그 자유는 다음과 같다.

— 영신수련을 준비하기 위한 자유

— 기도하면서 상상할 수 있는 자유

— 기도 길잡이에게 자신의 감정을 표현할 수 있는 자유

— 의식 바로 밑의 전의식pre-conscious에서 일어나는 감정을 하느님께 표현할 수 있는 자유

— 하느님의 사랑과 수용을 체험하면서 생기는 자유

— 자기 삶에 필요한 자유를 인식할 수 있는 자유

— 죄를 깊게 깨닫고 용서받고 싶은 열망에서 비롯된 자유

　　피정자가 첫째 주간에서 무절제한 애착과 결과적으로 자신의 결정에 영향을 주는 세속의 미묘함으로부터 충분히 자유로워지기를 나는 바란다. 때로 그는 하느님의 나라를 위해서 다른 사람들과 협력하면서 더 단순하게 살고 싶고 기도할 정도로 자유로울 수도 있다. 나는 피정자가 영적 자유의 이런 측면과 깊은 단계를 천천히 직면하도록 지도받기를 바란다. 그는 영신수련 여정 중에 이 모든 자유를 체험하지 못할 수도 있다. 그러나 그것들 모두는 하느님이 주시는 놀라운 사랑의 선물이다.

요 약

▎구체적인 사항

— 피정자가 다음과 같은 영적 자유의 중요성을 이해하기를 기대하라. 이해,
　 열망desire, 욕구need.

— 피정자의 욕구에 계속 반응하라.

— '영적 자유'라는 주제를 논의하라.

— '조화의 원리'에 따라 부칙을 사용하는지 점검하라.

— 필요할 때 의식 성찰을 가르쳐라.

— 면담의 끝에서 다음의 두 가지 은총과 함께 기도 자료 5를 줘라.

— 기도 자료 5를 기도 수련으로 생각하고 더 깊이 성찰하면 도움을 받을
　 수도 있다는 깨달음.

— 예수님의 능력에 대한 믿음—영신수련 여정의 처음부터 부활하신 주
　 예수님의 현존을 깨달으면 도움을 받을 수도 있다는 믿음.

▎전반적인 사항

의식 성찰은

— 양심 성찰과 다르다.

— 체험을 성찰하는 기술로써 습득하는 데 시간이 걸린다.

— 영들을 식별하는 규칙과 회고, 반복과 관계 있다.

— 피정자가 구조에 대한 설명을 들은 후 성찰하면서 기술을 파악하기를
　 바랄 때 간단히 습득될 수 있다. 또는

— 더 점진적으로 습득될 수 있다.

준비 기간은:

— 영신수련의 준비 단계이다.

— 원리와 기초가 포함된다.

— 사람에 따라 필요한 시간이 다르다.

— 피정자가 피조물이며 하느님의 사랑받는 자녀임을 체험토록 준비하게
도와준다.

영적 자유는:

— 영신수련의 목적이다.

— 하느님과 피정자가 나누는 직접적인 통교의 결과이다.

— 피정자의 영적 자유는 기도 길잡이의 자유로운 상태에 따라 도움을 받거
나 방해를 받는다.

— 관상적인 상태에 도달하기 전까지 기도 길잡이의 역할.

 • 진정한 관계 형성

 • 어떤 방법으로든 피정자가 준비되도록 도와주기

— 관상적인 상태에 도달한 후 기도 길잡이의 역할.

 • 균형 잡힌 저울과 같은 태도

— 영적 자유를 추구하는 각 단계는 하느님의 선물이다.

6 장
준비 기간 끝내기

영신수련 첫째 주간 소개; 기도 자료 6번 소개; '원리와 기초'에 대한
간략한 해설; 영신수련 본문 문자 그대로 사용하기

우리는 이제 준비 기간을 끝내고 면담하면서 첫째 주간의 기도 자료
를 소개할 것이다. 따라서 면담의 목적은 다음과 같을 수 있다.

a) 기도 자료 5번 기도 체험 듣기

b) 원리와 기초에 대한 논의

c) 준비 단계에서 실제로 배운 것 피정자와 함께 성찰

d) 주어진 기도 패턴이나 약간 바꾸거나 적용한 기도 패턴 사용 여부 결정

e) 첫째 주간 첫째 수련 소개

피정자의 기도 체험 듣기

피정자의 기도 체험을 들을 때 그가 원리와 기초에 대해서 말하는
것을 주목하라. 그는 원리와 기초를 어느 정도 이해하며 알고 있는가?

그는 그렇게 살고 싶은가? 당신은 혹시 피정자가 이해하지 못했다고 판단했는가? 예를 들면 그가 "이냐시오의 책이 내게 조금 지루하고 건조하며 영감을 주지 못하지만, 그 책의 기본적인 내용에 동의합니다. 하지만 나는 단연코 그것을 이냐시오처럼 표현하지 않겠습니다. 하느님께서 바라시는 것을 나도 진정으로 바란다는 사실이 내가 아는 모두입니다"라고 말할 수도 있다. 그가 자신을 표현할 때 그의 개방성과 열망에 주목하라! 당신은 그것으로 특별히 기도 자료 5번의 a)에서 d)까지의 질문에 대한 피정자의 응답을 찾아낸 뒤에 원리와 기초에 담긴 의미를 논의할 수 있다. 그가 너무 막연하게 표현하는 것 같으면 시간을 내어 더 구체적으로 표현하도록 도와주라.[26] 구체적인 표현은 피정자가 궁극적으로 내적 움직임을 이해하고 정확하게 판단할 수 있도록 도움을 준다.

원리와 기초

여기서 나는 체험보다도 깨달음에 더 중점을 두고 싶다. 깨달음과 느낌은 이냐시오에게 똑같이 작동한다. 이냐시오는 과학적이고 매우 이성적인 우리 문화와 달리 기억·느낌·상상을 깨달음과 구별하지 않았다. 그의 역사를 보면 느낌과 생각은 서로 결합되어 있다. 우리는 불행하게도 영성적으로 그것들을 분리한다. 같은 맥락에서 이냐시오는 "영적인 이해"[62]와 "내적 인식"[104]을 얻기 위해 기도하라고 초대한다. 둘 다 마음으로 깨달음, 열망과 느낌이 포함된 깨달음이다. 게다가 우리가 영신수련 본문에 담긴 영적 수련에 따라서 영신수련 본문을 판단하고 성찰하지 않으면 피상적이 될 위험이 있다.[27] 원리와 기초는 영신수련 여정의 열매를 요약한 것이다. 원리와 기초는 이냐시오가 영신수련 여정의 체험에서 일어나기를 기대하는 것을 또 다른 시대의[28] 건조하고 철학적인 용어로 표현한 것이다.

더 개인적이고 구체적으로 원리와 기초에 대해 피정자와 대화할 수 있으려면 체험을 바탕으로 a)에서 d)까지의 질문에 당신 스스로 답하고 준비하는 것이 도움이 된다. 이 논의에 도움을 줄 수도 있는 요점의 개요를 설명한 6장을 참조하라.

그렇게 논의하면서 영신수련의 결정 내리는 맥락을 강조하라. 피정자가 계속 잘하고 있고, 특히 영신수련이 끝난 뒤에 식별 기술을 사용할 것 같으면 그의 결정 내리기에 대한 이해가 중요하다. 그러나 당신이 여러 달 동안 그를 부르시는 하느님의 방법에 주목할 수 있으려면 영신수련의 결정 내리기에 대한 당신의 이해가 훨씬 더 중요하다.

이냐시오 영성에서 식별은 먼저 의식적인 결정 내리기를 함축한다. 영들을 식별하는 규칙을 배운 사람은 영신수련 동안과 끝난 후, 결정이 크든 작든, 개인적인 세계에서든 공적인 세계에서든, 결정을 올바르게 식별할 수 있을 것이다. 이냐시오의 영성에서 식별은 근본적으로 하느님과 함께 책임을 지고 선택하는 것이다[230], [231].

면담을 하면서 피정자가 기도 자료 5번의 e)와 f)가 함축하는 예수님의 현존을 체험하는지 주목하라. 그는 기도 여정에서 자신과 함께하시는 예수님, 즉 부활하신 주님을 어떻게 인식하는가? 그는 영적 자유라는 선물을 얻는 데 필요한 깨달음과 힘을 통하여 자신을 이끌며 은총을 주시는 분이 예수님의 영이라는 사실을 인식하는가? 예수님은 지금 우리 안에서 활동하면서 우리가 바라거나 상상하는 것보다 훨씬 더 풍성하게 베풀어 줄 수 있는 분이시다!(에페 3:20).

준비 단계에서 배운 것을 성찰

준비 단계가 끝나감에 따라 시간을 내어 지난 주간 동안 배우고 체험한 것을 다음과 같이 함께 성찰하면 도움이 된다.

"지난 몇 주간 동안 당신은 성장했나요? 기도에 대해 무엇을 배웠나요? 자신에 관해서는? 하느님에 관해서는? 당신이 받은 중요한 은총은 무엇인가요? 당신이 영신수련을 진행하면서 기억하고 싶은 것으로서 하느님께서 당신에게 보여주신 것은 무엇인가요?"

당신은 피정자가 이런 성찰을 통하여 준비 단계에서 받은 선물의 소유권을 '주장하고claim' '지니며' 피조물로서 사랑받음을 이해하고, 특히, 마땅히 '놓아주고let go 하느님께서 자신 안에서 일하시도록 두는' 방법을 체험으로 깨닫게 되기를 기대한다.

진행 방법 결정

당신은 지난 2~3주에 걸쳐서 피정자가 첫째 주간에 들어갈 준비가 됐는지 스스로 질문했다. 이론적으로는 이전에 요약한 징조를 보이는 피정자는 첫째 주간에 들어갈 준비가 되어 있다. 내가 제안했듯이 일부 사전preliminary 징조만으로 충분하다고 볼 수 있다. 그러나 당신은 피정자가 잘 진행하기 시작했고 기도하면서 놓아주기 시작했지만, 수련을 시작하기에는 좀 더 시간이 필요하다고 판단할 수도 있다. 상황이 그러하다면 당신은 다음 둘 중의 하나를 실행할 수 있다.

지난 다섯 주간 동안 확실하게 체험했던 자료로 기도하라고 요청하면서 한 주를 더 연장하라. 또는 성경 구절만을 첫 주간의 기도 자료로 제시. 기도 자료 6번의 추가 독서의 성경을 사용하라.

반면에 당신은 피정자에게 준비 단계에서, 심지어 일 년 중 더 좋은 시기에서도, 좀 더 긴 시간이 필요하다는 것을 감지할 수도 있다. 그런 상황에서 당신은 영신수련을 진행해야 할지를 계속 고려할 수도 있다. 당신은 집중하고 체험을 표현하도록 피정자를 도와주기 위한 여러 가지 기도 방법이 필요하다. 그래서 당신은 이 책의 기도 자료를 제안하면서 앞으로 나아갈 수 있다. 제시된 기도 시간은 당신과 피정자를 기도로 이끄는 맥락에 머물게 도와줄 수 있다. 마찬가지로 영신수련의 여러 부분이 도움을 줄 수도 있다. 이것을 위해 영신수련을 사용한다면 '피정자에게 영신수련을 준비시키기 위해서 영신수련을 사용한다'는 것을 기억하라. 당신은 다른 곳보다도 특정한 곳에서 기도 자료를 적용할 필요가 있을 수도 있다. 때때로 그런 피정자는 나중에 영신수련의 은총을 많이 받을 수도 있다. 따라서 그는 미리 받기에는 아직 준비가 안 되었던 은총을 셋째 주간에서 받을 수도 있다.

피정자가 아직도 집중하기와 기도 체험 표현하기를 배우고 있다면 지금 당신이 기대할 것은 그것뿐임을 명심하라. 당신의 기대를 낮출 필요가 있다! 당신은 의심할 여지 없이 피정자 안내에 도움을 주는 관계를 '왜곡시킬' 수도 있는 자신의 숨겨진 의도를 분명하게 떠올릴 필요가 있을 것이다.

일러두기[18]은 일러두기[19]와 [20]을 따르는 영신수련에 맞는 원칙을 제시한다. 즉, 당신은 반드시 각각의 수련에서 영신수련 본문을 피정자의 능력에 맞추어 사용해야 할 것이다. 결국 매우 불안하거나 하느님께 용서받지 못하고 죄의식을 벗어나지 못한 채 희망과 기쁨을 누릴 수 없는 부정적인 자아 이미지를 가진 피정자는 첫째 주간의 문자 그대로 쓰인 본문으로 '쉽게' 기도하지 못할 것이다. 사실 당신은 결코 첫째 주간의 본문을 문자 그대로 제시하지 말아야 하고 오히려 성경 내용을 적용한 자료나 성경 구절만 사용할지 여부를 판단해도 좋다. 다음의 몇 가지가 도움이 될 수도 있다.

a) "당신의 우정에로 나를 이끌어 주십시오"에서 인용된 David Fleming's 의 "Contemporary Reading."[29]

b) 『영혼의 길잡이 1』 Orientations, Vol. 1의 바꿔 쓴 부분은 플레밍의 '현대적 각색'보다 영신수련 원문에 더 가까운 표현이고 대부분의 영신수련 여정에서 치유받는[30] 상태에 있을 것으로 예상되는 피정자들을 위해서 내가 편집한 것이다. 그렇게 바뀐 쉬운 설명을 첫째 주간에 사용하는 것이 유익할 수도 있다.

c) 『영혼의 길잡이 1』 137쪽의 '정화의 길'에 나오는 성경 구절은 첫째 주간과 같은 패턴을 따르고 있고 그대로 사용될 수도 있다.

d) 당신은 첫째 주간 동안에 다음과 같은 『영혼의 길잡이 1』 의 주제를 사용하여 더 부드럽게 접근해야 한다.

ㅡ기도 자료 6번 대신 269쪽의 "하느님께서는 우리를 용서하길 원하신다."
ㅡ기도 자료 7번 대신 271쪽의 "예수님은 우리를 직접 구원하길 원하신다."
ㅡ기도 자료 8번 대신 108쪽의 "치유가 필요함을 깨달으며 성장하기."
그리고 72쪽의 "기억 치유"

— 기도 자료 9번 대신 142쪽의 "지금까지 내게 보여주신 하느님의 사랑과 자비를 깊이 인식하기."

피정자의 욕구에 따라서 첫째 주간 수련을 적용하기로 결정하기 전에 당신이 지난날 영신수련 본문을 문자 그대로 기도하며 고생할 때 생긴 편견에서 벗어났는지 점검하라. 당신 자신의 욕구와 두려움을 피정자에게 투사하지 마라. 당신의 투사는 더 강렬한 체험을 못하도록 피정자를 방해할 수 있기 때문이다.

첫째 주간 첫째 수련 안내

가능한 많이 적용하는 것이 첫째 주간에 적절할 수도 있다. 나는 당신이 첫째 주간 수련 자료를 문자 그대로 제시하는 것을 전제로 첫째 수련을 설명하고 알려 주기 위해 몇 가지 제안을 하겠다.

기도 자료 6번의 구성을 주목하라. 그것은 첫째 주간의 모든 수련 내용을 확립하기 위하여 하느님의 사랑에 관한 자료 a)와 b)로 시작한다. 성경 구절 f)는 구원하시는 예수님의 사랑이 배제된 죄의 논리적 목적과 방향을 묘사하고 있다. 그것의 맥락은 환경과 삶에 있는 죄의 굴레로부터 지금 우리를 구원하시는 하느님의 보호와 끝없는 사랑이다. 당신은 피정자에게 다음을 설명해 줘도 좋다.

— "우리는 이제 죄와 우리에게 늘 필요하며 용서하고 자유롭게 해주시는 예수님의 사랑을 기도할 것입니다. 이번 주간에 기도할 자료는 당신이 a)와 b)에서 주목할 수 있는 사랑입니다. f) 요점의 마지막 수련은 지옥에

격려되는 것입니다. 그것을 여기에 둔 이유는 하느님께서는 '우리를 구원해 주신다'는 사실을 당신이 이해하도록 도와주기 위함입니다. c)와 d) 그리고 e)는 인간 가족에 속한 당신이 악한 환경에 동참하는 자신을 만나는 데 도움을 줍니다. 다른 사람들이 선택한 선과 악이 당신에게 영향을 주고 마찬가지로 당신의 선택은 다른 사람들에게 영향을 줍니다."

—"당신이 기도할 때 영신수련 본문을 문자 그대로 사용하십시오. 그러나 당신은 수련 전에 자료를 준비하는 데 도움을 받고 고풍스러운 어휘를 다루기 위해 다양하게 적용할 수도 있습니다."

—"기도에 편안하게 들어갔을 때 다음과 같이 해 보십시오. 즉, 당신 삶의 다양한 측면이 떠오르게 하고 여기서는 귀양살이, 소외감, 특별히 덫에 걸리거나 묶인 것 같은 기분에 사로잡혀 보십시오. 이 수련에서 사용하는 이미지는 묶여 있는 영이나 마음에 관한 것입니다. 그것은 거짓 자아의 지배를 받거나 적대적인 힘에 사로잡혀 있는 당신의 참 자아입니다. 그것은 바오로가 로마서 7장에 적어놓은 내용과 같은 수련입니다. 그러나 당신은 지금 당장 이 수련이 당신에게 이것을 알아차리라고 초대하는 이유를 이해할 수 없을지도 모릅니다. 나중에 당신은 이해하게 될 것입니다. 그것은 내적으로 절망하는 이미지입니다. 당신은 기도하면서 절망하십시오."

—"당신이 청하는 은총을 주목하십시오. 그것은 매우 깊은 사랑 앞에서 느끼는 일종의 혼란과 당황입니다. 또한 대화를 주목하십시오. 그것은 십자가 위에 계신 예수님과 당신의 내적 감정과 생각을 나누는 것으로 매우 중요합니다. 예수님께서 자신의 느낌과 생각을 당신에게 표현하게 하십시오."

—"c)와 d) 그리고 e) 기도 수련을 하는 동안 당신은 다음을 비교하라고

요청받습니다. 이냐시오가 충고하는 모든 것을 실천하도록 자신을 준비하는 것이 중요합니다. 즉, 그것은 당신의 수많은 무질서한 행위와 천사들의 단 한 번의 무질서한 행동을 비교하는 것입니다. 당신의 자랑하는 태도나[31] 인정받고 지위에 오르려고 진짜 자신을 숨기는 태도와 그들의 단 한 번의 교만한 행위를 비교해 보십시오. 이 수련은 그들의 한 가지 죄와 당신의 많은 죄를 비교하라고 지시합니다. 그것은 종종 악하거나 무질서한 행위라는 개념을 사용할 때 더 도움이 됩니다. 즉, 악하거나 무질서한 행위는 당신 자신에 대한 두려움이나 받아들여지고 싶은 욕구에서 비롯됩니다."

진지한 대화를 위한 원리와 기초 설명

당신이 피정자에게 원리와 기초를 소개하거나 이 주제를 기도한 피정자의 체험을 들을 때 영신수련 전체와 원리와 기초의 관계를 개괄적으로 설명해 주는 것이 도움이 된다. 당신이 이렇게 설명하면 **이냐시오 영성은 선택의 영성**이라는 최신의 해석을 위한 기초가 조성된다. 어쩌면 다음의 해설에는 당신이 피정자에게 설명할 때 필요한 견해가 들어 있을 수도 있다.

찬미하고, 경배하며 섬기다

이것들은 우리가 하느님의 사랑을 다양하게 느낌으로 체험한 것이다. 이것들은 우리 마음에 계시는 하느님의 영을 우리가 구체적으로 느낀 결과이다(루카 1,46; 로마 5, 5). 우리를 향한 하느님의 사랑과 은총은 우리의 찬미와 경배와 섬김에 달려 있는 것이 아니다.

우리 주 하느님: God our Lord

이것은 주님이신 예수님을 일컫는다.[32] 부활한 주 예수 그리스도는 영신수련의 시작부터 존재하신다.

섬김: Service

이냐시오에게 예수님을 섬김은 아빠 나라의 증진이다. 우리는 지구의 선물을 보존하고 더 정의로운 세상을 만들려고 자원을 분배할 때 섬김과 협력을 분리할 수 없다.

모든 다른 사물: All other things

이것은 이냐시오에게 모든 것을 의미한다. 모든 것은 하느님도 아니고 '참 자아'도 아니다. 이것은 재능·건강·기도 방법·몸·사회·한계·휘발유 소비·보험계획·교육·텔레비전·밀·음식·직업·자아상·돈·자본주의·정치·철학·책들·교회 활동·후천적 능력·가정·자원봉사·기증·가족의 크기·자녀 양육 방법 등이다.

도움이 되면: To help one

이것은 타인, 주변 환경과 우주의 환경 그리고 미래 세대를 고려하지 않은 채 실용적이고 예수님과 나만을 위한 영성처럼 들린다. 이전의 문화에서는 세상에 대한 실용적인 태도가 꽤 적절하였을 것이다. 그러나 지구촌에 사는 우리는 서로 의존되어 있기에 피조물을 이용하는 데 있어서 피조물과 다른 것 그리고 모든 피조물과의 관계도 어떻게 고려해야 하는지 알고 있다. 우리는 우리에 대한 하느님의 뜻이 우주를 통해서 가장 먼저 드러났음을 명심해야 한다. 열대 우림지역에서 매우 심하게 채굴하고 남벌하며 지구의 환경을 파괴하는 행위는 하느님께 드리는 찬미와 섬김과 조화를 이룰 수 없다. 의심할 여지 없이 타인에게 불의를 행하는 조직을 지지하는 행위는 그리스도의 영과 조화를 이루지 못한다. 모든 피조물은 성삼위께서 모든 인간 가족에게 당신 자체를 주시려는 열망이 담긴 선물이다. 우리는 결과적으로 이 선물을 통하여 하느님과 함께 인간 가족 안에서 우리 삶을 나눈다.

그만큼: In as far as

창조된 우주와 우리의 상호관계는 창조 자체와 우리의 의식적인 지향과 목적을 왜곡시킬 수 있다. 그런 점에서 창조된 우주와 우리의 관계는 무질서해진다. 따라서 주어진 피조물은 우상과 탐욕과 파멸의 도구라는 방해물일 수 있다. 피조물과 우리의 관계가 왜곡되면 그 관계에서 비롯된 선택 또한 왜곡된다. 예를 들면 지위와 안전에 대한 무절제한 애착은 하느님 나라를 더 증진하는 데 더 적절할 수도 있는 더 위험한 일을 선택하려는 우리를 방해할 것이다. 결국 이러한 선택과 행위로부터 도출된 구조는 우리에 대한 하느님의 열망과 조화를 이루지 못할 것이다.

치우치지 않음: Indifferent

치우치지 않음은 '좋고 올바른 선택'을[33] 하는 데 '지금 여기서' 방해가 될 수도 있는 모든 영향에서 벗어나고, 자유로우며, 균형이 잡힌 것이다 [175]. 일단 우리에 대한 하느님의 뜻을 알면 우리는 치우치지 않을 수 없다.

우리가 스스로 해야 할: We must make ourselves

우리는 '마치' 치우치지 않거나 자유로워진 듯이 할 수 있는 모든 것은 우리에게 달려 있다고 보기 때문에 이 짧은 말을 잘못 이해할 수 있다. 내적으로 체험하는 진정한 자유는 하느님의 선물이다. 우리는 피정자들이 영신수련 여정에서 자신들에 대한 하느님의 뜻을 발견하기에 충분할 정도로 자유를 누리기를 바란다. 영적 자유는 평생에 걸쳐서 영적으로 추구하는 목적이다. 그러나 우리는 그것을 어느 순간에 체험할 수도 있다. 그것은 영신수련의 당면한 목적으로 영신수련 후반부에서 우리에게 주어진다.[34] 나아가서 우리는 이 선물을 받아들일 수 있게 더 열려 있을수록 매일 더 자유롭게 산다.

'더'를 선택하기: Choosing what is the 'more'

'더'는 우리가 살면서 도덕적으로 좋은 선택 그 이상을 선택하기를 바란다는 사실을 의미한다. 피정자는 이런 열망 때문에 [19]와 [20]의 영신수련 여정에 들어간다. 그는 자유롭게 더 큰 선$_{good}$을 너머서 그 선에 영향을 주는 일과 사도직 그리고 삶의 방식을 선택한다. 아이들이 어느 정도 성장했고 실무적이고 사업 능력이 있고 다음 중 하나를 실제로 선택하기 위해 영신수련을 하는 홀아비 간호사를 예로 들어보자.

a) 가난한 사람들을 돌보며 난민촌에 거주
b) 외국인들의 건강을 돌보는 적십자 실무

그는 둘 다 좋고 자신에 대한 하느님의 열망과 조화를 이루고 있음을 체험했다. 그는 관련 자료를 모두 조사하고 선택에 내포된 것으로 기도한 후 예수님의 이야기에 비추어 두 번째 선택이 '더 좋은 선택'임을 발견했다. 구조적 변화에 영향을 줄 수 있는 그 선택은 장기적으로 보면 사람들에게 더 도움을 줄 수 있다. 또한 그것은 그가 예수님을 따르는 사람이라는 의미를 더 온전하게 체험하도록 허락해 줄 것이다.[35]

정서적 혼란을 전문적인 영적 황폐로 다루기

때때로 단순한 정서적 혼란을 전문적인 영적 황폐로 다루는 것은 실제로 더 도움이 된다. 피정자가 새롭게 중대한 결정을 내리고 영신수련에 들어갈 수도 있고 결정을 바꿀 수도 있지만 이미 마음을 정할 수도 있다. 그러나 그는 전면적인 재결정이라는 갈등을 반드시 겪을 수도 있기 때문에 원리와 기초에 직면하면서 혼란스러웠다. 이러한 두려움은 충분한 근거가 있을 수도 있다. 하느님께서 그에게 영신수련의 관점에서 결정을 재고하라고 진정으로 초대하실 수도 있다. 이런 경우 당신은 그의 혼란이 무엇을 뜻하는지 점검할 필요가 있다. 상담자는 종종 "무엇이 당신을 혼란하게 하나요?"라고 묻는다. 당신도 기도 길잡이로서 그렇게 질문해야 한다.

무엇보다도 먼저 그런 혼란은 다음과 같은 불안에서 나올 수도 있다. 어쩌면 그는 사소한 단서로 잘못 선택했다고 당황하며 자신을 의심할 수 있다. 그렇다면 처음의 결정을 유지하라고 권하고 자신을 더 깊이 신뢰하며 침착하게 영신수련을 하는 데 필요한 자유를 구하는 기도를 권하라.

반면, 하느님께서는 그에게 처음의 결정을 재고하라고 도전하실지도 모른다. 상황이 그렇다면 그에게 자유를 구하는 기도가 도움이 될 것이다. 그는 처음의 결정에 무질서하게 애착하고 있다는 것을 깨달을 때와 지시받은 수련을 할 때도 자유를 구하는 기도를 할 수 있다[16].

그러나 피정자가 두 가지의 조합을 분명히 드러낼 수도 있는 세 번째 상황이 있다. 그렇다면, 피정자가 두려움을 표현하게 두고 첫 번째 상황에서 당신이 한 것처럼 그를 격려하는 것이 도움이 될 수도 있다. 그가 나중에 도전을 받게 두어라. 대체로 그것은 다시 떠오른다.

두 번째 상황은 좋은 자아 이미지를 지니며 자신을 신뢰하고 있는 피정자를 보여준다. 첫 번째와 세 번째 상황은 자긍심이 매우 약해서 두세 달 동안 불안하고 당황한 채 수련을 방해받고 있을 수도 있는 피정자를 보여준다. 사실상 세 상황 모두 영적으로 황폐한 사례이다. 영신수련 여정의 초기에는 두 번째 상황만을 영적인 황폐로 다루는 것이 더 좋을 것이다. 그러나 첫 번째와 세 번째 상황을 오직 정서적인 혼란으로 다루는 것이 더 실제적일 수 있다. 정서적인 혼란은 첫 번째 상황의 피정자에게 자신의 내적 체험을 신뢰할 필요가 있음을 깨닫게 하기 위하여 나중에 드러날 수도 있다.[36] 세 번째 상황의 피정자는 하느님의 사랑으로 치유와 용서를 받아서 자신을 깊이 신뢰할 때 도전이라는 영적 황폐를 체험할지도 모른다.

영신수련 본문 사용하기

도대체 왜 기도 길잡이는 피정자에게 더 최신 번역문이나 성경 구절 대신 영신수련 본문을 문자 그대로 사용하라고 요청하는가? 피정자가 본문을 적용해서 사용하면 깊게 체험할 수 없는가? 이 책의 관점에서 보면 영신수련은 양성을 위한 수단이라는 전제가 답이다. 마찬가지로 피정자가 참으로 자신을 수용하고 남을 위해 영신수련을 사용할 것이라는 희망이 담긴 잠재적 지도력을 갖고 있다는 전제도 답이다.

문자 그대로의 본문은 최대로 적용한 번역보다 더 '축약되었다.' 피정자가 이냐시오가 표현한 계시의 상징을 이해하려고 애쓸 때 피정자에게 작용하는operative 신앙체계가 떠오른다. 예를 들면 피정자가 첫째 수련의 세 번째 요점을 이해하고자 애쓸 때 그는 자기 죄가 가져올 결과인 영원한 분리를 결코 믿지 않았다는 것을 깨닫도록 도움을 받을 수도 있다! 이런 믿음의 결핍은 예수님의 용서와 구원을 체험하는 데 걸림돌일 수 있다. 분명히 말하건대 영신수련 본래의 목적은 피정자에게 작용하는 신학을 드러내기 위한 것이 아니었다.

영신수련은 우리와 다른 세계관에서 쓰였다. 그러한 세계관은 이냐시오의 시대에 잠재적인 모든 피정자에게 상식이었다. 그들은 아마도 죄·세속·하느님·천국·지옥·영들·예수님의 유년기 사건·교회·그리스도인·비그리스도인 그리고 권위에 대해서 이냐시오와 같은 방법으로 이해하고 생각했을 것이다. 언제나 적용되었다고 추정할지라도, 쓰인 관용구는 기도 길잡이와 피정자 사이에서 공통 기반이었다. 그때는 과거와 현재, 더 고정적인static 세계관과 더 발전적인developmental 세계관, 폐쇄적인 교계제도와 상호 포용 사이의 문화적 해석이 지금처럼 필요하지도 않았다. 기도 길잡이와 피정자는 종교적 체험을 말할 때 같은 용어를 사용했으므로 기도 길잡이는 오직 기도 자료를 간략하게 설명했다[2].

우리 시대는 매우 다르다. 같은 그리스도 교파 안에서조차 피정자들 사이에 공통점은 적다. 오늘날에는 모든 전통은 다원주의적 세계관을 표방한다. 우리는 어떤 피정자에게 맞는 현대적인 읽을거리를 다른 피정자에게 맞추기 전에 해석할 필요가 있을지도 모른다! 우리가 같은 종교적 언어를 사용할지라도 우리말은 다른 뜻을 전달한다. 일반적인 문구 자체가 다르게 개념화하고 작용하는 신학을 담고 있을지라도 몇몇 적용된 영신수련 판본은 다양한 사람들에게 의심 없이 수용되는 일반적인 문구를 사용한다. 기도 길잡이와 피정자에게 문자 그대로 본문의 의미를 논의하라고 요구함으로써 문자 그대로의 본문은 각자에게 영향을 주는 신앙체계를 다루기에 좋은 도구가 될 수 있다. 왜냐하면 문자 그대로의 본문은

— 기도하면서 받은 것에 영향을 주는 신앙을 드러낼 수 있고

— 신학적으로 도전할 수 있으며

— 세계관을 성찰하도록 초대할 수 있고

— 내적 체험에 대해 이야기할 수 있는 공통 언어를 찾아내도록 도와줄 수 있기 때문이다.

나아가 우리는 문자 그대로의 본문을 멀리하고 성경 구절에만 집중하지 않는다. 이냐시오가 첫 번째 수련에서 피정자에게 지시한 것과 유사한 내용이 성경에 있는가? 세 가지 부류의 사람들에 관한 '요점' 중의 하나와 일치하는 성경 구절이 있는가?

당신은 전문적인 교사가 강의를 하면서 학생들에게 생생하고 직접적인 참여를 분명하게 요구하지 않을 때 학생들이 종종 요점을 놓치는 것을 발견한다. 그들은 자료를 가지고 스스로 씨름할 때 더 효과적으로 통찰하고 요점을 더 잘 파악한다. 우리가 피정자들에게 영신수련의 내용과 전문적인 용어를 소개할 때도 마찬가지로 이 원리가 맞는다고 볼 수 있지 않는가?

교육받았고 지도력을 지녔으며 잘 준비된 피정자에게 이냐시오의 본문은 영성적인 지도력과 식별을 위한 도구가 될 수 있다. 그가 영신수련을 끝내고 문자 그대로의 본문에 익숙해지면 **전통적으로 수용되고 더 보편적인 종교 용어로 직접 체험한 것**을 성찰하고, 바라건대 이해하게 될 것이다. 따라서 그가 했던 영신수련 여정 중의 다양한 체험은 그저 단순히 '좋은 체험'만은 아닐 것이다. 다양한 체험은 몇몇 일반적 이해와 좋은 체험이 '의미할 수도 있는 것'을 인식하게 해준다. 다양한 체험은 치우치지 않음 또는 무절제한 애착, '부름' 또는 영적 황폐나 영적 위안

등으로 불리게 될 것이다. 또한 문자 그대로의 영신수련 본문은 더 전문적으로 사도직 기술을 배우고 싶은 피정자들에게 영적 체험을 나누고 이해하며 체험을 바탕으로 공동체 사회Communal-Societal에서 결정을 내리는 데 사용되는 동일한 기본 용어를 제공하는 공통의 구조를 다양한 상황에서 제공할 것이다.

요 약

▌구체적인 사항

— 피정자가 원리와 기초를 어느 정도 이해했는지 주목하라.

— 다음과 같은 구체적인 사항과 더불어 원리와 기초에 담긴 뜻을 논의하고 나눠라.

  • 결정하는 양상에 주목하라.

  • 영신수련 전체에서 부활하신 예수님의 현존과 능력에 주목하라.

— 피정자가 준비 기간에 배운 것을 성찰하고 주목하게 도와주라.

— 첫째 주간에 관한 성찰.

  • 시작할 것인가? 적용할 것인가 적용하지 않을 것인가? 한 주간을 더 연장할 것인가? 성경에 맞출 것인가? 준비 기간에 익힌 태도로 앞으로 나아갈 것인가?

— 다음을 주목하면서 기도 자료 6을 소개하라.

  • 자비로운 이야기의 줄거리

  • 지옥의 논리적 결말인 a)-f)의 기도 자료에 담긴 죄의 공격성

  • 은총 청하기와 대화의 중요성

  • 하나의 죄나 무질서와 피정자의 수많은 무질서 비교의 중요성

▌전반적인 사항

— 원리와 기초는 영신수련의 목적을 표현한다.

— 주요 내용: 예수님은 부활한 주님이시다. 우리가 사는 목적은 더 자유롭고 치우치지 않게 섬기면서 모든 피조물과 적절한 관계를 이루는 것이다.

— 결정 내린 상태에서 일어나는 원리와 기초에 대한 불편한 반응 성찰.

a) 피정자가 불안하면 격려하고 정서적으로 불편한 면만 다뤄라.

b) 피정자가 도전받고 있으면 자유를 얻기 위한 기도를 제시하라[16].

c) 피정자가 불안하고 도전받고 있으면 그것에 대해 이야기하면서 a)에 따라서 접근해보고 나중에 다시 도전이 시작되기를 기다려라.

— 문자 그대로 쓰인 본문은

- 더 집중하게 만든다.

- 작용하는 신학을 드러낸다.

- 다음의 공통 기반을 확립한다.

● 일관된 전통과 계속 교류하면서 다문화에서 식별을 이해하기 위한 틀framework을 제공하는 공통 기반.

● 나중에 1대1과 단체에게 적용할 결정기술을 사람들에게 제공하는 공통 기반.

6장 미주

1) 나는 일러두기[19]에 따라서 이 책으로 영신수련을 준비하는 피정자는 기도 안내를 받았고 기도하기 나아졌거나 기도 시간을 쉽게 따를 수 있을 것으로 추정했다. 피정자의 상황이 그렇다면, 처음 여섯 장은 내가 영신수련 여정의 시작에서 추정한 방법과 기도 시간을 재고하고 확정하는 시기이다.

피정자의 상황이 그렇지 않다면 여섯 장의 준비 단계는 나뉘어서 내가 이 책에서 제시한 기간보다 더 오래 걸릴 수도 있다.

이 책에 없지만 준비 단계를 위한 매우 유용한 접근법 중의 하나는 '은총의 역사'이다. 이 접근법은 북미의 많은 사람이 자신들의 뿌리를 찾는 데 관심을 두기 시작했고 심리학적 연구가 가족 기원 기술family-of-origin techniques을 유행시켰던 시기에 존 잉글리시와 구엘프 영성 센터의 노력으로 영성 지도자들에게 알려지기 시작했다. '은총의 역사' 접근법은 영신수련의 준비 단계를 촉진하기 위한 탁월한 수단이었다. 이것을 제안하지 않은 이유는 이 장을 [19]에 따라서 영신수련을 지도하기를 바라는 초보 영성 지도자들과 기도 길잡이들을 위한 지도 안내서로 사용하기 위해서이다. 기도 길잡이가 이 책의 접근법을 사용하면 피정자는 당연히 덜 형식적으로 '은총의 역사'를 다루게 된다. 그러나 영신수련 지도자가 미숙할 경우에는, 피정자가 '은총의 역사'로 기도할 때 대체로 영신수련의 구조를 사용하도록 저절로 준비되지 않는다.

영성 지도의 다양한 환경에서 한 사람의 '은총의 역사'를 사용하는 배경을 알기 위해서는 존 잉글리시의 영적 자유에 있는 다음 부분을 참조하라. *From an Experience of the Ignatian Exercises to the Art of Spiritual Guidance 2nd Edition* (Chicago: Loyola University Press, 1955), Chapter 17, "Life Experienced as Graced History," p. 261ff.

'은총의 역사'로 기도하도록 피정자를 촉진시키는 유용한 기술에 관해서는 『영혼의 길잡이 1』 "은총의 역사" 168쪽과 "내 역사에 존재하시는 하느님 기억" 176쪽을 참조하라.

2) 기도 자료는 면담 당일을 뺀 매일의 기도 수련을 위한 것이다. 기도 자료 30번 이후에 있는 보충 기도 자료는 선택의 여지를 제공한다.

당신이 면담 당일에 피정자가 수련하기를 원하면 반복을 주거나 면담 준비를 위한 특별한 성찰이나 추가 독서 중 하나를 사용하는 또 다른 수련을 제안할 수 있다.

모든 기도 자료는 피정자가 각 기도 자료의 f) 기도 요점을 마친 뒤에 당신과 면담하도록 되어 있다. 그러나 영신수련이 진행되면서 반복 전에 그리고 각 기도 자료에서 보통 새로운 a)와 b) 요점으로 수련을 마친 뒤에 피정자와 면담하는 것이 더 이로울 수도 있다. 이렇게 진행하는 이유는 반복으로 더 깊은 영적 움직임을 촉진하기 위해서이다. 피정자는 자신의 기도에서 앞으로 나아가려는 움직임을 인식하고 촉진하도록 도움을 받을 때 식별한다.

3) 이것을 위해서 당신은 『영혼의 길잡이 1』의 개략적인 기도 자료를 사용할 수

있다.

4) 이 책 31장의 '지속적인 영성 지도의 초기 단계'는 이 목록을 네 개의 기본 표제 아래 도출하고 유용하게 범주화하는 방법을 설명하였다.

5) 윌리엄 배리William A. Barry, S. J.와 윌리엄 코넬리William J. Connolly, S. J.가 쓴 책, '영성 지도의 이론과 실제'에 있는 '내적 현실 주목하기'를 참조하라 (New York: The Seabury Press, 1982).

6) 신뢰와 친밀감으로 깊어진 관계는 나중에 당신이 들으면서 저지르는 큰 실수를 감싸준다! 당신이 피정자로 하여금 스스로 식별하도록 힘을 줄 때 형성된 깊은 신뢰와 둘 사이의 관계가 당신의 실수를 감싸준다. 듣는 기술에 대해 더 도움을 받으려면 마가렛 페리스Margaret Ferris의 *Compassioning. Basic Counselling Skills for Christian Care-Givers* (Kansas City: Sheed and Ward, 1993)을 참조하라.

7) 이미지의 변화에 관해서는 존 잉글리시의 *Spiritual Freedom* (Chicago: Loyola University Press, 1995), Chapter 16, "Transformation: A Change of Image, p. 239ff를 참조하라.

8) 『영혼의 길잡이 3』 31장의 '지속적인 영성 지도의 초기 단계'와 32장의 '기도 역동 안의 회심 주기와 프로그램 디자인'을 참조하라.

9) 이것들은 이냐시오가 영신수련의 일러두기[17]과 [32]에서 지칭한 개인적인 생각private thought이라는 전문 용어이다. 즉, 심사숙고한 생각thought-out thoughts은 영신수련 중에 저절로 일어나는 생각이라기보다는 피정자가 의식적으로 만들어낸 생각이다. 기도 길잡이는 영신수련 중에 피정자에게서 일어나는 내적 움직임에 주의를 기울여야 한다. 이러한 움직임 중에 어떤 것은 느낌이고, 어떤 것은 떠오른 생각이거나 생각이 반 정도 섞인 데에서 나오며, 어떤 것은 생각과 느낌의 합성이다. 이러한 움직임의 대부분은 우리 자신의 덜 의식된less-than-conscious 부분에서 일어난다. 더 의식되고 통제된 생각과 깨달음은 우선적인 식별 대상이 아니다[17]. 기도 길잡이는 피정자의 마음에서 일어나는 것을 먼저 듣는다. 이것을 더 깊이 탐구하려면 『영혼의 길잡이 3』 29장 '영들을 식별하는 규칙'의 174쪽을 참조하라.

10) 일러두기[157] '주' 그리고 세 개의 담화에 대한 일러두기[63], [147], [156], [159].

11) 마우렌 콘로이Maureen Conroy, R.S.M은 자신의 책, *The Discerning Heart: Discovering a Personal God* (Chicago: Loyola University Press, 1993)에서 저항을 겪으면서 머물도록 격려받으며 성장하는 피정자를 그림으로 설명했다. 그 책 75-79쪽을 참조하라. 또한 지속적인 영성 지도와 영들을 식별하는 규칙에 대한 내용에서 촉진적 안내facilitative guidance와 반영적 경청reflective listening에 관한 실제적인 체험을 기술한 그녀의 책 마지막 절반을 참조하라.

12) 매들린 버밍햄Madeline Birmingham과 윌러임 코넬리William J. Connolly, S. J.의 책. *In Witnessing to the Fire: Spiritual Direction and the Development of Directors, One Center's Experience* (Kansas City: Sheed and Ward, 1994)는 피정자들이 자신들의

깊은 움직임과 느낌에 집중하도록 도움을 주는 아주 좋은 예를 보여준다 (128-154쪽; 209-232쪽). 그 내용은 지속적인 영성 지도 중의 하나이지만 영신수련의 이 시점에서 피정자에게 접근하는 방법은 근본적으로 같다. 또한 영신수련의 다른 시점에서 특별히 피정자가 치유받는 상태라면 이 접근법은 언제나 효과적이다.

13) 당신은 이런 방법의 나눔이 적절한지 아닌지를 신중하게 결정할 것이다. 피정자가 당신과 면담하면서 다음 사실을 알아차릴 때 당신의 증언은 도움이 된다. 즉, 당신은 피정자의 체험이 독특하고 당신의 체험과 다르다는 것을 진정으로 인식하고 있다.

14) 반면에 피정자가 '성찰 기술reflective skills'을 사용하고 관상적인 태도를 갖추었다면 당신은 이것이 첫째 주간으로 들어갈 때라고 판단해도 좋다.

15) 이냐시오에게 '진리란 현대의 과학적인 생각이나 그것보다 앞선 목적론적 합리주의와 달랐다. 이냐시오에게 진리란 느끼는 것이고 마음에 있는 것이었다. 이 관점에서 보면 이냐시오의 세계관은 중세에 뿌리를 두고 있다. 그가 영신수련을 통하여 발견하고 전해준 독창성은 자연스럽고spontaneous 내적인 체험을 성찰하는 기술이다. 이 기술은 현대의 발전적인 세계관으로 우리 자신을 체험하는 방법과 같다. 용어 풀이의 전통적인 세계관과 추론적인 기도를 참조하라.

16) 이 시점에서 각주와 해설의 내용은 기도 수련 경험이 없는 피정자의 무지를 가리키고 나중에 반대로 영적 황폐를 가리킬 수 있다.

17) 영신수련을 전문적으로 지도하는 사람들은 격주로 진행하는 2년간의 심리 치료에서 일어날 수 있는 깨달음과 치유가 피정의 집에서 침묵하며 영신수련을 하는 피정자들에게도 일어난다고 종종 진술한다. 피정자는 하느님과의 관계만으로 충분히 치유된다. 지도자는 일러두기 20번에 따라서 영신수련 침묵 피정을 하는 피정자를 매일 짧게 만날 필요가 있을 수도 있다.

18) 다양한 의식 성찰 방법 중에서 당신은 『영혼의 길잡이 1』의 242쪽에서 도움을 받을만한 것을 발견할 수도 있다. 또한 위 책 245쪽의 '식별력 개발'은 피정자들에게 내적 움직임을 듣는 법을 점차로 가르쳐 주고 영적인 움직임을 주목하게 도와주는 구체적인 과정이다. 후자는 지속적인 영성 지도를 받으면서 느낌을 알아채지 못하는 피정자들을 위한 과정이다.

19) 일상에서 의식 성찰하는 것과 회고 사이의 유사점에 관련된 이와 같은 논점은 윌리엄 배리, S. J.가 쓴 책 *Spiritual Direction and the Encounter with God: Theological Inquiry* (New Jersey: Paulist Press, 1992)의 3장, "The Religious Dimension of Experince," 의 24쪽에 있다.

20) 이것은 가끔 consciousness examen, examen of consciousness 또는 awareness exercise라고 불린다. 나는 이 책 전체에 걸쳐서 의식 성찰Awareness Examen이라고 썼다.

21) 우리는 당연히 양심 성찰은 기본이기에 피정자들이 어떤 식으로든 양심 성찰 방법을 알고 있을 것으로 추정한다. 그러나 이냐시오는 우리가 일러두기[19]에서 주목할 수 있듯이 그럴 것으로 추정하지 않았다. 그는 사람들이 자주 화해 성사를 받지 못했고

성체성사가 흔하지 않았기에 기초 교리를 반드시 다시 배웠던 시대에 책을 썼다. 우리는 이 시대에도 똑같이 기초적인 신앙생활을 가르쳐야 하는가?

다른 사람을 기도 안내할 때 명심해야 할 근본 원칙이 있다. 그것은 주관적인 체험은 객관적인 행실로 검증된다. 즉 '너희는 그들이 맺은 열매로 그들을 알게 될 것이다.' 기도 길잡이는 이 금언과 관련된 문제에 대해서 생각해야 한다. 당신은 피정자의 경배worship와 대인 관계 및 사회적 관계dealing에서 어떤 행실과 외적인 징표를 기대하는가? 외적인 징표는 피정자가 제자로 성장하고 있는 증거를 보여준다. 나는 일정한 방식의 양심 성찰은 그런 신심 행위 중의 하나라고 생각한다.

22) 조지 아쉔브레너George A. Aschenbrenner, S. J.의 *Consciousness Examen*, Review for Religious, vol. 31 (1972), pp. 14-21.

23) 우리가 사랑하는 사람이 보내준 특별한 편지를 읽는 것과 같은 이 이미지는 '영혼의 세 가지 능력을 사용하는 수련'에 대하여 이나시오가 말하려는 모든 내용을 담고 있다. 그것은 이나시오의 영신수련에 관한 19세기 해석에 따랐던 옛 주석가들의 가르침과 매우 다른 것을 의미한다. 그들은 그것과 더 분석적인 수련이었던 추론적인discursive method 기도를 동일시했다.

24) 이나시오는 자신을 따르는 초기의 인물 중 하나인 피터 파베르Peter Faber가 영신수련을 감당할 준비가 되지 않았다고 판단해서 그를 2년 동안 이 단계에 두었다. 그러나 파베르가 영신수련을 마쳤을 때 이나시오는 그의 영신수련 체험을 높이 평가했다. 이나시오는 그 당시 파베르를 영신수련의 유력한 지도자로 만들 수 있는 방법을 발견했다.

25) '원리와 기초가 포함된 준비 기간…'이라는 말에서부터 미주가 찍힌 이어지는 문장의 끝까지는 내가 루스 반하우스Ruth Barnhause의 *Journal of Pastoral Care* (September 1979)에서 인용하고 적용한 것이다. 문장과 단어의 많은 부분은 그녀의 것이다.

26) 피정자들은 다른 종교인들처럼 기도 체험을 이야기하면서 종종 막연하게 표현하는 경향이 있다. 어떤 이들은 구체적인 표현을 싫어한다. 어떤 때 하느님에 대한 체험 나눔은 마치 숙성된 치즈를 맛보고 냄새 맡는 것과 같다! (이런 이미지에 대해서 피터 레블랑Peter LeBlanc에게 감사하라.) 그러나 이 이야기는 매우 현실적이고 영적으로 성숙한 사람들이 오직 상징과 비유를 통해서 마음속 깊은 것을 표현할 수도 있음을 부인하지 않는다.

27) 야고보서 1:23, 마태오 13:23, 일러두기 2번, 22번을 참조하라.

28) 이나시오는 영신수련의 중요 부분을 쓰고 나서 20년이 지난 뒤 파리 대학에서 원리와 기초를 작성했다.

29) David L. Fleming, *Draw Me Into Your Friendship* (St. Louis: Institute of Jesuit Sources, 1996). 당신은 그의 현대적인 해석을 그대로 사용할 수 있다.

30) 이 책의 24장, 30장 그리고 용어 풀이를 참조하라.

31) 이나시오는 남성의 입장에서 영신수련 책을 썼다. 남성의 전형적인 죄는 교만이다. 서구와 북미의 문화에서 최근까지의 여성의 전형적인 죄는 자신의 진짜 모습을 드러내거나 인식하기 두려워서 '숨기는 것'이었다. 신학적이고 논리적으로 보면, 숨김은 받아들여져야

할 두려움과 부적절한 요구가 섞인 형태의 교만일 것이다. 하지만 그것은 정서적으로는 교만이 아니다. 지도자가 진정한 자신을 만나지 않는 여성 피정자의 상태를 '교만'과 비교하는 것은 위험할 수 있고 그녀를 내적으로 더 심한 노예 상태로 이끌 수 있다. 수잔 넬슨 둔페Susan Nelson Dunfee의 *The Sin of Hiding: A Feminist Critique of Reinhold Niebur's Account of the Sin of Pride*, Sounding , vol. 65, no.3 (1982)를 참조하라.

32) 이냐시오가 사용한 '신성한 폐하Divine Majesty'라는 제목에서 쉽게 볼 수 있듯이 하느님과 예수님에 대한 그의 이미지는 왕의 궁정과 봉건주의 시대에서 나온 것이다. 우리는 그 용어를 좀 더 성경의 언어로 바꿀 수 있다. 영신수련에서 주Lord라는 호칭은 봉건시대의 명칭과 마찬가지로 '예수님은 주님이시다'라고 하듯이 성경의 명칭인 주님을 지칭한다.

33) 이 문구는 풀Puhl의 번역을 따른 것이다.

34) 이론상으로는 이것은 세 번째 유형의 겸손으로 기도한 뒤에 받아들여진다. 피정자는 이 선물을 받도록 준비되고 있고 자연스럽게 관대해졌는가?

35) 이것은 피정자가 영신수련의 한 시점에서 예수님이 [97], [98], [147], [167]에서 체험했던 것처럼 거부당할 준비가 되기까지 예수님을 닮고 싶고 사랑하라는 사실을 뜻한다. 그러한 사랑은 기도 자료 20번의 '예수님을 온전하게 따르기'라는 기도에 요약되어 있다.

36) 피정자가 내적으로 이끄는 성령께 의존하고 식별하려면 자신의 느낌을 알아채고 믿는 자질을 키워야 한다.

오! 주님, 우리는 변변치 못한 피조물입니다

―루스 매클린

어쩌지도 못하고 매달린 채
얄팍한 사람들 사이에서…
우리는 존재합니다…

당신의 은총에 비추어 보면
모든 생각은 꼭꼭 숨은 우연입니다.

매 순간
살과 피로 된 우리 자신의
죽을 운명에 갇혀서,
거의 미친 듯 자유를 그리워하며
 밧줄을 움켜쥔 죄수 같은…

― 오! 주님, 우리는 그런 피조물입니다.

수의는 간절하게 말하고 싶고
당신의 얼굴을 찾아 헤매는
심장들을 단단히 감싸서 매답니다.

고생하고 격노하며 신음하는

우리의 영혼은 필사적으로
신성한 천의 실오라기와
신성한 숨결과 말없이 입 맞추고 싶고
나누고 싶으며
찾고 싶고 알고 싶습니다.

― 오! 주님, 우리는 그런 피조물입니다.

어쩌지도 못하고 매달린 채,
온전히 여기서
당신을 사랑하며
당신의 깊은 중심에
닿으려고 합니다.

우리를 받으소서. 오! 하느님,
어머니 아버지 거룩하신 분.
사람의 발자국을 넘어,
당신의 눈길로
우리를 붙들어 주시고, 격려하며
순박하고 겸손한 가운데 드러내 달라고…
우리는 탄식합니다…

― 오! 주님, 우리는 그런 피조물입니다.

영신수련
첫째 주간

다음 세 장은 6장의 일부분과 마찬가지로 일러두기[19]를 따라서 영신수련 여정의 첫째 주간을 안내하는 방법을 설명한다. 길잡이가 이 설명을 충실히 따르기로 마음먹었다면, 이 단계는 한 달 안에 완전히 끝날 것이다. 그러나 당신은 다음 세 장의 해설은 엄격한 형식이기보다는 유연한 접근임을 계속 발견하게 될 것이다. 그러므로 기간은 더 길어지거나 더 짧아질 수 있다. 그것은 곡의 연주에 따라 늘어났다 줄어드는 아코디언의 울림통과 같다.

하느님은 내 손바닥에 개암처럼 작은 것을 놓아주셨는데 그것은 동그란 구슬과 같았다. 나는 그것을 보며 '이것이 무엇이 될 수 있을까?'라고 마음속으로 생각했다. 그러자 "그것은 완성된 것이다"라는 소리가 들렸다. 나는 그것이 먼지처럼 사라질 것으로 생각했는데 살아남을 수 있다는 것에 놀랐다. 그것은 매우 작았다. 그러자 내 마음속에서 응답이 들렸다. "하느님께서 그것을 사랑하기 때문에 그것은 존재하고 또 존재할 것이다." 그리고 모든 것은 하느님의 사랑으로 존재한다. 나는 이 작은 것 안에서 세 가지 진실을 보았다. 첫째, 하느님께서 그것을 만드셨다. 둘째, 하느님께서 그것을 사랑하신다. 셋째, 하느님께서 그것을 돌보신다.
창조하고 사랑하며 돌보는 하느님은 진정 누구이신가? 나는 말로 표현할 수 없다. 나는 하느님 안에 하나가 되기까지 결코 진정한 휴식이나 평화를 누릴 수 없다. 나는 나와 그분과의 사이에 아무것도 없을 정도로 그분께 사로잡힐 때까지 결코 그것을 알 수 없다.

— **노르위치 줄리앙의 〈신성한 사랑의 계시**Revelations of Divine Love〉

7 장
전반적인 고찰
첫째 주간 시작 듣기; 첫째 주간의 일반적인 흐름;
둘째 수련과 기도 자료 7번 안내

면담에 대한 제안을 읽기 전에, 영들을 식별하는 첫 번째 규칙 세트 [313]~[327]과 또 일러두기 [6], [7], [8], [9], [12], [13], [14], [16], [17]을 다시 숙지하는 것이 도움이 될 것이다. 일러두기와 안내는 지금 그리고 계속되는 영신수련 여정에서 식별의 '수단'이다. 당신이 먼저 인식하고 이해하며 실습한 일러두기와 안내는 식별과 판단의 근거를 이해하는 데 도움을 준다. 이것은 기도 안내 기술과 자질을 향상시킨다.

영들을 식별하는 첫 번째 규칙 세트가 첫째 주간에 더 적합하다는 안내를 주목하라[313]. 나는 이 규칙이 유연한 안내라고 추정한다. 모든 안내가 그러하듯이 그것이 전혀 적절하지 않을 수도 있다. 어쩌면 당신이 사용할 필요가 있는 상식이 전부일 수도 있다. 기도할 때 잠드는 사람은 영적 황폐를 체험하고 있지 않을 수도 있다. 그것은 그냥 피곤하거나 잠에 빠지는 질병일 수도 있다!¹⁾

첫 번째 규칙 세트는 첫째 주간보다 영적으로 미성숙한 피정자에게 더 많이 해당된다. 우리는 이것을 영신수련 전체와 삶 전체에 적용할 수 있다. 어떤 사람은 두 번째 규칙 세트가 전혀 필요하지 않을 수도 있다. 우리는 두 번째 규칙 세트를 적용하기에 더 적절한 때조차도 첫 번째 규칙 세트를 계속 적용할 수 있고 그 반대도 마찬가지다. 그렇지 않다는 믿음은 인간의 삶을 지나치게 고정된 것으로 생각하는 것이다. 첫 번째 규칙 세트는 "자기 죄를 깊이 뉘우치고 좋은 것에서 더 좋은 것으로 나아가며 우리 주 하느님을 섬기는 사람들" [315]을 대상으로 한다.[2] 그들은 때때로 다른 사람들의 생각과 고통스러운 갈등을 두려워하고, 누리고 싶은 지위 등의 유혹을 받으면서, 무절제한 애착과 예수님을 따르는 데 방해가 되는 분명한 유혹과 습관 때문에 고생한다[9].[3] 영들을 식별하는 첫 번째 규칙 세트는 종종 영신수련 여정 모두에서 계속 필요하고, 당연히 영신수련이 끝난 다음에도 필요하다.

먼저 전반적으로 한 주간 동안의 피정자의 체험을 듣고서 다음과 같이 구체적으로 질문을 하라. "지난 주간에 기도하면서 무슨 일이 있었나요?"[4] 피정자는 더 이상의 질문 없이 이 질문만으로도 당신에게 필요한 정보를 줄 수 있다. 당연히 당신은 심문하듯이 질문해서는 안 된다. 그러나 다음과 같은 것을 찾아낼 필요가 있을 것이다.

피정자는 하느님의 자비와 보호라는 맥락에서 무엇을 깊이 이해했는가?… 그는 두려움이나 걱정 때문에 우울해졌는가? 그는 지난주에 기도의 안과 밖에서 주로 어떤 분위기를 체험했는가? 그는 수련 기도 시간을 충실하게 보낼 수 있었는가? 그는 영적 위안이나 영적 황폐를 체험했는가?

이러한 것은 첫째 주간 전체의 관점에서 마음 한편에 간직할 질문이다. 당신이 피정자의 이야기를 들을 때 해야 할 중요한 것은 피정자가 표현하는 기도 체험을 반영하고 부각시키는 것이다. 당신은 그렇게 해서 피정자가 기도 체험에서 일어나는 것을 주목하게 만든다.

당신이 영적 위안과 영적 황폐라는 전문적인 용어를 아직 사용하지 않았다면, 이 시점에서 피정자에게 그것을 사용하는 것은 도움이 되지 않을 수도 있다. 그런 전문적인 용어 대신 편안하다/편치 않다, 유의미하다/무의미하다, 쉽다/어렵다, 뭔가 중요한 것이 있다/아무것도 없다, 느긋하다/애쓰다 등의 말을 사용하는 것이 더 낫다. 피정자가 조금 어렵게 첫째 주간을 시작하고 있으면, 피정자의 내면에서 일어나는 체험을 이해하려는 당신의 말은 당신이 찾고 있는 어려움의 이면에 있는 문제보다 덜 중요하다.

피정자가 첫째 주간에 사실상 머리로 수련하고 있음을 전제로 피정자의 전반적인 체험을 들은 뒤에, 첫째 수련의 내용을 더 특별하게 다루는 다음과 같은 질문을 하라. "첫째 수련을 좀 더 깊이 살펴봅시다. 당신은 그것을 어떻게 생각했나요? …." 또는 "매일의 기도 체험을 살펴봅시다. 당신의 마음이 어떠했나요? …." 또는 "당신은 첫째 수련의 은총을 받고 있다고 느낍니까? …."

그렇게 더 자세히 질문하며 다음과 같은 질문에 대한 답도 발견하려고 노력하라.

— 피정자는 은총을 청하고 있는가? 그가 수치심과 당황이라는 은총을 받고 있다고 느끼는가? 그렇다면, 그는 이 선물을 어떻게 받고 있는가? 그가 선물을 받지 못한다면 왜 그런가?

— 그는 계속해서 자신의 진술한 느낌을 표현하고 하느님께 자신을 솔직히
드러내고 있는가?

— 그는 이나시오의 지침을 따르려고 노력하는가? 세 요점 중에 어떤 요점이
그에게 와닿는가? 그는 어떻게 반응했는가?

— 그는 어떻게 담화하는가? 예수님께 말하는가? 아니면 예수님과 서로 이야
기를 주고받는가? 그가 예수님과 담화하지 않는다면 (예수님이 그에게
말하도록 허락하지 않음) 왜 그런가?

— 그는 십자가의 예수님이 자기 앞에 있다고 상상하는가? 또는 그는 상상으
로 예수님을 직접 만나고 싶지 않아서 십자가나 사진을 보는가?

분명히 말하건대, 이것 또한 마음에 두되 피정자에게 캐묻지 마라!
이 시점에서 당신은 다음과 같이 질문할 수 있다. "왜 이렇게 내용이
딱딱한가? 왜 우리는 이나시오의 본문을 정확하게 사용해야 하나? 그것
이 그렇게 중요한가?" 이 시점에서 피정자가 관상적인 태도를 지니거나
하느님의 사랑에 깊이 감동하고 있다는 것을 전제로, 당신이 식별하려고
질문할 때 그가 일러두기[12], [13]에 따라서 기도하는지 주목하라.
일단 피정자가 그렇게 기도하고 있으면 당신은 뒤로 물러나 이나시오가
제안한 '균형 잡힌 저울'처럼 머물 수 있다[15]. 그 다음에 식별하기
위해 그가 체험하는 영적 위안이나 영적 황폐에 집중하라.

일단 피정자가 수련하고 있고 분명히 영적 위안을 체험하면서 앞으로
나아가고 있으면 하느님께서 피정자와 더 직접 대화하며[15] 이끌고
계시기에[5] 기도 길잡이인 당신의 역할은 거의 없을 것이다. 그가 영적
황폐를 체험하고 있을 때 당신은 그것의 의미를 스스로 자문할 것이다.[5]
물론, 피정자가 아직도 영신수련 본문을 사용해서 영신수련을 준비하고

있다면, 당신은 31장의 '지속적인 영성 지도의 초기 단계'와 이 책 시작의 여섯 장으로 접근하게 될 것이다. 당신은 이런 상황에서 가르치기, 격려, 적극적이고 반영적으로 경청하기, 바꾸어 말하기, 하느님의 이미지 수정하기, 주목하는 것을 돕기 등으로 모든 것을 하게 될 것이다. 그리고 이 모든 것은 그가 관상적인 태도를 지닐 수 있도록 도와준다. 당신은 매우 오랫동안 기다리면서 이것을 부드럽게 진행해야 할지도 모른다! 따라서 앞의 어느 것도 구체적으로 기도 수련에 들어가는 것과 관련해서 중요하지 않을 수 없다!

면담을 마치면서 기도 자료 7번을 주라. 여기서 당신은 다음 주를 위해 두 개의 다른 수련 자료를 주게 될 것이다. 즉, 둘째 수련과 셋째 수련인데, 후자는 f)로 표시된 기도 요점이다. 셋째 수련을 해야 할 때를 피정자에게 간단히 알려주고 당신이 다음 주에 셋째 수련을 설명한다고 피정자에게 알려 줘라. 여기서 그것에 대한 설명은 더 이상 필요가 없다. 셋째 수련을 기도 자료에 넣는 이유는 당신이 설명하기 전에 피정자가 그것을 체험적으로 다룰 수 있게 하려는 것이다. 이것은 이후의 모든 기도 자료 요점에도 똑같이 적용된다. 우리는 절실할수록 더 효과적으로 배운다!

당신은 주로 둘째 수련을 설명해 줄 것이다. 다음은 그것을 소개하는 한 가지 방법이다.

a) "둘째 수련을 함께 읽어 봅시다(시간을 내서 함께 읽어라). 당신이 지은 죄의 역사를 살펴보라는 초대를 주목하십시오. 지난주 당신은 악한 상황에서 태어난 우리 모두를 구원하시는 하느님의 방법에 대해 기도하였습니다. 우리가 체험하는 악은 인간 가족, 환경 그리고 그것들과 우리의

관계입니다. 우리는 평생 악에 협력합니다. 구조 악과 죄악에 물든 환경은 우리 모두에게 영향을 줍니다. 우리는 그 결과로 다른 사람에게 죄를 지었고 구조 악에 협력하고 있습니다. 이제 당신은 무질서하거나 악한 역사를 지닌 당신 자신을 인식하고 그런 자신을 용서하시는 하느님의 사랑에 맡기라고 초대받고 있습니다…"

b) "은총을 봅시다. 첫째 수련에서처럼 계속 수치스럽고 당황하게 해달라고 기도를 하십시오. 하지만 지금은 더 슬퍼하고 눈물을 흘리게 해달라고 청하십시오. 이냐시오는 자신의 글로 의중을 표현하고 있습니다. 눈물을 청하십시오. 자신의 기대에 미치지 못한 자기 자신 때문에 눈물을 흘리는 것이 아니라, 내가 못 박았던 것과 마찬가지로, 당신도 예수님을 십자가에 못 박았기 때문에 눈물을 흘리게 해달라고 청하십시오! 눈물을 청하고 하느님께서 그런 눈물을 당신에게 주시도록 허락하십시오. 그것은 은총입니다. 그것은 당신이 억지로 빼앗는 것이 아니고 피상적이거나 감상적인 것도 아닙니다. 더 중요한 선물은 마음 깊이 느끼며 흘리는 눈물임을 명심하십시오…"

c) "당신은 십자가에 달리신 예수님과 계속 담화하기를 원할 수도 있습니다…"

d) "둘째 수련에서 이냐시오가 제시하는 다섯 개의 요점 중에 첫째 요점은 매우 중요합니다. 그것을 함께 봅시다. 그것은 자신의 모든 죄를 살펴보는 것인데 '매년 또는 시기별로 살펴보면서 자신의 생애에서 지은 모든 죄를 떠올리는 것입니다.' 이것은 마치 익명의 알코올 중독자 모임을 위한 12단계 중 네 번째 단계 또는 일부 그리스도교 전통의 양심 성찰처럼 들립니다. 당신이 여기서 그렇게 자세하게 조사하는 것이 중요하다고 생각되면[6] 수련의 한 방법으로 그렇게 조사하는 것도 현명할 수 있습니

다. 당신은 모든 사소한 원한을 갚으려는 사람과 마주하는 것이 아니라 사랑이신 하느님과 마주하고 있음을 마음에 두십시오. 부활하신 주님과 함께 이 요점을 진행하십시오. 지금 이것을 살펴본 다음에 저것을 살펴보면서 겹겹이 쌓인 기억 속으로 함께 손을 잡고 내려가자고 주님께 청하십시오. 기억이 떠오르게 두십시오. 기억이 다른 기억을 건드리게 두십시오. 예수님께 기억을 이야기하고 예수님과 함께 대화하십시오. 당신이 과거에 지은 죄의 특성dimension을 이해하려고 노력하십시오. 우리는 종종 우리 안에 있는 지난날의 부서지며 악한 우리 삶의 특성을 다양하게 드러냅니다. 그것은 지금과 미래의 선택에 영향을 줍니다. 당신이 지난날 저지른 악행을 자세히 돌아보십시오. 관계된 사람들을 살펴보십시오. 그들이 말했던 것을 들어보십시오. 예를 들면, 당신은 초등학교 시절에 공깃돌 놀이를 하면서 속인 것을 찾아볼 수 있습니다. 그런 행동을 하게 만든 결정을 보십시오. 공깃돌을 보십시오. 함께 놀았던 아이들과 함께 하십시오. 그들과 상상으로 대화하십시오. 사건을 일으킨 악을 파악하고자 노력하십시오. 예수님과 그것을 이야기하고 진심으로 슬퍼할 수 있게 해달라고 청하십시오.”

e) “당신은 이 수련으로 당신이 지은 죄의 특성과 그것이 어떻게 결정과 선택에 계속 영향을 주는지 점점 더 깨닫게 됩니다. 그것은 당신의 일부분입니다. 즉, 당신이 간직하고 있는 그것은 당신의 생생한 환경입니다. 그러므로 각각을 수련할 때, 하느님께서 드러내시는 모든 국면에 당신 자신을 두십시오. 예를 들면 당신은 지난주 수련 때 사용한 ‘올가미에 묶인’ 것과 같은 이미지로 내일 기도를 시작할 수 있습니다. 그러나 지금은 지난주에 몹시 위축된 것이나 금요일에 외판원을 만났을 때 느꼈던 부적절한 화를 포함시키십시오. 사로잡힘과 위축 그리고 금요일에 겪은

부적절한 화를 느끼면서 기도에 들어가십시오. 이 모든 것을 하느님과 함께하십시오. 이것이 당신이 기도하는 현실입니다. 자신이 올가미에 묶여 위축되며 화를 내고 있지만 사랑받고 있다는 것 역시 당신의 현실입니다…"

f) "첫째 주간의 다양한 수련으로 기도하면서 당신은 어쩌면 한 수련이 다른 수련에 섞이는 현상을 발견하게 될 것입니다. 또한 당신은 수련하며 미처 끝내지 못한 사항을 다른 수련에 가져갈 필요가 있음을 깨닫게 될 것입니다."

첫째 주간에 전반적으로 해당되는 해설

앞에서 언급한 바와 같이 당신이 성실하게 영신수련을 하는 피정자에게 만족하면 당신의 역할은 변하기 시작한다. 이제 영신수련 길잡이인 당신은 한쪽으로 물러나야 하고 하느님께서 드러내고 대화하시도록 두어야 한다[15]. 피정자가 내적 움직임을 허락하고 있고 영적 위안을 체험하고 있으면 당신이 해야 할 일은 거의 없을 것이다.

피정자가 영적 황폐 때문에 영향을 받고 있을 때는 더 강한 도전이 일어날 것이다. 이런 상황에서는 내가 3장에서 언급한 것을 기억하라. 나는 거기서 피정자가 진정한 느낌을 하느님께 표현하도록 격려하는 데 차지하는 반영적 경청의 비중을 논의했다. 그리고 나는 피정자의 기도에서 저항의 징조가 시작될 때 반영적 경청이 특별히 적절하다고 설명했다.

대개 영적 황폐는 저항에서 나온 결과이거나 증세이다. 그러나 이 말은 영적 황폐는 나쁘고 영적 위안은 좋다는 뜻이 아니다. 하느님은 두 가지 체험을 통하여 대화하고 당신 자신과 당신과 우리의 관계를 알려주신다. 그러나 피정자는 영적 황폐를 겪을 때 더 쉽게 좌절하고 부적절한 결정을 내리며 가짜 죄의식을 갖는다. 피정자는 종종 기도하고 있는 체험과 용서라는 선물의 일부인 영적 황폐를 체험한다. 그것은 어쩔 수 없으면서 분리되고 무기력한 체험인데 가끔 슬픔과 눈물을 동반한다. 대체로 곧바로 예수님의 용서와 사랑이 뒤따른다. 그런 영적 황폐의 증세가 나타나면 당신은 다음과 같이 할 수 있다.

— 충실히 기도하라고 권하라[13].
— 영적 위안이 곧 올 것이고 믿고 참으면서 기다려야 함을 피정자에게 상기시켜라[321].
— 숨어있지만 함께하시는 하느님에 대한 믿음을 북돋아라[320].
— 마음에 품고 있거나 머뭇거리며 표현하는 것을 이해하면서 그의 느낌을 부드럽게 반영하며 들어주라.
— 이러한 감정을 하느님께 표현하라고 권하라.
— "주 예수 그리스도여, 살아계신 하느님의 아들이여, 이 죄인에게 자비를 베푸소서!"라고 하소연하면서 구원자인 예수님께 갈 수 있도록 격려하라.

첫째 주간의 역동 모델

우리가 그런 체험을 모델로 만든다면 그것은 다음 페이지의 모델과 같을 것이다. 그것은 첫째 주간 동안에 일어날 수 있는 체험 모델이다. 그것은 많은 피정자들이 첫째 주간을 마칠 무렵에 체험할 것으로 보이는 두 가지 일반적인 양상을 표현한다. 어쩌면 당신은 스스로 영신수련의

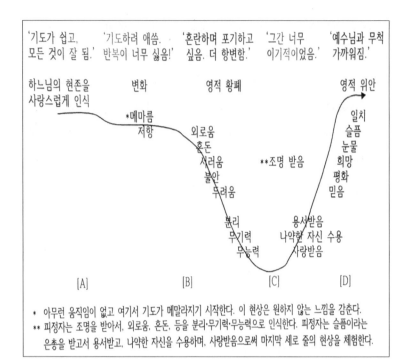

'기도가 쉽고,   '기도하려 애씀.   '혼란하며 포기하고   '그간 너무   '예수님과 무척
모든 것이 잘 됨.'   반복이 너무 싫음!'   싶음. 더 항변함.'   이기적이었음.'   가까워짐.'

하느님의 현존을   변화   영적 황폐   영적 위안
사랑스럽게 인식

*메마름   일치
저항   슬픔
외로움   눈물
혼돈   희망
서러움   **조명 받음   평화
불안   믿음
두려움

분리   용서받음
무기력   나약한 자신 수용
무능력   사랑받음

[A]   [B]   [C]   [D]

* 아무런 움직임이 없고 여기서 기도가 메말라지기 시작한다. 이 현상은 원하지 않는 느낌을 감춘다.
** 피정자는 조명을 받아서, 외로움, 혼돈, 등을 분리·무기력·무능력으로 인식한다. 피정자는 슬픔이라는
은총을 받고서 용서받고, 나약한 자신을 수용하며, 사랑받음으로써 마지막 세로 줄의 현상을 체험한다.

[그림 1] 첫째 주간의 "전형적인" 역동 모델

첫째 주간을 체험하면서 이런 양상 중 하나를 인지할 수도 있다. 역동 모델은 피정자들이 일반적으로 첫째 주간을 체험하는 다양한 방법에서 추출한 것을 바탕으로 한다. 그러나 이 현상은 **전혀 일어나지 않을 수도 있고** 피정자가 이 시점에서 과정의 역동 모델이 아니라 자신의 독특한 요구에 따라 이끌릴 수도 있음을 명심하라.

부드러우며, 파도 같은 움직임. 첫째 주간의 '전형적인' 역동 모델은 부드러우며 파도와 같은 움직임이다.[7] 이 모델은 일반적으로 일어나는 영적 황폐의 하강 곡선을 보여준다. 그것은 이따금 기도 자료에 영향을 받아서 드물게 화·상처·적개심·분노·원한·고통 등과 같은 부정적인

느낌을 감춘 채 건조하게 진행된다. 피정자는 지치지 않는 그런 느낌에서 스스로 멀어지고 있다. 피정자는 계속 갈등하면서 절망하고 격리된 것 같은 상태를 종종 체험한다. 그 후 피정자는 스스로 그런 상태에서 빠져나올 수 없음을 강하게 깨닫는다. 그 상태가 셋째 수련에서 청하는 죄에 대한 깊은 감정적 인식이다. 그런 체험과 인식이 함께 일어나면 다음과 같은 것이 종종 떠오른다.

— 악에 스스로 협력하는 자신의 본성에 대한 깨달음
— 자신을 직접 구원하시는 예수님의 필요성에 대한 깨달음
— 용서하시는 하느님의 사랑 체험

폭풍우 속을 항해하는 돛단배. 전형적인 첫째 주간의 두 번째 흐름 모델은 폭풍우를 만나고 결정의 단계를 직면하면서 항해하는 돛단배로 묘사된다. 우리는 그것이 반복되는 정thesis과 반antithesis의 충돌이며 합synthesis으로 움직이는 것처럼 보이므로 변증법 모델이라고 부를 수 있다. 이 모델은 앞의 모델보다도 주제가 불확실한less thematic 여정에서 일어나는 첫째 주간의 체험을 묘사한다. 그것은 기도 길잡이가 밖에서 안으로 From-Outside-In[8] 피정자에게 접근할 때 종종 일어난다.

지도자는 자료를 제시하여 피정자를 첫째 주간에 들어가게 이끈 뒤 자료에 대한 피정자의 움직임과 반응을 기다린다. 그래서 피정자는 원하는 은총을 찾으면서 하느님이 정한 시간에 조명이 일어나기를 기다리며 반응하거나 여기저기서 응답하고 다시 뒤로 간다. 먼저 피정자는 수련하면서 다음과 같이 거의 이해하지 못한다.

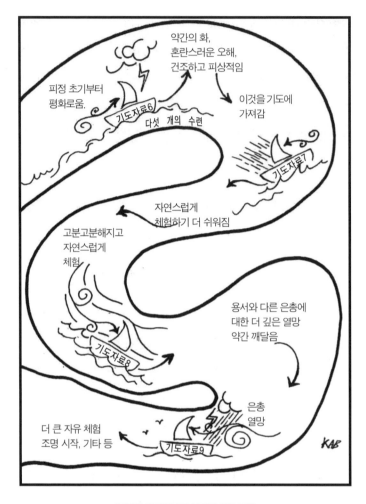

[그림 2] 첫째 주간의 두 번째 역동 모델

"첫째 수련은 너무 낯설어요 ···." "둘째 수련의 내용이 너무 많아요 ···." "셋째 수련은 너무 규칙적으로 보여요 ···." "넷째 수련은 셋째 수련과 다른 점이 많지 않아요 ···." "다섯째 수련은 믿을 수 없어요!"

피정자는 조금만 이해한다. 그는 내용이 마음에 와닿지 않는다. 피정자는 너무나 안 좋은 내용으로 기도하라고 해서 혼란스럽고 화가 난다! 그는 자신이 죄를 지은 것을 알지만 그렇게까지 악하지 않다고 생각한다! 피정자는 내용을 오해하거나 쉽게 공감할 수 없다.

그가 기도 자료 7번이나 8번을 마쳤을 즈음에 뭔가 중요한 것이 일어나기 시작한다. 그는 인내하며 기다리기 시작하고 내용이 조금씩 그의 마음에 들기 시작한다. 그러면 기도하고 있는 하나 또는 다른 은총이 스스로 드러나기 시작한다. 슬픔이나 깨달음, 약간의 자유, 통찰, 수치심, 무기력이 조금씩 깊어지기 시작한다. 이러한 폭풍우 같은 이런 순간이 지나면 그는 눈이 조금씩 떠지면서 좀 더 확실하게 본다. 그리고 다음과 같이 첫째 주간 은총이 떠오른다.

놀라운 은총이여! 그 소리는 얼마나 달콤한가,
그 소리가 비참한 나를 구원했네!
한때 길을 잃었지만, 지금은 찾았네,
한때 눈이 멀었지만, 지금은 보네.

영적 황폐는 하느님을 더 깊이 만나도록 이끌어 줄 수 있다

두 모델은 영적 황폐가 종종 하느님을 더 깊이 만나는 전조인지 쉽게 알려준다. 가끔 피정자의 영적 황폐는 피정자 자신을 구해주는 예수님을 달가워하지 않음을 알려준다. 그것은 덜 의식된 것과 각 사람에게 주입된 거짓 믿음을 종종 숨긴다. 즉, 그것은 내가 사랑받거나 용서받으려면 나를 고쳐야 한다는 믿음이다! 따라서 기도 길잡이는 이런 상태에 있는 피정자를 구해주지 말아야 함을 명심해야 한다.

피정자가 일러두기[7]과 [8]의 내용에 따라 하느님과 함께 황폐한 체험을 헤쳐 나오기를 기다리며 계속 격려하는 것이 실천적 지혜이다. 피정자에게 더 도움이 필요하면 일러두기[322]의 영적 황폐가 일어나는 세 가지 이유를 설명해 줘라. 당신은 그렇게 해서 피정자에게 영적 황폐를 체험하고 있다는 것과 그것을 견딜 필요가 있음을 깊이 인식시킨다.

나중의 면담에서 피정자와 영적 황폐로 볼 수 있는 것을 논의하는 것이 더 적절할 수도 있다. 그 후 피정자는 수련하면서 그것의 의미를 하느님과 함께 발견할 수 있고 하느님께서 알려주실 때까지 기다린다. 하느님과 함께하는 체험은 피정자를 적극 도와주는 데 언제나 바람직하다. 그는 체험하며 더 깊이 배운다[2]. 깊이 느끼며 깨달은 피정자는 스스로 체험을 인식하고 다룰 수 있다.

어쩌면 당신은 면담하는 지금보다 다른 때에 피정자가 영적 황폐의 의미를 더 적극적으로 고찰하도록 도와줄 필요가 있을 것이다. 때때로 당신은 피정자가 문제를 영적 황폐의 뒤편으로 밀어 놓게 도와준 뒤 영적 황폐에 맞서고 참으며 버티도록 격려함으로써 나중에 고찰할 수 있도록 도와준다[13], [319], [321].

당신이 영적 황폐의 의미를 발견하려고 접근하면서 찾고 있는 것은 당신이 이해한 의미가 아니라 피정자가 이해한 의미임을 명심하라. 즉, 이런 관점perspective은 당신의 의미 체계meaning-scheme가 아닌 피정자의 의미 체계에 들어맞는다. 예를 들면 당신은 피정자가 예수님으로 하여금 자신을 용서하도록 허락하지 못해서 힘들어 한다고 추정할 수도 있다. 그것은 당신의 이해에 걸맞은 판단과 판정이다. 그러나 당신은 면담하면서 이해한 것이 '예수님을 믿기가 두렵다'는 피정자의 뜻과 전혀 맞지 않음을 깨닫는다. '예수님을 믿기가 두려운 것'이 피정자의 의미 체계에 맞고 피정자가 영적 황폐의 의미를 깨닫게 해준다. 그것은 당신의 해석보다도 훨씬 더 효과적으로 문제를 잘 다루게 해줄 더 나은 기회를 피정자에게 준다. 일단 피정자가 영적 황폐에 속할 수도 있는 문제를 다룰 기회를 가지면 그는 일러두기[319]-[321]에 따라서 영적 황폐를 다룰 수 있다.

기도 길잡이는 언제나 피정자가 스스로 의미를 파악하도록 도와주어야 한다. 기도 길잡이와 영성 지도자는 피정자 안에서 일어나는 일을 확실하게 알려고 하면 안 된다. 그들의 역할은 '피정자가 일어나고 있는 일을 알고 있다는 것'을 인지하는 것이다![9]

첫째 주간에서 일어나는 전형적인 문제

많은 피정자가 자신의 악과 그 심각성을 믿지 않으면서 첫째 주간에 들어간다. 피정자들은 자신들의 어떤 행위와 약점을 싫어한다. 피정자들은 종종 거부당하고 무가치하게 느끼며, 남을 괴롭히고 판단하는 자신들의 태도를 싫어한다. 그러나 그들은 어떻게 죄와 악이 그것들의 일부가 되는지 이해하지 못한다.

대부분의 피정자들은 사회 전반에 죄와 악이 퍼져있음을 인정하고 믿는다. 그들은 과거의 학대 때문에 계속 고통받고 있을지도 모른다. 그들이 사는 곳에 가까이 가보면 범죄와 마약·폭력·탐욕 등이 종종 일어난다. 좀 더 떨어져서 보면 지구 여기저기에서 전쟁과 불의가 자행되고 있다. 그들은 그러한 사건이 국가의 자존심과 부의 추구, 경제 체제를 지키려는 열망에서 비롯된다는 것을 이해한다. 그들에게 '그것이 너무 좋은' 반면 다른 사람들에게는 그렇지 못한 것 때문에 죄의식을 느낄 수도 있다. 아마도 그들은 이 모든 것을 그들 자신의 죄라는 표제가 아니라 악이나 죄라는 표제 아래 두려고 한다. 그들은 실재하는 악에 대한 자신의 책임을 진실로 '믿지 않는다.' 결국 근본적으로 그들은 하느님의 사랑을 거절할 수 있다는 사실을 진실로 믿지 않는다. 그렇게 된 원인은 다음과 같다.

a) 더 전통적인 세계관에서 보면 특히 60년대 초 전까지 그리스도인들은 명백히 드러나게 행하거나 빠뜨린 것이 죄라고 배웠다.

b) 그 당시 사람들은 부정한 성행위를 부도덕의 핵심으로 보았고 매우 강조했다. 그다음에 사람들이 강조한 것은 만취와 분노였다.

c) 우리는 적절치 못한 행동을 마음의 탓으로 돌린다. 예를 들면 우리는 과민 반응을 대화 기술의 부족 탓, 경쟁심을 인정받고 싶은 무의식의 탓 등으로 돌린다.

d) 기성 종교 용어는 인간의 한계를 나약함으로 그리고 나약함을 죄라고 부름으로써 죄라는 개념을 하찮게 여기고 혼란스럽게 만들었다.

e) 최근까지도 과학적인 방법은 깊이 연구하면 악과 죄까지도 없앨 수 있다고 우리가 믿게 만든다.

f) 우리의 '사생활'은 '공공의 삶'에서 분리되고 있다. 우리는 개인의 죄가 사생활에 속한다고 생각한다. 우리는 공적으로 일하고 조직에서 활동하면서 타인과 단체 또는 조직의 죄를 우리의 사생활과 무관하게 인식한다. 우리는 공적인 영역에서 우리 자신을 죄인으로 여기지 않는다. 그런 측면에서 우리는 가끔 일할 때 입는 근무복, 연회에 맞는 야회복, 여가용 운동복같이 특별 활동에 맞는 특별한 옷을 입듯이 가치 체계를 바꾼다.

g) 대중 매체는 악과 죄를 평범하고 사소한 것으로 만들었고,[10] 동시에 독선

에 빠져서 모든 기능과 온전함_{functionality and wholeness}에 대한 기대치를 실제 이상으로 과장했다.

죄의 존재를 믿지 않는 우리 문화는 첫째 주간 수련 자료에 대한 다양한 반응을 일으킨다. 기도하기에 마땅한 죄를 떠올리지 못할까 봐 걱정하는 관대한 피정자는 확실히 여기에 해당된다. 또 다른 피정자는 과거의 무절제한 성생활을 너무 심각하게 생각해서 죄의 더 깊은 차원을 이해하지 못한다. 그럼에도 어떤 이들은 자신의 죄나 자신에게 가해진 타인의 죄 또는 상처와 용서를 방해하는 장애물 등과 같은 과거의 사건으로부터 크게 영향을 받았다. 그래서 그들은 옳지 못한 느낌과 잘못된 죄의식 또는 무가치하다는 인식에서 벗어날 수 없으므로 그들 삶의 다양한 측면에 있는 죄에 대해 기도할 수 있다.

첫째 주간에 들어가는 대부분의 사람들은 신비롭고 이해할 수 없는 죄를 진정으로 인식하지 못한다. 이것은 죄의식을 강하게 느끼며 첫째 주간에 들어간 피정자들에게 더 잘 들어맞는다. 예수님은 우리가 어둠을 더 좋아한다고 말했다(요한 3, 19). 악은 우리가 그 자체의 의미를 못 보게 만든다. 우리는 과거의 깊은 상처에서 벗어나기가 왜 그렇게 어려운가? 우리는 다음과 같이 오래된 아픈 기억을 억누른다. 우리는 뜻하지 않게 솟구치는 부정적인 감정을 계속 붙잡고 있다. 왜 우리는 수년 전에 벌어졌던 일에서 벗어나려고 아무리 스스로 노력해도 여전히 그것에 지배당하는가? 우리는 억누르고 회피한다. 우리는 마음속에 있는 것을 부정하는 데 사용하는 정교한 기술조차 인식하지 못한다. 죄악의 신비는 우리가 그것을 분명하게 내 것이라고 말할 수 없거나 그것의 이름을 올바로 부를 수 없을 때조차도 영향력을 발휘한다!

오직 하느님만이 우리에게 죄를 알려주실 수 있다는 사실이 영성신학의 진리이다. 종종 우리는 혼자서 죄를 어렴풋이 안다. 종종 기도 길잡이는 피정자 안에 있는 죄를 어렴풋이 파악할 것이다. 그러나 그것이 전부다. 오직 하느님만이 피정자에게 일생 동안의 선택에 영향을 주는 죄에서 벗어날 필요가 있음을 계시해 주실 수 있다. 그러나 기도 길잡이는 다음 중 하나 또는 여러 가지의 구체적인 조언으로 피정자를 도와줄 수 있다.

― "어쩌면 당신은 어떻게 '죄의 희생자'가 되었는지 생각해 보고 다른 사람에 대한 당신의 태도에 담긴 죄의 영향력에 대해 생각해 볼수 있을 것입니다."

― "성적인 죄에 대해 고민하는 데 너무 많은 시간을 보내지 마십시오. 우리 삶에는 다른 악이 있는데 어느 땐 그것이 훨씬 더 심각한 악입니다."

― "의도적으로 했거나 소홀했던 점을 죄라고 생각하고 찾기보다는 잘못이라고 생각한 부분에서 찾기 시작하십시오. 당신의 남편이나 자녀들에게 당신의 잘못이라고 생각한 것을 적어 달라고 청해도 됩니다! 그것은 흥미로울 것 같아요! 다른 사람들이 당신을 어떻게 보고 있나요? 다른 사람들을 괴롭히는 당신의 두세 가지 성격은 어떤 것인가요?"

― "어쩌면 당신은 분노를 가라앉혀 달라고 기도할 필요가 있을지도 모릅니다. 당신은 무척 화가 난 것 같아요!"

― "어쩌면 당신은 먼저 자신을 용서할 힘이 필요할지도 모릅니다…. 어쩌면 당신은 다음 주 내내 그런 선물을 청하는 기도를 하게 될지도 모릅니다…."

― "이냐시오는 당신이 얼마나 큰 죄인인가를 깨닫게 하려는 것보다 오히려 하느님이 당신을 무척 사랑하지 않았다면 당신은 너무나 큰 죄인이 될 수도 있다는 것에 관심을 두고 있습니다!"

— "왜 위대한 성인들은 언제나 자신들을 커다란 죄인이라고 여겼을까요? 나는 그들이 과장했는지 알고 싶습니다. 또한 죄를 심리학적으로 보는 이 시대의 문화처럼 그것은 하나의 문화였을 수도 있습니다…"

— "신약성경에서 예수님은 바리사이보다도 간음한 죄인들과 마찰을 덜 겪습니다. 바리사이들은 좋은 사람들이었고 덕을 실천했습니다. 그렇지만 예수님은 그들을 간음한 죄인들보다도 더 큰 죄인들로 다루었습니다! 당신이 보기에도 그들이 더 큰 죄인들일까요?"

'죄' 수련 때마다 '무질서한 행위', '무질서', 사악함, 하느님의 열망 거역, 악에 굴종 등과 같은 용어와 문구는 영신수련을 하는 거의 모든 피정자에게 더 도움을 준다. 그런 단어와 문구가 피정자에게 '죄'라는 단어 자체를 쓰는 것보다도 더 구체적인 의미를 갖는다. 그런 단어와 용어는 죄를 용서받은 피정자에게 오랫동안 남아 있는 양상을 표현한다. 무질서한 애정은 죄로부터 자유로워진 때조차도 피정자의 결정에 계속 영향을 줄 것이다. 하느님은 그렇게 되길 원하신다면 죄라고 마땅히 불릴만한 부분을 나중에 드러내실 것이다. 하느님의 은총이 배제된 무질서는 선천적인 충동inherent thrust이나 내적 타성internal inertia으로서 우리를 영원한 나락으로 이끌 수 있다. 하느님이 우리 생애를 통틀어 우리를 사랑하시지 않는다면 우리는 지금 사라질 것이다! 그것이 우리가 얼마나 의존적인 존재인가를 말해준다!

지금까지의 해설로 보면, 우리는 피정자들이 첫째 주간의 은총을 체험하기 전에 죄 중에 있고 하느님의 사랑에서 분리된 각자의 조건으로부터 '은총의 상태'로 나아갈 필요가 있다고 추정하는 것 같다. 우리는 이렇게 추정하면 안 된다. 당신이 만날 대부분의 피정자들은 이미 '거룩한 은총의 상태인' 하느님의 사랑 안에 있다. 그러나 우리는 그들이 첫째 주간을 체험하며 은총의 상태에서 이미 간직하고 있는 은총을 체험하는 쪽으로 즉 하느님의 사랑에 머무는 데서 하느님의 사랑을 체험하는 쪽으로 옮겨갈 것이라고 추정한다. 나도 기도 길잡이가 피정자를 죄에서 은총으로 옮겨가는 과정에 내포된 회심을 준비시키는 것처럼 같은 수련 자료로 '구체적인 은총을' 덤으로 받도록 피정자를 준비시킨다고 추정한다! 우리는 피정자들이 영신수련의 이 시점에서 첫째 주간의 기도를 통하여 구체적인 은총을 덤으로 받기를 바란다. 우리는 그들이 덤으로 받은 은총으로 죄의 영향으로부터 자유로워져서 이후 6개월 동안 그들이 선택할 때 무절제한 애착의 영향을 받지 않게 되기를 바란다.

요 약

— 일러두기[1]-[17]과 영들을 식별하는 첫째 규칙 [313]- [327]을 참조하라.

▍구체적인 사항
— 일러두기[1]-[17]과 영들을 식별하는 첫째 규칙 [313]- [327]을 참조하라.

— 피정자가 지시를 실제로 따랐는지 점검하라.

— 피정자가 죄와 어떻게 관계를 맺는지 주목하라.

- 영적 위안 또는 영적 황폐?
- 거짓된 또는 참된 자아 이미지?
- 회피 또는 너무 심한 자기반성?

— 피정자가 반복할 필요가 있는 곳을 결정하도록 돕기 시작하라.

— 희망을 가지고 자신을 알게 격려하라.

— 은총이 떠오르기 시작하면 주목하라.

— 기도 자료 7번을 안내하라.

- 새로운 은총을 설명해 줘라.
- 첫째 요점을 양심 성찰과 구별해서 기억과 상상으로 기도하는 방법을 설명해 줘라.

▍전반적인 사항
— 저항 밑에 있는 느낌, 성찰의 중요성.

— 첫째 주간 체험의 일반적인 양상은

- 전혀 일어나지 않을 수도 있다.
- 피정자 안에서 더 독특하게 드러난 흐름을 이해하는 방법이다.

— 가끔 무기력감에서 비롯된 영적 황폐는 다음과 같은 첫째 주간 은총의

전조가 된다.

- 피정자들은 먼저 무기력감을 체험하는 쪽으로 움직이고 올바르지 못한 느낌을 감출 수도 있는 메마름을 겪는다.
- 무기력감은 예수님의 구원을 원치 않는 데서 발생하기도 한다.
- 예수님의 구원은 일종의 죽음과 부활을 내포한다.
- 피정자는 종종 오해할 때 길잡이에게 투사한다.
- 때로는 영적 황폐나 메마름 뒤에 있는 문제를 분리하는 것이 중요하다.
- 길잡이는 스스로 문제를 들여다보라고 초대하는 쪽으로 피정자를 안내한다.

― 길잡이는 자신의 의미가 아니라 피정자의 의미로 작업하게 도와준다.

― 첫째 주간 기도에 영향을 주는 전형적인 문제는 다음과 같다.

- 죄가 개인적인 책임이라는 사실을 믿지 않는 문화.
- 아무 죄도 생각해 내지 못함.
- 삶의 다른 부분조차도 더 발견하지 못하게 만드는 과거의 상처.
- 죄는 신비이다.
- 우리는 악의 신비를 이해할 수 없다.
- 오직 하느님만이 죄를 드러내실 수 있다.

― 길잡이는 다음과 같이 피정자를 도와줄 수 있다.

- 피정자가 조명받도록 준비하는 부분에 집중.
- 죄보다는 무질서한 행동이나 태도에 집중하도록 격려.

― 피정자는 하느님과의 관계에 머물다가 관계를 체험하는 쪽으로 움직인다.

8 장
둘째 수련 듣기
반복; 숨겨진 악한 경향; 기도 자료 8번 소개

피정자는 이미 약 2주 동안 첫째 주간을 수련했을 것이다. 이전에 전반적인 사항에서 구체적인 사항으로 진행했던 방식으로 면담을 시작하라. 피정자가 개인적인 죄와 관련된 둘째 수련을 어떻게 시작했는지 확인하라.

— 그는 뜻있게 수련을 시작했는가?

— 그는 은총을 받기 위해 스스로 어떻게 준비했는가? 그는 은총을 청하고 그것을 받기 위해 기도하고 있는가?

— 그는 기억하고 상상하면서 사건을 보고, 자신의 역사에서 악한 상황에 머무를 수 있는 만큼 머무르며 파악하면서 과거를 효과적으로 돌아보고 있는가? 그는 자신이 어떻게 악한 상황에 기여했는지 파악하기 시작하는가? 그는 파악하면서 어떻게 방해를 받았는가? 그가 청하는 은총을 받도록 더 잘 준비하고 도와 줄 과거를 돌아보는 다른 방법이 있는가?

─그는 자신의 삶에 있는 죄의 굴레로부터 자신을 여러 가지 방법으로 계속 보호해 주시는 하느님을 알아챘는가?

우리는 수련자가 계속된 수련으로 죄를 깊이 깨닫게 되기를 바란다. 당신이 면담할 때 다음 사항을 촉진하는 것이 중요하다.

a) 구체화concreteness

이 말은 막연한 일반화의 반대이다. 피정자가 자기중심적이었음을 깨달았다고 말할 때, 당신은 다음과 같이 질문할 수 있다. "자기중심적이라는 말이 무슨 뜻인가요? 몇 가지 예를 들어서 그것을 설명할 수 있나요?…." 피정자의 한두 가지 예는 그가 자신의 삶을 진솔하게 대하고 그것을 올바로 표현하고 있음을 충분히 보여준다. 또한 당신은 이러한 예를 통해서 피정자가 자기중심적인 자신과 자기 삶의 다른 부분과의 관계를 파악하기 시작했는지 주목해야 한다. 즉, 너무 과중하게 직무를 책임지거나 충분히 책임지지 않는 것도 일종의 자기중심적일 수 있다.

b) 현실감

이것은 악과 죄가 존재하지 않거나 중요하지 않다는 과장의 반대이다. 피정자가 자기 삶의 의미심장한 양상을 다루고 있다는 사실이 중요하다. 사람은 책임을 잘 이행하는 성인으로 성장하려면 실수를 해야 한다. 피정자가 성장 과정에서 저지른 실수로 말미암아 죄의식에 사로잡히면 진짜 죄의식을 직면하지 못할 수도 있다. 그는 성장 과정에서 저지른 죄로 말미암아 사로잡힌 죄의식 때문에 지금 더 교묘하게 악에 기여하는 죄를 못 볼 수 있다. 그것은 악과 공범임을 회피하거나 부정하는 모습일 수도 있다. 유의미한 삶의 문제 significant life-issue 는 유의미한 다른 삶의 문제와 반드시 연결된다. 피정자가 자신의 삶에서 일어난 모든 것뿐만 아니라 당신이 피정자가 다루어야만 한다고 생각한 것도 다루는 것이 중요하지 않다.

c) 자기 이해와 인식을 통한 성장

우리가 많은 죄와 그것으로 말미암은 내적이고 외적인 반응을 깊게 이해하기 전에는 우리의 영성 생활은 향상되지 않는다. 사람은 거룩함에 다가갈수록 자신이 거룩하지 않음을 더 깊이 깨닫는다. 사람들은 성인들이 자신들을 큰 죄인으로 여긴다고 말한다. 우리가 '자신이 비참하다'고 고백할 때 '놀라운 은총!'Amazing Grace 을 체험한다. 따라서 당신은 피정자가 자기 죄악의 의미를 깨닫는 가운데 성장하기를 기대한다. 당신은 때때로 그가 전혀 성장하지 않으면 궁금할 것이다! 그러나 하느님께서 드러내야 할 필요가 있는 것을 머지않아 피정자에게 드러내실 것이라고 믿고 진행하라. 이 기도 자료의 가상 계획에 따르면 이것은 한 달 안에 일어나야 하지만 석 달이 걸릴 수도 있다!

이제 피정자는 영신수련의 흐름을 따라가기 시작한다. 여기서 당신이 잘 들어 줄 때 피정자는 자신을 이해하고 인식하도록 격려받을 것이다. 그것은 반복을 포함한 다음 기도 자료를 결정하는 데 도움을 줄 것이다. 이제 표현된 말의 이면에 있어 보이는 유의미한 측면을 전보다 더 부드럽게 강조하라. 예를 들면 다음과 같다.

— "당신은 메리를 질투하는 것처럼 보이네요."
— "당신은 동정을 얻으려고 상황을 그렇게 해석하는 것처럼 보이네요."

— "당신은 정말로 아이들에게 화가 났고 그것에 대해 죄의식을 느낀다고
　말하는 것처럼 보이네요."

— "분노 자체가 죄가 아니라는 말이 내 마음에 와닿네요. 분노가 당신을
　지배하게 내버려 두는 것이 죄군요. 당신은 분노가 당신의 삶 모두를
　지배하도록 내버려 두고 있군요!"

— "당신은 어쩌면 화를 하느님께 표현할 수도 있습니다!"

— "당신은 자신이 변하면 하느님께서 당신에게 뭔가를 부탁하실까 봐 두려
　워하는 것처럼 보입니다."

— "당신은 자신이 가짜처럼 느낀다고 말했습니다. 어쩌면 당신이 가짜라는
　사실을 직면해야 할지도 모릅니다!"

— "당신은 하느님보다 돈과 명예를 더 원하네요."

— "당신은 사람들이 사기꾼인 당신을 알아챌까 봐 조금 두렵군요."

— "당신은 그에게 화를 내고 싶은 것처럼 보이네요."

— "당신은 용서받을 수 있다는 것을 진정으로 믿지 않는군요."

— "당신은 그런 상황이 벌어질 때마다 무척 무기력해 보이네요."

당신은 위와 같이 적극적이고 반영적으로 경청하면서 피정자가 말한
것 너머의 더 깊은 문제를 보도록 격려하기 시작한다. 마찬가지로 당신은
피정자에게 다음 기도를 준비시킨다. 이 자료에는 삶에 숨겨진 무질서한
경향Hidden Disordered Tendencies의 결과와 '세속'의 영향을 깨닫게 해주는 죄의
이면이 담겨 있다. 이제 당신은 그냥 들은 것을 단순히 되돌려 주고
있지 않다. 당신은 피정자가 당신에게 표현한 것을 잠정적으로 해석하도
록 피정자를 잘 도와주고 있다.[11]

d) 반복

들고 부드럽게 반응하면서 피정자가 앞의 수련에서 끝내지 못한 사안에 어떻게 돌아가는지 주목하라. 그는 일어나고 있는 움직임·떠오르는 통찰·영적 위안 또는 황폐에 더 시간을 쓸 필요가 있는지 깨닫기 위해 회고를 하는가? 그는 회고를 통해 심각한 문제를 회피하는 곳과 방법을 알아차리도록 도움을 받고 있는가?

셋째 수련

첫째 주간에서 셋째 수련은 매우 중요하다[62], [63]. 그것은 영신수련의 역동을 이루는 영적 반응을 일으키는 주요 기술인 반복을 피정자에게 확실하게 안내한다. 수련이 이어지고 시간이 지나면 반복은 내적 움직임과 반응에게 내적 의미를 드러내도록 허락한다. 이것은 피정자의 마음에서 일어나는 하느님의 움직임을 존중하는 것이다. 이냐시오는 셋째 수련을 할 무렵이면 피정자 스스로 반복의 필요성을 인지할 수 있을 것으로 추정했다.12)

셋째 수련은 언제나 영신수련의 중요한 단계를 가리키는 세 개의 담화Triple Colloquy를 소개한다.13) 피정자는 깨달음과 자유를 증가시키는 세 개의 담화로 스스로 수련하면서 하느님께서 주시려는 선물을 받도록 충분히 자유로워질 것이다. 세 개의 담화는 장애물을 없애준다. 또한 세 개의 담화는 영신수련 후반부의 결정 과정을 훼손할 수 있는 마음속의 무질서한 경향을 알아채도록 도와준다.

세 개의 담화와 관련해서 말하자면, 개신교 피정자는 성모 마리아와 담화하고 '성모송'을 바칠 때 어려움을 겪는다. 당신은 그런 상황에서 피정자가 예수님과 아버지와 나누는 담화처럼 성령과 담화를 하라고 제안할 수 있다. 당신은 나중에 세 개의 담화를 다시 소개할 수 있다. 그러나 개신교 피정자들은 예수님의 숨은 생활을 관상한 뒤에 성모 마리아와 요셉 그리고 목동들과 대화를 나눈다! **그들은 복음 관상을 통하여 이러한 대화가 예수님이 그들과 하느님 사이의 유일한 사제이며 중재자라는 그리스도교 공통 신앙과 대치되지 않는다는 것을 대체로 이해한다.**

셋째 수련은 청하는 **은총**에다 세 가지 **은총**을 첨가하라고 피정자에게 지시한다. 그것은 피정자를 매우 복잡하고 기계적이며 혼란스럽게 한다. 그럼에도 그런 지시를 주의 깊게 따르면 대체로 아름답고 단순한 일이 일어나기 시작한다. 기계적인 면은 차츰 사라진다. 피정자의 기도는 순수한 친밀감을 나누며 계속되는 대화처럼 보인다. 그는 기도하면서 앞에서 하루 이틀 정도 저항했던 것을 떠올린다. 그는 살면서 선택한 것에 들어있는 악을 쳐다보기조차 싫어했던 반면, 지금은 그런 면을 깊이 들여다보고 그것에 대해 구체적으로 행동하게 도와달라고 기도한다.

이 수련은 피정자가 결정 과정에 영향을 주는 '세속world'을 인식하도록 도와줄 수 있다.[14] 그러한 영향은 우리 경제 체제의 탐욕, 경쟁, 물질주의를 비롯하여 무의식인 구조에 이르는 것으로서 분명한 것에서 더 애매한 것까지 광범위하게 퍼져있다.

당신은 셋째 수련을 어떻게 소개할 것인가? 먼저 피정자와 함께 그가 지난주 f)요점으로 셋째 수련을 시도하며 체험한 것을 성찰하고 그것에 맞게 설명하라. 때때로 이냐시오의 영신수련 본문을 함께 읽고 당신의 체험을 바탕으로 반복, 더 강한 영적 위안, 더 강한 영적 황폐, 내적 인식, '세속', 숨겨진 무질서한 경향 등과 같은 몇 가지 개념에 대해 이야기하는 것도 도움이 될 수 있다. 하지만 너무 길게 이야기해서 면담을 망가트리지 않도록 주의하라.

숨겨진 무질서한 경향을 소개하는 것은 도움이 된다. 왜냐하면 피정자가 효과적으로 응답을 한다면, 그것은 숨겨진 피정자의 내적인 애착과 경향의 속성을 드러내기 때문이다. 하느님께서는 그것을 반드시 바로 잡으신다. 숨겨진 무질서한 경향은 또한 피정자의 선택에 주는 세속의 영향을 주목하도록 도와준다. 이 개념은 자신의 무지뿐만 아니라 '세속'의 희미한 영향까지도 계속 숨기는 근원적인 경향을 포함하고 있다. 우리는 이것을 '빙산'이라는 익숙한 이미지로 소개할 수 있다.

나는 피정자와 면담할 때 보통 잘 알려진 물 위에 보이는 1/7의 빙산을 모델로 그린다. 이 그림은 죄의 신비를 드러내지 않고 잠겨있는 부분이 눈에 보이는 많은 잘못보다 더 강하게 마음에 주는 영향을 설명한다. 그 후 나는 피정자에게 2단계가 표현한 개인적인 부분으로서 기도를 시작하도록 초대하는 수련을 설명한다. 피정자는 이미 그것을 어느 정도 깨닫고 있다. 피정자는 2단계로 수련하면 3단계에서 필요한 깨달음을

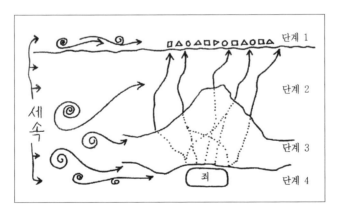

[그림 3] 숨겨진 무질서한 경향이 선택에 영향을 준다.

얻도록 준비될 것이다. 3단계는 선택에 심각하게 영향을 주는 우리 문화와 제도이다.

1단계

이것은 '내가 하는 일과 하고 싶지 않은(로마 7,15)' 것과 같은 의식되거나 반쯤 의식semi-aware된 행위이다. 이것은 마음속의 무질서한 경향에서 흘러나오는 죄, 잘못 그리고 행동이다.[15] 그것은 타인에게 직접 영향을 주는 다음과 같은 행동과 접근을 포함한다. 사람들에게 잘 보이기, 어떻게든 평화 유지, 지나치게 예민함, 과도하게 자신을 표현, 확고한 승인 기대, 허풍, 판단, 험담, 잡담, 빈정댐, 강요, 너무 열심히 일함 등.

2단계

이것은 전통적으로 죽음에 이르는 일곱 가지 죄라고deadly sin 불리는 것을 포함한다. 그것들은 1단계보다 더 분명하게 행동하도록 힘을 주는 근원적 열망과 경향 그리고 충동이다. 피정자는 성찰을 통해 표면 바로 밑에 있는 그것들을 쉽게 발견한다. 다음과 같은 문구는 찾는 것을 깊이 느끼며 이해하도록 피정자를 준비시키는 데 더 유용할 수도 있다. 그것은 경쟁심 · 개인주의 · 위험에 대한 두려움 · 원한과 화 · 상처에 매달리기 · 충동적으로 감동 주기 · 충동적으로 자신 입증하기 등이다.[16]

3단계

이것은 숨겨진 무질서한 경향으로 이루어졌다. 종종 대부분의 무질서한 경향은 눈에 띄지 않는다. 우리는 이것의 존재와 행동과 선택에 미치는 영향을 거의 인식하지 못한다. 우리가 이것을 인식하기 시작할 때도 이것의 영향력을 온전히 이해하지 못한다. 우리는 이것이 우리 삶에 끼치는 영향을 인식하지 못한 채, 우리의 선택이 우리에 대한 하느님의 열망과 조화를 이룬다고 생각한다. 그러나 실제로는 그러한 선택은 때때로 왜곡되어 있다. 오직 하느님만이 우리의 결정 과정을 왜곡시키는 숨겨진 무질서한 경향을 드러내실 수 있다. 이것은 우리의 사적인 결정 과정뿐만 아니라 타인과 교류하는 공적인 결정 과정에도 마찬가지다.

4단계

이것은 우리 각자 안에 자리 잡고 있는 죄이다(로마 7, 20). 그리스도교 신학은 이 죄를 원죄의 결과라고 부른다.

5단계

이것은 언제나 잠재된 의식이지만 때때로 의식되기도 하는 우리 마음psyches에 주는 '세속'의 영향이다.

어떤 길잡이는 언제나 1단계에서 우리의 결정에 영향을 주는 악evil의 기만적인 역동을 생각하도록 피정자에게 도움을 주기 위하여 교만·음란·질투·분노·태만·탐욕·인색과 같은 칠죄종을 사용하라고 제안한다. 나열된 이런 죄목이 비록 매우 실제적이고 생생한 현실을 가리킨다고 할지라도 여기서 그것으로 영신수련이 의도하는 깊은 깨달음을 얻지는 못할 수도 있다. 우리의 악한 행동 밑에 있는 근본 경향에 이름을 붙이려는 종교 용어는 하느님께서 주시려는 놀라운 깨달음을 가로막을 수도 있다. 따라서 피정자가 오로지 칠죄종만으로 자신의 행위와 태도를 성찰하면서 자신을 준비한다면 첫째 주간의 효과가 축소될 수도 있다. 이것과 관련된 미주의 예를 참조하라.[17]

우리는 한 가지 이름에 집중해서 죄악iniquity의 신비를 결코 이해할 수 없다. 우리는 전통적으로 대부분 죄의 바탕에는 죽음에 이르는 일곱 가지 습관이 있음을 알고 있다. 우리는 특정 행위를 교만, 질투, 음란 등으로 부른다. 그러나 우리의 악한 행위에 붙인 다른 이름이 하느님의 은총을 받기에 더 효과적으로 우리를 준비시키는 데 도움이 될지도 모른다. 다른 사람을 '유혹한다'seducer는 '음란'lust하다는 표현 그 이상을 말해준다. 언제나 '인정받기를 원한다'는 '교만'하다는 표현 그 이상을 말해준다. '지위와 의상 그리고 외모에 너무 심하게 마음 쓴다'는 '질투한다' 또는 '탐욕스럽다'는 표현 그 이상을 말해준다.

셋째 수련의 목적은 결정 과정과 선택에 영향을 주는 숨겨진 무질서한 경향을 피정자에게 이해시키는 것이다. 직관력이 뛰어난 기도 길잡이는 피정자의 숨겨진 경향과 그것이 피정자의 선택에 주는 영향을 알려주는 단서까지 파악할 수도 있다. 그러나 그러한 경향은 피정자로부터 나온 것임을 명심하라. 우리는 우리 자신을 온전히 성찰할 수 없기에 오직 부분적으로만 알고 우리 자신과 남들이 지은 죄의 영향을 받는다. 따라서 우리는 친구들과 동료들이 우리의 무질서한 경향의 징후를 체험한다고 하더라도 우리 스스로 그것을 보지 못한다. 사람들이 수년 동안 우리의 무질서한 경향을 지적해도 우리는 그것을 깨닫지 못한다. 오직 하느님만이 우리에게 효과적으로 무질서한 경향을 알려주실 수 있다!

당신은 피정자에게 이 수련으로 자신의 다양한 삶의 조각을 모아서 이해하라고 초대한다. 그것은 마치 오래된 퍼즐 조각을 맞추는 것과 같다. 피정자에게 조각을 찾기 쉬운 작은 구석에서부터 퍼즐을 맞추라고 권하라. 어떤 조각은 다른 퍼즐의 조각이기에 맞지 않는다! 그는 어떤 조각을 잃어버렸을지도 모른다. 그가 다른 것을 찾으려고 애쓴다면 발견할지도 모른다. 하나의 기억은 다른 기억을 떠올린다. 또 다른 기억은 수년 전에 누군가 그에 대해 언급했던 유의미한 이야기를 떠올린다. 그가 한 번에 하나씩 기억의 조각을 떠올릴 때 갑자기 예상치 못한 기억의 조각을 맞춘다. 그러나 그는 결코 모든 조각을 한꺼번에 맞출 수 없을 것이다. 어느 누구도 그렇게 할 수 없다는 것이 우리 각자의 신비다! 우리는 대화를 통해서 하느님과 대화하면서 무엇인가를 함께 발견하기를 바란다. "당신이 이렇게 할 때 그림에 맞는 조각을 발견할 것입니다… 그냥 기다리며 기도하십시오. 삶의 조각을 간직하면서 깨달음과 죄를 깊이 혐오하는 선물을 청하십시오. 그러고 나서 바라건대, 하느님께서 당신을 위해서 모든 조각을 모으실 것입니다. 그것은 오직 잠깐 지속될 뿐입니다. 그래야 우리가 악의 그물에 사로잡혀 있다는 사실을 이해할 수 있을 것입니다. 하지만 하느님께서는 여전히 우리를 보호하십니다."

요약

▌구체적인 사항

一 피정자가 어떻게 둘째 수련에 들어갔는지 주목하고 다음을 권하고 알려주며 강조하라.

구체화 · 현실감 · 자기 인식 증가 · 반복.

一 반복할 필요가 있는 것을 주목하라. 더 큰 영적 위안, 더 큰 영적 황폐 또는 떠오르는 깨달음. 다음 주 처음 며칠 동안 이것을 반복하라고 권하라.

一 피정자가 "나무만 보느라 숲을 보지 못하게" 두지 마라.

一 기도 자료 8번을 소개하라.

- 지난 주간에 f) 요점으로 시도한 것을 성찰하라.

- 몇 가지 용어를 설명하라.

- 숨겨진 무질서한 경향의 예나 모델을 보여줘라.

- 하느님과 함께 가볍게 분석하는 것이 중요할지라도 **은총**은 깨달음 이지 자기 분석이 아님을 알려줘라.

- 세 개의 담화와 은총을 설명하라.

9장
첫째 주간에 대한 구체적 질문
2주간에 들어가라는 표징;
첫째 주간 연장하기; 기도 자료 9번 주기

1. 피정자가 셋째 수련 체험을 나눌 때 당신이 귀담아 들어야 할 것은?

당신은 앞장에서 언급한 구체화·현실감·자기 인식 증가·반복의 필요성을 귀담아 들어야 한다. 우리는 피정자가 하느님과 자신에게 매우 진실하기를 바라고 다음과 같은 자신의 '삶'을 작업하기 바란다. 그것은 가치·포부aspiration·잘못·미덕·대인 관계·세상과의 관계 등이다. 지금까지, 당신은 피정자가 자신의 관심사theme 사이의 지속성과 연관성을 알아차리기를 기대했다. 당신이 듣고 있는 것은 당신이 피정자에 대해서 지금까지 알아낸 것과 일치해야 한다. 그런 연결은 피정자가 자신을 인식하며 자유롭게 성장하고 있음을 알려주기 때문에 우리는 피정자가 스스로 그렇게 연결하기를 바란다.

2. 피정자는 자신의 근본적인 무질서를 찾아내야 하는가?

그것은 필요하지 않다. 어떤 사람은 그것으로부터 도움을 받을 수 있다. 그러나 그것은 피상적이다. 여러 가지 경우에서 볼 때 근본적인 무질서를 발견하려는 시도는 피정자 자신을 준비시키는 데 반드시 필요한 자기 인식을 깊게 도출하지 못할 것이다.

근본적인 무질서라는 개념은 수십 년 전 극기 훈련에서 유행했다. 그때는 지도자가 피정자들에게 죄와 잘못의 모든 징후manifestation에서 근본 원인을 찾으라고 지시했다. 나는 사람들이 잘못과 죄를 짓는 근본 원인이 오직 하나라고 믿지 않는다.

근본적인 무질서라는 개념이 영신수련에는 없지만 무질서라는 개념은 있다. 일러두기[63]은 피정자에게 자신의 행동 뒤에 있는 무질서를 이해하기 위하여 기도하라고 요청한다. 피정자는 그렇게 기도하면서 비록 그런 행동을 엄격하게 금지하는 법이 없을지라도 무질서라는 관점에서 자신의 죄를 생각하라고 지시한 일러두기[57]로부터 무질서에 관한 실마리를 찾아낸다. 이러한 실마리는 무질서한 죄를 가리킨다.

무질서와 관련된 다른 실마리는 일러두기[16]에 있다. [16]은 무절제한 애착Inordinate Attachment을 의식하기 시작하는 피정자를 도와주는 방법을 당신에게 제시한다. 여기서 제시된 예는 뭔가 좋은 것에 대한 애착 뒤편에 있는 무질서를 분명히 언급한다. 그의 애착은 하느님의 사랑에서 비롯된 내적 움직임보다는 다른 것에 뿌리를 두고 있기에 무절제하다. 이것이 무절제한 애착으로 이루어진 무질서이다. 이냐시오에게는 하느님의 사랑에서 비롯되지 않은 모든 행위는 내포된 선택과 더불어 무질서하다[173], [174], [184].

영신수련은 모든 행위의 뿌리라고 생각하는 근본적인 무질서를 언급하지 않았다. 이 개념에 가장 가까운 생각은 가장 약한 부분을 공격하는 악한 적의 우두머리라는 이미지이다[327]. 고전 연극에 나오는 영웅들은 한 가지 결점 때문에 비통하게 나락으로 떨어진다. 또한 우리는 우리 자신과 서로의 경험으로부터 한 가지 약점에 들어있는 패턴이 다른 것들보다 우리를 더 지배하는 것을 너무나 자주 목격한다. 당신이 이 개념을 선호해서 사용하려면, 당신은 그 개념이 단순히 이해할 수 없는 악의 신비를 스스로 인식하면서 성장하도록 도움을 주려는 정신적 구조이거나 수단임을 깨달아야 한다. 오직 하나의 근본적인 무질서는 없다. 따라서 그것을 발견하려는 탐색 작전은 아무 소용이 없다. 피정자는 대부분의 자기 잘못이 교만에 뿌리를 두고 있음을 발견하고자 영신수련에 들어갈 필요가 없다! 기도 길잡이와 피정자가 기대해야 하는 것은 오직 하느님의 은총을 통하여 일어날 수 있는 일종의 감성적이고affective 자유로운 깨달음뿐이다.

상상 속의 두 피정자를 예로 들어 보자. 먼저 무척 실용적인 조는 자기 인식이 부족하다. 조는 한 주일 내내 탐색 작업을 했지만 여러 방면에서 실패했다. 그는 자신의 무질서한 행위와 죄 밑에는 교만이 있어야 한다는 결론을 내렸다. 그는 상당히 만족하면서 당신에게 와서 말하기를, "나는 마침내 나의 근본적인 무질서를 발견했습니다. 내가 하는 모든 것 밑에는 교만이 깔려있으므로 나는 자제할 필요가 있습니다!"

반면에 진은 준비 기간 시작부터 자신에 대해 알기 시작했다. 먼저 그녀는 다른 사람들에게는 문제가 되지 않는 사소한 일이 두려워서 움츠러드는 자신을 주목했다. 그리고 그녀는 일이 예상대로 되지 않을 때 두려워서 움츠러드는 자신을 발견했다. 그녀는 또한 언제 불안해지는

지와 그럴 때 많은 돈을 써 가며 불필요한 새 옷을 사는 것에 주목했다. 그녀는 여섯 살짜리 아이처럼 하고 싶은 것을 하지 못할 때 인형을 사재기했다. 그녀는 불안에서 벗어나고자 당장 불필요한 옷을 또 사는 자신이 철부지 어린애 같음을 지금 깨달았다. 기도 길잡이인 당신은 그녀가 자신의 위축과 불안 그리고 사재기로 작업하고 있다는 것을 알아챘다. 의심할 여지 없이, 그것의 일부분은 삶에 대해 개방적인 사람의 마음에서 자연스럽게 떠오른다. 어쩌면 그것이 너무 심리적일 수 있으나 지금은 괜찮다. 한편 그녀는 그렇게 반성하면서 하느님께 빛을 비춰달라고 계속 기도했다. 그녀는 하느님께서 그녀가 깨달은 일부분으로 요술을 부리고 결합하고 있을지도 모른다고 생각하고 있다. 그리고 그녀는 면담하며 다음과 같이 말했다. "지난주 하느님께서는 내게 무척 큰 사랑을 보여주셨습니다. 그러나 동시에 내가 하느님과… 남편 그리고 삶 자체를 전혀 믿지 않고 있다는 사실에 소름이 돋았습니다…!"

조종하고 자랑하려는 조의 '욕구'와 진의 '불신' 사이의 다른 점은 무엇일까? 조의 깨달음은 자신의 책상머리에서 뭔가를 생각하는 사람에게서 나온 것과 다르지 않다. 진의 깨달음은 하느님에게서 나온 것으로 보이는 감성적인 면이 있고 놀라운 내용이 담겨 있다. 후자에 속하는 깨달음은 그녀 삶의 다양한 측면을 건드린다. 그녀가 직관적으로 감지한 그것의 파급효과는 의미가 있다. 그녀가 발견한 내용은 심오하고, 그것과 더불어, 하느님이 현존하신다.

3. 피정자들이 일반적으로 체험하는 셋째 수련의 은총은 어떤 것인가? 셋째 수련의 은총은 '얼핏 보기에' 무엇처럼 보이는가?[18]

피정자들은 셋째 수련의 **은총**을 다양하게 체험한다. 그러나 거기에는 다음과 같은 몇 가지 공통점이 있다.

— 전체적으로 종합해 보면, 어떤 시점에서 거룩한 깨달음이 있다. 피정자는 그렇게 깨달으면서 자기 삶의 모든 활동에 침투하는 거미줄 같은 악을 체험한다. 그것이 그를 소름 끼치게 한다.

— 이 거룩한 깨달음은 의미심장한 한마디 말로 표현된다. 당신은 그 말에 담긴 정서적인 요소와 현존하시는 하느님 덕에 그 말을 인식한다. 피정자는 그 말로 다음과 같이 확실하게 깨닫는다.

• "나는 최근 몇 해 동안 너무 이기적이었다."
• "나는 늘 내 방식을 고집해야만 했다. 나는 결코 양보할 수 없었다. 이런 나를 모든 곳에서 볼 수 있다!"
• "나는 결코 진정으로 생명을 선물로 받아들인 적이 없다. 여러 해 동안 하느님을 잊고 지냈다…. 너무 오랫동안 내가 하는 모든 일에서 하느님께 원한을 품고 있었다."

— 동시에 피정자는 여전히 자신을 사랑하며 자기기만이라는 소름 끼치는 굴레에서 구원하시는 하느님을 체험한다.

— 피정자는 또한 지금껏 내내 보지 못했음에도 어느 정도 책임이 있다는 것을 종종 인식한다. 그는 자신이 실제로 이런 악과 공모했다는 사실을

인식한다!

— 희망이 솟는다.

피정자가 자신의 죄를 표현하면서 쓰는 낱말이나 구절이 뿌리이거나 근본적인 무질서일 필요가 없음을 주목하라. 그것은 그저 은총의 순간에 흘러나온 내적 인식에 대한 깊고 감성적인 은유이다. 머지않아 다른 시점에서 하느님께서는 피정자가 악으로 인식한 개인적인 체험과 선택의 주변을 맴도는 다른 낱말이나 구절을 드러내실지도 모른다. 그의 악한 현실은 여전히 신비롭게 남아 있다. 그러나 그는 이러한 깨달음을 통하여 그것을 내적으로 인식하게 되고, 적어도 지금은 그것의 영향에서 다소 벗어난다.

4. 당신은 피정자가 셋째 수련에서 유익을 얻지 못한 것으로 보일 때 어떻게 할 것인가?

나는 피정자가 앞의 기도에서 은총을 받았다고 추정하고 다음을 제안한다.

— 인내하고 기다리며 또 인내하라.
— 피정자가 성찰할 수 있게 해 달라고 기도하라. 하느님과 함께 다음을 기억하라.

• 앞에서 피정자가 직면했던 장애
• 지난 면담 때 떠올랐던 몇몇 핵심적인 깨달음

- 이른바 다시 표면에 떠오를 수도 있는 해결됐던 문제

— 그러한 은총을 받지 못한 피정자의 기분을 물어보고 세 개의 담화 때 기분을 나누라고 제안하라.
— 몇 가지 보속을 제안하라.
— 기도의 내용이나 방법을 바꿔라.
— 이 시점에서 은총을 받지 못할 수도 있는 피정자에게 지나치게 기대하지 마라.
— 일러두기[6], [7]과 [321]에서 [324]까지 주어진 조언을 따르라.

5. 당신은 피정자가 첫째 주간의 은총을 받지 못했다고 생각될지라도 피정자는 둘째 주간으로 들어가야 하는가?

이론에 따르면 당신은 적어도 피정자가 그러한 은총의 일부를 받지 않는 한 그를 앞으로 나아가게 하지 말 것이다. 그러나 나는 양성 수단instrument of formation으로 영신수련을 지도할 때 피정자를 2~3주 동안 붙잡아 두지 않는다. 그 이유는 그를 앞으로 나아가게 하는 것보다도 그가 붙잡혀서 생긴 혼란이 그에게 더 해로울 수도 있기 때문이다. 둘째는 그러한 은총을 받는 데 방해가 되는 장애blockage가 둘째 주간에서 떠오를지도 모르기 때문이다. 셋째는 장애가 어쩌면 당신과 피정자 사이의 장애와 관련이 있을 수도 있다. 아마도 두 사람 모두 지금 장애에 너무 가까이 있을 수도 있다. 이것은 숲을 보느라 나무를 못 보는 문제이다.

6. 어떤 보속이 첫째 주간에 도움이 되는가?

이냐시오는 일러두기[87]에서 영신수련 중의 세 가지 보속의 이유를 제시한다. 피정자가 원하는 은총이나 선물을 찾고 발견하려는 세 번째 이유가 가장 큰 의미가 있다. 보속은 어떤 것이라기보다는 몸짓이다. 그것은 또 다른 방식의 기도이다. 피정자는 외적인 방법인 보속을 통하여, 지금 마음을 열고 싶다고 자신과 하느님께 표현한다. 보속은 사랑을 방해하며 있을지도 모르는 장애물을 없애고 싶은 피정자의 마음을 표현하는 몸짓이다. 결코 그가 원하는 것을 얻고자 보속으로 하느님을 매수하려고 시도하지 않는 것이 중요하다. 그의 원의가 또 다른 장애물을 보낼 수도 있는데, 즉 찾고 있는 것을 획득할 수 있다는 생각이 또 다른 장애물이다.

선택할 수 있는 보속은 은총에 대한 피정자의 내적 열망과 의존성을 더 강력하게 상징한다.[19] 달리 말하면 피정자가 자랑하려는 보속보다 오로지 하느님께 상징적이고 작아 보이는 보속이 더 낫다! 플레밍이 언급했듯이 보속에 관한 결정은 때때로 기도 자세를 바꾸는 원칙에 따른다. 하느님의 은총이 피정자를 이끄는 가운데 계속 작동하고 있으면 피정자는 자세를 바꾸지 않는다. 특별한 때는 보속이 요구되는 것처럼 보이지만 다른 때는 보속이 피정자의 기도를 방해하는 잡음jarring note일 수도 있다.[20]

7. 셋째 수련에서 충격을 받은 것으로 보이는 피정자들에게 도움을 줄 자료와 방법은 무엇인가?

때로는 한 가지 수련 방법인 주님의 기도를 가르치는 것이 도움이 된다. 또한 피정자의 요구에 맞추어 세 개의 담화에서 다양한 성경 구절을 사용하는 것도 도움이 된다. 다음은 자신의 죄나 남의 죄로부터 오는 악한 영향을 다루는 몇 가지 예이다.

로마 7:14-25	내가 원하는 것을 할 수가 없다(무기력감 체험).
로마 5:1-11	그리스도께서 우리를 위해 돌아가셨을 때 우리는 여전히 나약했다.
루카 8:26-39	게라사의 마귀(외부의 힘에 사로잡힌 것으로서 죄를 체험).
루카 16:19-31	부자와 라자로.
루카 18:9-14	바리사이와 세리.
요한 4:5-42	예수님과 사마리아 여인.
2사무엘 11:1-12:14	다윗의 죄, 나탄의 우화(다윗은 자기 자신의 죄를 보지 않았다. 바로 당신이 그 사람이다.)
마르코 7:14-23	사람에게서 나오는 것이 사람을 더럽게 만든다. 악한 지향은 우리의 마음에서 솟아난다.

종종 피정자들은 죄를 숙고하기 전에 반드시 치유를 받아야 할 필요가 있다. 우리는 이 시대의 심리학 교육을 통해서 과거의 아픈 상처가 유의미한 기억을 방해하는 과정을 잘 알고 있다. 보통 기도 길잡이와 피정자가 동시에 방해물을 목격할 때, 피정자의 마음psyche은 하느님의 조명을 받기 위한 기억을 떠올리게 준비된다. 가장 중요한 법칙은 피정자가 기억을 계속 억압하면repress 방해물은 피정자에게 명백하게 드러나지

않는다는 것이다. 그러나 어떤 경우에는 이 중요한 법칙이 적용되지 않을 수도 있다. 그러므로 당신이 피정자가 치유 받는 쪽으로 안내하려 할 때 억압된 그의 기억은 여전히 떠오르지 않고 계속 저항이 일어날지도 모른다. 그런 상황에서 피정자는 앞으로 나아가는 것이 더 나을 것이다. 그 기억은 다른 흐름에서 나중에 떠오르거나 결코 떠오르지 않는다. **다음과 같은 가장 중요한 원칙을 명심하라.** '한 사람의 마음속 깊이 맺힌 **모든 것을 반드시 이 생애에서 다뤄야 할 필요는 없다!'** [21]

이 시점에서 종종 성경 구절에 맞추어 상상하라고 피정자에게 요청하는 것은 매우 도움이 된다. 당신은 유도 상상 기법guided imagery technique을 라자로의 소생에 맞춰서 사용할 수 있다(요한 11). 당신은 피정자에게 다음과 같이 무덤 속에서 라자로처럼 묶이는 것을 상상하라고 제안할 수도 있다.

"당신 자신이 라자로가 되어 무덤에 있다고 상상하십시오. 당신은 길고 하얀 천의 띠로 강하게 묶여 있습니다. 당신의 몸에 감긴 띠를 느껴보십시오. 각각의 띠는 당신을 영적으로 자유롭지 못하게 만드는 삶의 방식이거나 당신을 계속 묶고 있는 과거의 체험 방식을 나타냅니다. 그래요, 당신은 다른 사람의 죄로 말미암아 상처받았습니다. 그것과 함께하십시오. 부활한 주님인 예수님이 다가오며 눈물을 흘리고, 당신보고 나오라고 말씀하신다고 상상하십시오."

이렇게 안내된 상상은 해결해야 할 인생의 문제를 풀려는 피정자를 도와줄 수 있다. 그러나 오직 이 접근 방식이 도움이 될 것이라는 표정을 미리 보여준 사람에게만 사용하라. 당신이든 피정자든, 아직 다룰 준비가 안 된 사람의 억압된 무의식을 건드리지 말라는 신호를 주는 사람들에게는 이것을 사용하지 마라. 그런 의심이 들면 특정 부분에 맞추는 상상을 제안하지 마라.

덜 염려되고 종종 사용하기에 유용한 것은 복음 관상이다. 당신은 다음과 같이 앞에서처럼 특정한 부분에 집중하지 말고 상상으로 복음 사건에 들어가라고 피정자에게 간단히 제안하라.

"그리고 복음으로 상상하기 너무 어려우면 그냥 당신의 어려움과 어려움을 둘러싼 기분을 예수님께 말하십시오. 그러나 내가 당신이라면 억지로 상상하지는 않겠습니다. 거기에 머물도록 노력해 보십시오. 또는 적어도, 당신이 거기에 있었다면 어떤 일이 일어났을지 성찰해 보십시오."

이 접근법은 피정자가 노력하도록 이끌고, 넓고 다양한 가능성과 이 시점에서 오로지 깊은 곳으로 갈 수 있도록 준비하는 데 필요한 자유를 준다.

다음은 그러한 복음 관상의 효능을 보여주는 두 가지 예이다. 나는 너무 심하게 걱정하지 않으면서 상상력을 사용할 수 있는 피정자들을 예로 들겠다. 두 예는 모두 눈물로 예수님의 발을 씻은 죄 많은 여인의 이야기를 사용했다(루카 7:36-50).

첫 번째는 칼이다. 그는 지난 십 년간 교구에서 봉사활동을 잘했다. 그의 동료는 종종 그에게 교구의 프로그램에 들어가라고 권했다. 수년 동안 그는 본당 행사에서 성공적으로 일했고 존경도 받았다. 그는 기금을 모으고 기부도 했다. 그는 자만하지 않았다. 그는 잘 지내면서 너무나 행복하다고 느끼기 때문에 덜 유복한 사람들을 늘 도와줬다. 그는 도덕적인 사람이다. 그러나 그가 자신의 죄를 내적으로 인식하고자 기도했을 때 결과는 매우 밋밋했다. 그는 "젊었을 때 바람을 피운 것을 인정합니다. 그러나, 지금은 자주 음란한 생각 때문에 번민합니다. 제멋대로 행동하는 십 대 자녀들에게 화를 냅니다⋯. 정말로 그 이상의 심각한 죄를 짓지 않았다는 사실에 하느님께 감사드립니다!"라고 말했다. 지난주에 기도 길잡이는 그에게 죄 많은 여인의 이야기를 주고 복음 관상을 하라고 제안했다.

(칼: '칼', 길잡이: '길')

칼: 지난 두 주 동안 당신이 제시한 루카 복음으로 기도했습니다. 그 여인을 상대하시는 예수님을 존경하면서 많은 시간을 보냈습니다.

길: 그 여인에게서 감동을 받았군요⋯.

칼: 그래요. 그저⋯. 그 여인이 보여준 것만큼의 용기가 내게 있는지 정말 모르겠어요.

길: 그 일이 일어날 때 당신은 어디에 있었나요?

칼: 음, 거기에 있었어요.

길: 예, 그런데 방의 어디였나요? 구석진 곳인가요? 예수님 가까이 있었나요?

칼: 음⋯. 아니요⋯. 왜냐면 나는 손님 중의 하나였는데⋯. (긴 침묵)⋯. 그에게서 떨어져 식탁의 다른 편에 있었어요⋯. 그 여인은 한쪽 끝에 있었고 나는 다른 쪽 끝에 있었어요.

길: 시몬은 어쨌나요?

칼: 그 사람은 예수님과 이야기를 하고 있었어요···. 왜냐면··· 여인과 가까이 있었으니까(빠르게 말함).

길: 식탁의 반대편 끝에 있을 때 어떤 기분이었나요?···. (긴 침묵)

칼: 그것에 그리 마음을 쓰지 않았어요.

길: 사랑을 느꼈나요, 혹은?··· 평화로웠나요?··· 불안했나요? ··· 혼란스러웠나요?

칼: 약간 두려웠어요. 내 생각에는···. 그 여인은 내가 갖지 않은 뭔가를 갖고 있었지요.

길: 그녀의 태도가 당신에게 익숙하지 않았군요.

칼: 그래요···. 그리고··· 내가 일종의··· 마치 바리사이가 된 것처럼··· 당혹했어요.

그래서 길잡이와 칼은 스스로 정의롭고 천국에 들어가는 길을 스스로 얻을 수 있다고 생각하는 좋은 사람의 삶에 대해 논의하며 대화를 나누었다. 이것과 함께 기도 길잡이는 피정자의 삶에서 하느님의 사랑을 방해하는 숨겨진 무질서한 경향에 대한 내적 인식을 청할 것을 제시하면서 세 개의 담화가 포함된 기도를 하라고 권하며 그를 돌려보냈다.

수잔도 비슷한 경우를 보여준다. 그녀는 자신이 죄인이라는 사실을 진정으로 인정하기 어려웠다. 그녀의 지역 사람들은 우먼 어글로우Women Aglow의 회장이었던 그녀에게 새로운 라르쉬L'Arche 공동체 설립에 참여해 줄 것을 공공연히 자주 언급했다. 그녀가 루카 복음의 같은 구절로 기도하면서 일어난 것을 자세히 이야기했을 때, 기도 길잡이는 그녀가 어느 정도 그 사건에 참여했으나 방의 한쪽 구석에서 바라보고 있었음을 주목했다. 면담 초에 그녀는 그 주 내내 매우 초조했다고 말했다. 이것은 그녀에게 흔한 일이 아니다. 그녀는 스트레스를 받는 경우를 빼고는 누구에게나 쉽사리 침착하고 예의 바르며 신중하다고 생각한다. 길잡이는 마침내 다음과 같이 질문하며 고찰하기 시작했다.

(길잡이: '길', 수잔: '수')

길: 그렇지만 당신은 그 죄 많은 여인과 함께 무릎을 꿇거나 그녀에게 자리를 양보해달라고 부탁해보지 그랬어요?

수: 하지만 내가 왜 그래야 하지요? … 나는 그 여자와 같지 않아요!

길: 그러나 당신은 수년 동안 그녀와 같은 수많은 사람을 도와주었어요…. 그녀에 대해 어떤 기분이 들었나요?

수: 음, 나는 그녀가 자기 죄를 몹시 후회하는 것을 알았어요.

길: 그녀는 마땅히 그래야만 하겠지요. 그녀에 대해서 어떤 기분이 들었나요?

수: 나는… (다소 혼란하고 조금 방어하고 있음) … 음, 내 생각에는 모르겠어요.

길: 그것을 한번 잘 살펴봅시다…. 잠시 멈추고 그것을 잘 살펴봅시다. 거기에 서서 바라보면서 당신이 그 여자와 같지 않다는 것을 알았을 때 어떤 기분이었나요?

수: (좀 길게 침묵한 뒤)…. 음, 내가 보기에는 그것에 대해 조금 알 것 같아요. 아마 어색했을지도 모르죠. 그녀는 내 도움이 필요하지 않았어요…. 나는 그녀에게 미안했어요.

길: 당신은 그녀에게 어색하고 미안했군요…. 당신이 라르쉬 공동체에 있는 사람들에게 느낀 것과 같나요?… 어쩌면 동정심이 었나요?

수: 정말 모르겠어요…. 아네요, 동정은 아니었어요…(이 시점에
    서 기도 길잡이는 수잔에게 루카 복음 7장을 반복하라고 제안
    했다).

길: 당신의 어색한 기분을 기도 속으로 다시 가져가서 그것을 느껴
    보기를 바랍니다. 다 됐다는 기분을 느낄 때까지 거기서 기다
    리세요. 수련하면서 계속 세 개의 담화를 하기 바랍니다(다음
    주에 수잔은 환하게 웃으며 왔다).

수: 아시다시피 나는 지금 두 주 동안 무언가와 씨름을 했어요.
    내가 보기에 당신은 그것을 내내 알아챘어요. 반복하면서 그것
    이 떠올랐지요. 나는 그들을 원하지 않는다고 당신에게 말하지
    않았지요…. 사실 나는 내가 친절하게 대하는 사람들을 깔보
    고 경멸해요! 내 동료가 나와 함께 일하기 쉽지 않다고 느껴도
    놀랍지 않아요. 나는 전혀 동정하지 않아요…. 나는 모든 것에
    서 언제나 매우 독선적이었어요…. 나는 울부짖었어요…. 그
    리고 예수님께 용서해달라고 청했어요. 성모 마리아에게도
    용서를 청했어요. 이제 세 개의 담화가 훨씬 쉬워졌어요!

8. 첫째 주간의 은총을 방해하는 문제는 대부분 어떤 것인가?

첫째 주간 동안에 피정자의 어려움 뒤에 있는 대부분의 문제는 한계와 의존 그리고 삶을 조종하는 문제 등과 같은 타고난 조건을 받아들이기를 거부하는 몇몇 양상과 관련이 있다. 대부분의 문제는 그 형태가 수없이 많지만 하느님이 하느님 되시는 것을 방해하고 삶을 신비에서 문제로 축소시키는 데 있다. 힘들어하는 피정자를 이해하려면 다음과 같이 스스로 질문을 하라.

a) 피정자 안에서 거짓된 신학적 전제assumption가 작용하는가? 이 질문은 다음과 같은 문제를 떠올릴 수 있다.

- 피정자는 자신의 죄를 인정하면 그것 때문에 스스로 무가치하다고 추정한다.
- 그는 자신이 의도적으로 행동할 때만 악한 환경에 협조한다고 추정한다.
- 그는 사랑받거나 용서받으려면 자신을 고칠 필요가 있다고 추정한다.
- 그는 현재의 삶에 책임을 지고 지금 자신의 죄를 인정해야만 한다면 그런 죄를 짓게 만든 상처가 없는 것처럼 가장해야 한다고 추정한다.
- 그는 습관적으로 자신을 배반하는 누군가를 용서해야만 한다면 그 사람을 다시 믿어야 하고 다시는 배신당하지 않을 것처럼 가장해야 한다고 추정한다.

b) 피정자는 자신의 삶과 하느님, 기도 길잡이인 나, 친구들을 어떻게

조종하는가? 이 질문은 다음과 같이 피정자의 조종 체계에 있는 것을 깨닫게 한다.

— 그는 정보를 조심스럽게 조종하고 모호한 것을 무시하면서 삶의 어려움을 다루고 있다. 그는 자신의 체험에 대한 진짜 기분을 인정하지 않으면서 삶에서 발생하는 사건을 조종하려고 애쓴다.
— 그는 오로지 느끼기에 '적절한' 것만을 느낀다. 그는 하느님과 계약을 맺으며 산다.
— 그는 일을 아주 자세히 설명한다. 그는 거절당할까 봐 너무 두려워서 시간이 지나도 끝없이 설명한다. 다음은 그가 조종하는 방식이다. 그는 무언가를 완벽하게 설명하면서 사람들을 만족시키고 책임지지 않아도 되거나 무능하다는 기분에서 벗어나려고 한다.

당신이 삶을 조종하는 피정자의 방식을 알려면, 지금까지 관찰한 자존심을 유지하는 그의 방식과 끊임없이 반복되는 이미지 또는 말마디 그리고 이러한 그의 성격이 기도에서 장애물을 만드는 방식을 고려할 필요가 있을 것이다. 당신은 피정자가 살면서 방어하는 방식에 주목하면서, 당신의 문제를 피정자에게 투사하지 않도록 자유로워지는 것이 중요하다. 달리 말하면 당신은 죄의식 밑에 있는 자신의 문제에 따라서 피정자의 체험을 해석하지 않을 필요가 있다. 단지 당신에게 치유가 필요하다고 해도 피정자가 치유 받을 필요는 없다. 단지 화 또는 정서적 학대가 우연히 당신의 과거 체험을 생각하는 방식이 되었다고 해도 피정자가 화 또는 학대를 받아들일 필요는 없다. 단지 당신이 살면서 느낌을 습관적으로 부정했다고 해도 피정자가 느낌을 부정하고 있는 것이 아니다. 자신의 모습에 더 분명하게 집중하라는 요청이 당신에게 도움이 되었다고 해도 그런 요청이 피정자에게 유익하지 않을 것이다. 당신은 영신수련 여정에서 도움을 받았던 '영적 치료법therapy'에서 벗어날 필요가 있다.[22]

9. 피정자가 둘째 주간에 들어갈 준비가 되어 있다는 조짐은 어떤 것인가?

피정자가 다음의 두 개 또는 그 이상의 '전형적인' 체험을 하면 둘째 주간에 들어갈 준비가 된 것이다.

— 하느님의 받아주심과 자비를 깊게 체험
— 자신의 은인을 더 알고 싶음
— 하느님께서 부르시는 어떤 방법으로도 기꺼이 섬길 마음으로 감사드림
— 자신을 바라보면서 고통을 체험
— 약한 자신 안에서 느끼는 평화
— 예수님을 직접 그리고 구원자로 체험
— 이냐시오가 제시하는 은총을 체험
— 예수님의 권능 없이 아무것도 할 수 없음을 깊이 깨달으면서 죄 앞에서 한없이 나약한 자신을 체험
— 자신의 굳은 마음 어느 정도 인식
— 자유를 깊이 체험
— 마음에서 우러나는 기도를 하고 있고 관상적인 태도가 분명해짐
— 훨씬 정직해지고 단순해짐

10. 당신은 기도 자료 9번을 어떻게 소개할 것인가?

　종종 피정자들은 다섯째 수련으로 기도하면서 저항을 느끼고 기도 길잡이들은 중세의 비유라는 이유로 다섯째 수련 주기를 망설인다. "울부짖고 이를 간다…, 영원한 불…화염"과 같다는 다섯째 수련의 비유는 성경의 이야기임을 기억하라. 우리는 성경의 다른 이미지로 상상하라고 피정자들에게 요청하면서 왜 피정자에게 그와 같은 성경의 표현을 사용하라고 요청하지 말아야 하는가. 꽤 오래전에 지옥의 존재를 곧이곧대로 믿으면서 지옥에 떨어질까 두려워하는 피정자는 다섯째 수련을 시작하기 어려웠다. 영원히 버려질 수 있다는 사실을 믿지 않는 현대의 문화는 피정자와 당신 모두에게 걸림돌이다.

　언제나 다섯째 수련은 하느님의 믿음직한 보호와 친절에 관한 수련임을 기억하라. 그것은 일러두기[71]의 마지막 문구에 다음과 같이 아름답게 표현되어 있다. 즉, "나는 또한 이렇게 해 주신 하느님께 감사드린다. 그리고 하느님께서 바로 이 순간까지 나를 무척 사랑하고 직접 자비를 베풀어 주신 것에 감사드린다." 이냐시오가 언급하는 사랑스러운 자비는 마치 하느님께서 불기둥 가운데 이스라엘 백성을 이집트에서 이끌며 보호한 것과 같다. 이 수련은 피정자 자신이 '어디에서 구원되었는지'를 이해하도록 피정자를 준비시킨다. 당신은 하느님께서 변함없이 돌보셨다는 것을 충분히 이해하는 피정자를 기대한다.[20] 우리는 피정자가 사랑받으며 계속 성장하는 것뿐만 아니라 의식적으로 선택하며 하느님 나라의 건설에 다른 이들과 함께 책임지고 협력해야 하는 모든 면에서 상상을 넘어서 하느님이 필요함을 깨닫게 되기를 바란다.

　앞선 주간에서 피정자의 f)요점 체험을 듣고 기도 자료에 대한 피정자의 기분을 주목한 후 기도 자료 9번을 소개하라. 그는 불안한가? 기꺼운가? 부드러운가? 회피하는가? 두려워하는가? 오해하는가? 피정자에게 필요한 부분을 도와줘라. 때로는 피정자가 직면하는 어려움은 기대했던 은총에 대한 전형적 전조 증상으로써 도움을 주는 영적 황폐일지도 모른다. 때로는 이러한 어려움은 쉽게 풀릴 수 있는 단순한 오해에서 비롯된 쓸모없는 영적 황폐이다. 다음은 기도 길잡이가 설명해 줄 수 있는 몇 가지 유익한 예이다.

— 다섯째 수련은 사실 하느님의 자비에 대한 수련이다.
— 로마 교회는 실제로 누가 지옥에 갔다고 가르친 적이 없다.
— 하느님에게서 영원히 멀어지는 것이 정말로 가능하다는 사실이 요점이다.
— 노흐위치의 줄리앙Julian of Norwith은 마치 손바닥에 놓인 개암나무 열매와 같이 자신을 하느님의 자비로 이루어진 작은 덩어리라고 종종 생각했다. 하느님의 사랑이 확장된 것이 당신이다.
— 하느님은 당신을 영원히 멀어질 수 있는 곳으로부터 바로 지금 구원하신다. 지금 당신은 살아있다. 지금 당신은 당신 죄의 관성으로부터 구원되고 있다!

그리고 나서 당신은 이 수련의 대안으로 다음을 제안할 수도 있다.

"지난주에 우리가 논의했던 당신의 무질서 중 하나를 택하십시오. 예를 들면, 그것은 당신이 잊고 있었던 형에 대한 분노 밑에 숨겨져 있습니다. 분노가 동료 직원들에 대한 당신의 반응이나 그들과 관련된 결정에 끼친 영향을 발견했던 것을 기억하십시오. 당신이 그것에 대해 이야기했던 것을 기억합니까?… 그러면, 당신의 분노를 바로잡지 않고 그냥 커지도록 두었다면 지금 무슨 일이 일어났을까요? 당신은 계속 자신을 괴롭히는 그 사건을 알고 있습니다. 직장 동료가 그것을 다르게 받아들인다면 어떻게 될까요? 그리고 당신이 그에게 대항한다면 그 결과는 어떻게 될까요? 지금 그것을 다음과 같이 음미해 보세요. (잠시 침묵) 그 행동의 냄새를 맡아보거나 맛보세요. (잠시 침묵) 숨겨진 분노를 드러내고 그것이 점점 더 악화되게 버려둔다면 무슨 일이 일어날지 상상해 보세요. 이제 그것을 들어 보세요. (잠시 침묵) 그것의 냄새를 맡아 보세요. (잠시 침묵) 그것을 맛보세요. (잠시 침묵) 이제 당신은 상상의 지옥에 있습니다. 하느님께서 지금 당신을 그 지옥에서 구하셨습니다!"[24]

기도 자료 9번의 d)를 넷째 수련으로 제시하라. 다양한 지도자들이 넷째 수련을 다양하게 생각한다. 여기서 주어지는 d)는 넷째 수련에 대한 다양한 접근법 중의 하나이다.[25] 어떤 지도자들은 이 수련을 전혀 제시하지 않는다. 다른 지도자들은 넷째 수련과 셋째 수련 사이에서 아주 작은 차이점을 찾아낸다. 또 다른 지도자들은 피정자가 소위 숨 고르기와 같은 여유가 필요하다고 느끼는 정서적인 체험을 할 때만 그 수련을 사용한다.

성숙한 사람들은 스스로 매우 격하게 반응할 때, 흥분된 상황으로부터 어느 정도 거리를 두고 일어난 일을 이해하고 판단하기 위한 기술을 적절하게 사용한다.

11. 피정자가 둘째 주간으로 들어갈 준비가 안 되었을 때 당신은 첫째 주간을 어떻게 연장하겠는가?

다음은 몇 가지 제안이다.

— 질문 7번의 제안을 다시 읽어라.
— 기도 자료 9번을 다시 줘라.
— 성경의 수난사 몇 개를 선택하라.
— 지금까지 제시한 기도 자료의 추가 독서에서 적절한 성경 구절 몇 개를 선택하라.

12. 피정자가 첫째 주간이 거의 끝났고 어쩌면 다음 면담 전에 끝나는 전환기에 있다고 당신이 판단했다면 첫째 주간의 기도 자료를 어떻게 연장하겠는가?

'착한 목자'와 '생명의 빵'이라는 예수님의 이미지를 전해주는 성경 구절이 도움을 준다. 다음 예는 첫째 주간과 둘째 주간 모두와 조화를 이루는 주제로서 착한 목자와 생명의 빵 또는 다른 주제이다.

요한 10	나는 착한 목자다.
시편 23	하느님은 나의 목자이며 은혜로운 주인이시다.
시편 121	하느님은 나의 안내자시며 보호자시다.
에제 34	하느님은 목자로서 손수 이끄실 것이다.
요한 21:15-19	내 양들을 돌보라.
요한 6	나는 생명의 빵이다.

요한 13:1-9	세족례.
시편 103	하느님의 친절과 자비.
에페 1-3장	모든 역사 안에서 구원하시는 하느님의 사랑.
요한 1:29-34	내 은인이신 하느님의 어린양을 보라.
요한 8:12	나는 세상의 빛이다.
요한 12:31-36	내가 들려 오르면, 모든 사람을 나에게 이끌어 들일 것이다.
요한 15:1-17	나는 포도나무요 너희는 가지다…. 너희가 나를 택하지 않고 내가 너희를 택하였다.

〈영신수련 첫째 주간〉 미주

1) "그것이 오리처럼 걷고, 오리처럼 꽥꽥거리고, 오리처럼 날면, 오리라고 불러라!" 이것에 대해 조셉 머카들Joseph McArdle, S. J.에게 감사한다). "가렵지 않은 곳을 긁지 마라!" (이것에 대해 존 헤일리John Haley에게 감사한다).

2) 이 피정자들은 기본적으로 일러두기[314]의 상태보다 덜 심각한 상태에 있기 때문에 자신들의 죄에 관심이 적을 수 있는 사람들이다. 일러두기[314]에 나오는 유혹을 받는 사람들은 이냐시오가 일러두기[9]에서 드러나게 심한 유혹이라고 부르는 것보다 더 '심각한 상태에 있다'.

3) 일반적으로 드러나게 심하고, 뻔뻔하며, 명백한 유혹과 이냐시오가 말하는 '드러나게 심한 유혹'이 서로 다르다는 점을 반드시 주목하라. 일러두기[9]를 다시 읽어보고 그가 제시하는 것을 주목하라. 그것은 공금 횡령·살인·남을 학대하기·난잡한 성행위·타인에 대한 인간적 배려 거부 등과 같은 유혹이 아니다. 『영혼의 길잡이 3』의 29장 175쪽의 '영들을 식별하는 규칙'을 참조하라.

4) 나는 피정자가 몇 차례 면담을 하면 영신수련의 기도 체험에서 일어났던 것을 차례로 표현할 수 있을 것으로 기대한다. 이것이 둘째 주간의 시작에서 점점 더 중요해지는 것은 이런 실습이 당신과 모두에게 결정을 내리는 과정에서 중요한 영들의 움직임을 이해하는 방법을 알려주기 때문이다.

영적인 움직임은 단순히 시간의 흐름에 따른 반응이 아니다. 영적이고 심리적인 반응은 발전되고 앞뒤로 오가며 더 크게 일어난다. 그래서 종종 피정자는 움직임 자체보다 움직임의 결과(움직임이 일어난 뒤에 나온 결론이나 생각)를 이야기하는 경향이 있다. 피정자는 자신들이 가장 중요하다고 여기는 체험을 먼저 이야기할 것이고 그 체험의 앞뒤에서 일어난 것에 아주 조금밖에 관심을 두지 않을 것이다. 어떤 이들은 가장 최근에 체험한 것만을 이야기할 것이다. 따라서 그들이 유의미한 내적인 움직임이 최근의 현상에까지 이어질 수도 있다는 것을 이해하려면 좀 더 긴 시간이 필요하다.

5) 영적 황폐를 체험하는 것은 [7], [10], [13], [16], [322], [327] 등과 같은 일러두기에서 보여주는 것처럼 다양한 뜻을 지닐 수 있다.

6) 로마 가톨릭 피정자는 화해 성사를 받고자 그렇게 하고 싶을 수도 있다.

7) 윌리엄 배리, S. J.의, "영신수련 첫째 주간과 둘째 주간 체험," Review for Religious, vol. 32 (1973), 102-109쪽. 회심 주기에 관한 내용에서 이와 같은 모델이 표현된 것을 보려면, 『영혼의 길잡이 3』 32장의 287쪽 "영신수련 첫째 주간의 회심"을 참조하라.

8) 『영혼의 길잡이 3』 235쪽 30장의 '영신수련을 이해하고 사용하는 다양한 관점'을 참조하라.

9) 1969년에 독창적이고 매우 유익한 이 통찰을 전해준 퍼틴 로말로Petin Romallo,

S. J.에게 감사한다.

10) 축소 행위는 다음과 같은 다양한 측면에서 일어난다. 농담, 반복해서 뉴스 보기, 사람들의 사생활을 폭로하는 잡담 프로그램, 소문 기고란 등이다. 반면에 대중매체는 또한 지도자들의 공정성에 대한 공적인 기대치를 높였다.

11) 인간관계 이론에서 보면, 당신은 피정자들의 표현에 반응하고 명료하게 만들다가 그들의 표현 이면에 있는 의미를 주목하는 쪽으로 돕는다.

12) 나는 그런 이유로 반복을 바로 첫 번째 기도 자료에 배치했다.

13) 세 개의 담화를 권장하는 일러두기[63], [147], [156], [167], [199]를 서로 비교해 보라.

14) 세속은 더 분명하고 때로는 더 희미하고 다양하게 우리에게 영향을 준다. 당연히, '세속world'이라는 단어는 탐욕, 경쟁, 물질주의, 일 중독 그리고 물질을 소유하고 싶은 지나친 열망을 지칭한다. 더 엄밀히 말하면, '세속은 하느님의 말씀을 듣는 태도에 편견을 갖는 문화의 영향과 그것에 따라서 행동하도록 선택하는 방법을 내포한다. 세속은 사고방식mind-sets과 정신 구조mental structures 속에 우리를 가둔다. 이어서 사고방식과 정신 구조는 사회 경제 구조가 은총에 반응하지 못하게 방해하는 방법을 지배한다. 이것은 악한 고리vicious circle이다. 우리는 정신 구조를 사용하여 사고와 선택에 영향을 주는 제도를 지지하는 선택을 한다. 피정자는 그럴 수 있음을 오직 양심으로 미리 깨달을 때만 숨겨진 무질서한 경향에 끼치는 '세속의 영향을 깨닫는다. 피정자가 이것을 이해하는 것이 중요하다. 오직 그때 하느님의 말씀이 피정자에게 더 크게 영향을 줄 수 있다. 교육과 문화적 각성이 영신수련 여정 이전에 진행될 때 돌파구는 더 깊은 단계에서 쉽게 발견된다. 당신은 피정자의 기도 체험에서 떠오르는 암시와 징후에 집중하고 피정자가 그것을 주목하도록 돕는다. 어쩌면 이것은 피정자의 세계관에 대한 하느님의 도전일 수 있다.

15) 피정자가 자신의 배우자나 아이들, 친한 친구에게 자신의 잘못을 열거하라고 부탁한다면 재미있는 결과가 나올 것이다.

16) 때때로 에니어그램과 같은 수단은 사적이고 공적인 선택에 영향을 주는 충동적인 성격의 패턴을 깊이 인식시키는 대화에 도움을 줄 수 있다. 다음의 예를 참고하라.

— 에니어그램 2번과 같이 자신의 욕구를 무시하고자 다른 사람의 욕구를 돌보는 경향.

— 에니어그램 3번과 같이 성공을 좇으며 실패를 회피하는 충동.

— 에니어그램 4번과 같이 자신의 독특함에 빠지려는 충동.

어떤 패턴에 붙인 이름은 피정자가 그 패턴과 관련된 더 모호한 양상aspect을 결부시켜 생각하도록 도와줄 수 있다. 그것은 모든 양상을 근본적인 무질서로 보는 접근법basic-disorder approach의 변종과 가짜 심리학이 주장하는 하나의 원인이나 뿌리로만 생각하지 않도록 피정자를 도와주면서 생각하는 방법을 제공할 수 있다.

17) 알코올 중독자이며 미성숙한 짐 아코아라는 가상의 인물을 예로 들어보자. 그는 과도하게 책임지고 다른 사람의 필요에 너무 마음을 쓰는 쪽으로 사회생활을 배웠다.

그는 지나치게 일하는 경향이 있다. 그는 부정적인 인생체험을 다소 심각하게 이야기한다. 그는 무척 익살스럽다. 그는 사람들과의 관계를 상처, 고통 그리고 좌절로 인식한다. 그는 성찰한 자신의 체험 대부분을 과장한다. 그는 함께 일하는 사람이 자신과 다른 견해를 드러내면 너무 개인적으로 받아들이고 방어적이 된다. 이러한 행위의 바탕에는 실패에 대한 두려움이 있다. 짐은 알코올 중독자인 어머니에게서 학대받은 방식으로 남한테 학대받지 않기 위해서 좋은 사람이 될 필요가 있었다.

짐 아코아는 원 가족family of origin에 뿌리를 둔 역사적 작용historical dynamics을 심리적으로 어느 정도 알고 있다. 그는 12단계 모임과 때때로 상담을 통해서 자신을 구체적으로 알게 되었다. 그는 자신의 분노를 알고 있고 자신의 감정을 언제나 알지 못한다는 것도 알고 있다. 그는 지나치게 일하려는 욕구를 충분히 이해하지 못하고 있다. 그가 언제나 다른 사람들에게 인정을 받으려고 하는 자신을 거의 알아채지 못한다는 것이 더 중요하다. 그는 다른 사람과 대화를 할 때마다 관심을 자신에게 둔다.

짐 아코아는 공적이든 사적이든 선택을 할 때 자신이 관심의 중심이 되어야 한다고 주장한다는 것을 깨닫지 못한다. 그는 무대의 주인공이 되어야만 한다. 그는 다른 사람들을 인정하기 몹시 어려워한다. 이런 경향은 그가 다른 사람과 함께 협력해서 일하는 것을 방해했다. 그는 자신의 감정과 욕구를 아내와 아이들의 감정과 욕구보다 먼저 생각해야만 했다.

그는 팀에 소속되어 자원봉사들과 함께 일하는 직장을 구하는 문제를 가지고 영신수련을 시작했다.

우리가 짐 아코아에게 오직 교만을 주된 죄를 삼아서 조명을 받기 위해 기도를 하라면, 그는 나중에 영신수련 여정에서 직업 선택에 영향을 줄 숨겨진 무질서한 경향을 이해하는 데 거의 도움을 받지 못할지도 모른다.

18) 이 구절뿐만 아니라 영신수련의 흐름을 이해하는 데 많은 도움을 준 조지 슈맬George Schemel, S. J.에게 감사한다.

19) 당신의 몇 가지 제안이 어쩌면 피정자에게 필요한 모든 것이고 피정자는 알맞은 보속을 찾아낼 것이다. 당신은 양로원을 방문하기, 이웃 노인들의 집 앞 눈 치워주기, 주간 신문의 편집을 읽거나 읽지 않기 등을 그에게 제안할 수 있다. 로마 가톨릭 피정자에게는 두 팔을 벌리고 무릎을 꿇은 채 바치는 묵주기도 10단까지 제시할 수도 있다.

20) 데이빗 플레밍David Fleming, S. J.의 책 *Draw Me into Your Friendship*의 75쪽.

21) 미르마Myrna M. *Small, Mystery, Psychology and Common Sense* (Guelph, Amdeo Press, 1991), 35쪽.

22) 때때로 어떤 기도 길잡이는 피정자의 방어 기제에 집중하고 마치 개가 뼈다귀를 씹거나 적외선 미사일이 목표물을 찾는 것과 같이 그것을 다룬다. 그러한 접근법은 즉전이나 역전이를 일으켜서 해로울 수 있다. 우리는 다음과 같은 낡은 문구를 언제나 기억해야 한다. 우리에게 가장 잘 보이는 것이 그에게는 가장 작게 보인다! 나는 심리적인 측면에서 보면 우리 삶에서 다루기 가장 싫은 것들이 남들에게는 매우 분명하게 보인다고 믿고

있다.

예수님은 네 이웃의 눈에서 티끌을 꺼내려고 하는 것과 너 자신의 눈에서 들보를 보지 못하는 것에 관해 중요한 것을 말했다! 문제를 그냥 내버려 두고 피정자가 스스로 깨달은 모범model과 다루는 사안agenda에 더 주의를 기울이며 문제를 다루는 것이 언제나 더 안전한 접근법이다. 방어기제와 관련되어 분명히 감지된 것이 피정자의 기도에 떠올라도 그가 아직 방어기제를 다룰 준비가 되지 않았다면, 그것을 피할 수 있게 피정자에게 자유를 주는 영적인 관점perspective을 제시하는 것이 언제나 중요하다.

23) 나는 피정자가 스스로 지옥을 두려워하도록 만드는 것이 다섯째 수련의 의도라고 믿지 않는다. 지옥의 고통을 기억하는 은총 이면의 문제는 일러두기[65]에 표현된 것으로 로마 가톨릭 전통 교리에서 '불완전 통회와 완전한 통회' 사이의 차이를 상기시켜 준다. 나는 이냐시오가 이 수련을 일러두기[18]과 다른 방식에서 표현한 예를 들면, 교리 교습, 그리스도교 근본 메시지로 복음 전하기, 특별한 신앙 부흥을 위한 설교라는 다양한 방법으로 진행시키고자 불완전 통회와 완전한 통회라는 은총을 함께 묶었다고 생각한다.

라틴어판 영신수련 본문을 보면 첫째 주간에서 도움을 줄 수 있는 죄로 말미암은 죽음과 벌에 관한 더 깊은 묵상을 제시하는 주note가 일러두기[71]에 첨가되었다. 그러나 이 주는 [19]와 [20]을 따르는 피정자에게 첫째 주간 끝의 대화 전에 하는 수련의 마지막 문장에 잘 표현된 것으로서 기대되는 은총을 받으려는 내적 역동의 발생에 적합하지 않다. 그것은 개종시키고 설교하는 상황에 맞을지도 모른다. 첨가 설명도 내게는 이냐시오가 첫째 주간 본문이 다양한 환경에서 다르게 요청하는 사람들에게 사용될 것을 예상했던 방법의 예로 보인다.

24) 이 예를 발전시키도록 도와준 존 레사지John E. LeSarge에게 감사한다.

25) 넷째 수련에 대한 다양한 접근법은 『영혼의 길잡이 1』의 199쪽에 있다.

영신수련
둘째 주간

지금부터 나는 다르게 해설할 것이다. 피정자들은 영신수련의 이 시점에 도착하면 준비 단계나 영신수련 후반부보다 훨씬 더 각자 움직이기 시작한다. 다음은 그것을 설명하는 데 도움을 줄 것이다.

사람들은 북미의 국립공원 안내소의 출발지점으로 이끄는 문을 통하여 더 마음에 드는 곳으로 들어간다. 커다란 공원은 방문자들을 위해 이곳에 중앙 전시관을 설치하기도 한다. 전시관의 안내문은 주차장, 소풍 장소, 화장실, 전화, 산책로 그리고 다른 경관을 소개한다.

보통 따로 난 몇 가지 길이 걷고 싶은 사람들에게 제시된다. 어떤 길은 똑바르고 한가하다. 다른 길은 다양한 지형의 주변을 감돈다. 어떤 길은 높은 강둑을 접하면서 빽빽한 숲 근처를 통과하는 더 큰 도전을 제시한다. 어떤 길은 큰 동굴로 사람들을 이끌 수도 있다.

어떤 길은 중간 지점을 지나면 흥미로운 경치가 펼쳐진다. 이 지점을 지나서 사람들이 공원을 돌아 나올 즈음에는 길의 숫자가 점점 줄어들면서 여정을 시작했던 곳에 꽤 가까워진다. 이처럼 영신수련 여정은 국립공원을 통과하는 것과 같다.

둘째 주간은 사람들의 취향에 부합하는 경관으로 이어지는 길로 이루어진 공원과 같다. 둘째 주간이 끝나고 셋째 주간과 넷째 주간으로 움직일 때 영신수련은 공원의 마지막 부분과 같아진다. 사랑을 얻기 위한 관상은 출입구 가까운 곳으로 돌아오는 길과 같다.

지금까지 구체적인 해설이 담긴 각각의 장은 하나의 기도 묶음과 일치했다. 나는 그간 구체적으로 해설했지만, 지금부터는 방식을 달리했다. 이제 각각의 장은 해당 주제에 제시된 기도 자료를 다뤘다. 그 후 나는 새로운 기도 자료와 어울릴 것 같은 요점을 해설했고 그 기도 자료와 전반적인 내용을 사각형 안에 넣었다.

10장
그리스도 나라에 대한 몇 가지 관점

　　그리스도 나라에 대한 다양한 관점과 둘째 주간은 서로 영향을 주고받는다. 때때로 그리스도 나라에 대한 관점은 영신수련 본문 전반을 이해하고 이냐시오 영성을 현재의 문화에 적용하려는 우리에게 영향을 준다.

　　그리스도 나라는 일러두기[20]을 따르는 침묵 피정에서 첫째 주간이 끝나고 둘째 주간이 시작되기 바로 전의 휴식을 위한 묵상 자료였다. 어떤 해설가와 영신수련 지도자들은 이 수련을 나머지 영신수련 여정을 위한 원리와 기초로 이해한다. 원리와 기초가 전체 영신수련 여정에 관련되듯이, 그리스도 나라는 이 시점에서부터 이어지는 모든 수련과 관련된다. 그리스도 나라는 선택과 결정 과정에 연결되는데, 선택과 결정은 영신수련 본문의 관점을 이해하는 데 매우 중요하다. 그리스도 나라는 예수님을 따르라는 부름에 응답이라는 주제를 다룬 둘째 주간의 핵심이다.

　　영신수련 여정의 이 시점에서 그리스도 나라는 피정자의 내적 열망을 비춰 주기 위한 거울이 되어야 한다. 그리스도 나라는 그 자체로 피정자의 관대함을 점검하는 소리굽쇠로 작용할 수 있다. 그것은 영신수련 전체를 아울러 마치 곡 전체를 통하여 계속 되풀이되는 주선율이 될 수도 있다. 피정자가 지금까지 죄를 깊이 슬퍼하고 자기 마음의 파괴적인 힘에서 자신을 구원하신 하느님의 넘치는 사랑을 깊이 체험했을 것으로 예상된다. 피정자도 이냐시오처럼 섬기려는 강한 열망 때문에 감사드리거나 관대해질 것으로 예상된다.

당신이 특정한 관점으로 영신수련 본문을 고찰하고 특정한 유형의 피정자들의 체험을 회상할 때 그런 예상이 적절할 수도 있다. 다음의 다양한 관점은 그런 통찰의 타당성을 입증한다.

— 영신수련 본문을 인지하고 주제를 이해.
— 일러두기[20]을 따르는 침묵 피정에서 부름받는 피정자의 빈번한 체험.
— 로욜라의 이냐시오 생애와 시대.
— 이냐시오가 영향받은 원형archetype과 유사한 피정자의 원형.
— 그리스도 나라는 예수회의 카리스마를 생생하게 묘사한다. 역사적으로 대부분의 해설가들은 이 수련을 예수회로 해석했다.
— 남성의 영성.

그러므로 이론적으로는, 하느님의 넘치는 사랑으로 구원을 체험한 피정자는 이냐시오가 회심했던 이야기와 비슷하게 반응할 것으로 예상된다. 그리고 앞에 나열된 관점에 따라 여정하는 많은 피정자들도 마찬가지다.

그럼에도 당신은 일러두기[20]과 [19]을 따르는 수많은 피정자의 구

체적인 영신수련 체험을 경청할 때 앞에 있는 다양한 관점을 발견하지 못한다. 그러므로 나는 그리스도 나라 체험이 종종 기도 길잡이나 영신수련 지도자의 신학적 가설과 맞지 않는다는 사실에 놀라지 않는다. 당신은 이것을 마음에 간직한다면 여기서 다음의 세 가지 방법으로 접근하며 이 수련을 제시할 수 있다.

전통적 접근법Classical Approach[1)]

이것은 가장 단순한 접근법이다. 첫째 주간이 끝나갈 무렵에 당신은 피정자에게 면담 전까지 3~4일 동안 기도하는 마음으로 그리스도 나라를 생각하라고 지시할 수 있다. 이것은 보충 기도 자료 1번의 내용이다. 당신은 피정자에게 영감을 발견하고 자신의 상상력과 충성심을 사로잡을 수 있는 카리스마를 지닌 사람을 예로 들어서 자신의 상황에 맞게 우화를 적용하라고 권할 수 있다. 그리고 그가 그리스도 나라의 끝에서 봉헌기도 [98]을 드릴 수 없다면 지금 자신의 열망이 담긴 봉헌을 분명하게 표현해 보라고 제안할 수도 있다. 이것은 피정자가 첫째 주간을 끝낸 뒤에 전쟁하는 여왕이나 왕의 원형적인 활력과 비슷한 활력을 지닌 채 확실하게 부름받고 있다고 추정하는 접근법이다.

신화적 접근법

나는 수년간 신화적 접근법Mythic Approach을 사용했다. 나는 때로는 놀랍게 성공했고 어떤 때는 혼란스러웠다! 어떤 경우에 이것은 피정자에게 의식적으로 사용하지 않은 상징이나 이미지를 사용하라고 요구하기 때문에 더 어려운 접근이다. 발달한 컴퓨터 문화에서 살고 있는 피정자는 의식 저변에서 강하게 올라오는 뭔가를 창조하고 싶은 욕구를 체험한다. 그러나 이 접근법은 적절하게 실행하면 다음과 같은 힘이 있기에 더 가치가 있을 수 있다. 왜냐하면 그리스도 나라 수련이 왕의 신화로 이냐시오의 마음에 열망을 불러일으켰듯이 그 힘은 피정자의 마음에 열망을 불러일으키기 때문이다[91]-[98]. 피정자에게 제안해 볼 만한 수련은 보충 기도 자료 3번이다. 나는 신화적 접근법의 이면에 있는 신학적 해석을 25장에서 논의했다.

이 접근법의 목적은 피정자에게 앞으로 하느님의 사랑을 받으면서 삶을 직면할 힘과 의미를 주며 중요한 상징을 은밀하고 종종 덜 의식적으로 자신의 신화에 표현하도록 도와주는 것이다. **인류에 대한 하느님의 열망을 실현하면서 다른 이들과 협력하는 길로 피정자를 안내하는 이야기나 우화, 상징 또는 신화는 어떤 것인가?**

이 접근법은 앞에서 열거한 다양한 문화와 이념 중의 어떤 것도 추정하지 않는다. 또한 이것은 피정자가 부름받는 상태에 있다고 추정하지도 않는다. 이것은 피정자가 영신수련 여정의 이 시점에서 영적으로 머무는 곳과 기도하려는 피정자의 문화와 원형에 관심을 둔다. 피정자가 부름받는 상태에 있을지라도 이것은 그의 꿈을 키워줄 수 있다.

나는 첫째 주간이 끝날 무렵에 부름받는 상태에 있지 않은 피정자들을 많이 목격했다. 그들은 우리 문화의 영향을 받았다. 그 증거는 피정자들이 공생활 이전의 예수님의 어린 시절과 성탄, 강생을 관상하는 방법에서 드러난다. 그들은 하느님 나라의 발전을 위한 더 나은 상호 협력과 증진보다는 치유와 성장에 관심을 갖고 관상에 들어간다. 그들은 부서진 환경이 아니라 그들 자신의 성장과 부서짐에 먼저 관심을 갖고 복음의 신비에 들어간다.

혼합 접근법

나는 우리 문화에서 자주 발생하는 문제를 통합하기 위하여 혼합 접근법Combination Approach에 따라서 그리스도 나라를 제시했다. 그 문제는 다음과 같이 우선순위로 나열된다.

1) 둘째 주간으로 잘 연결되는 치유 받는 상태Healing Mode.
2) 피정자의 원형과 잘 일치하는 신화적 접근법.
3) 일러두기 19번에 따라서 9월이나 10월에 시작하는 영신수련 일정을 교회력에 맞추기. 이 일정은 예수님의 탄생과 어린 시절에 관한 자료를 성탄절 즈음에 배치한다. 기도 자료 10-15번은 불가피한 중단에 쉽게 적용하도록 만들어졌다.

영신수련 본문에는 없지만, 나는 그리스도 나라의 의도와 피정자들의 현실 모두를 고려해서 이 방법을 고안했다.[2] 그러므로 나는 첫째 주간을 마친 뒤 예수님의 어린 시절로 이어지는 강생 수련에 그리스도 나라를 옮겼다. 나는 영신수련을 본문으로 공부하는 학생이 예측할 수 있는 것보다도 더 많은 시간을 예수님의 어린 시절에 보낸다. 나는 오직 예수님의 어린 시절을 수련시킨 뒤에 그리스도의 나라에 대한 신화적인 접근을 제시한다.

전통적 접근법을 선호하면 『영혼의 길잡이 2』 374쪽의 보충 기도 자료 1번을 참조하라.

기도 자료 10-15번에 제시된 것보다 더 창의적인 신화적 접근법을 선호하면, 『영혼의 길잡이 2』 378쪽의 보충 기도 자료 3번을 참조하라.

그리스도 나라와 영신수련 여정 밖의 지속적 영성 지도 모두에 사용되는 신화적 접근법을 더 깊이 이해하려면 『영혼의 길잡이 3』 25장의 99쪽에 있는 '그리스도 나라와 신화 사용법'을 참조하라.

11 장
강생-잉태, 탄생, 예수님의 어린 시절
기도 자료 10-14번 해설; 기도 안내와 복음 관상

이 장은 하느님께서 사람이 되셨다는 강생이라는 그리스도교 근본 신앙에서 시작한다. 우리는 강생이 단지 예수님이 사람으로 잉태된 순간 뿐만 아니라 예수님의 삶, 죽음, 부활이라는 모든 현실도 지칭하고 있음을 명심해야 한다. 초대 교회는 역사적으로 강생에 대한 신앙 선포를 마리아가 예수님을 잉태했던 때를 역사적으로 인식하면서 시작하지 않았다. 그것은 예수님의 공생활과 죽음과 부활에 대한 사도들의 체험 그리고 초기 그리스도교인들의 신경에 성문화codify된 초대 교회의 성찰에서부터 시작되었다. 강생의 신비는 자신을 비우고 사람이 되신 하느님에 대한 고대 그리스도교의 찬미가에 아름답게 표현되어 있다(필리 2:1-11). 우리의 신앙 역시 성삼위인 하느님의 신비와 서로 엮여 있다. 하느님은 단지 예수님 안에서 온전한 사람이 되셨을 뿐만 아니라 예수님은 성삼위 하느님 안에서 두 번째 위격이시다.[3]

전반적인 그리스도교 세계관은 강생이고 삼위일체이며 내재적인 동시에 초월적이다. 그것은 그리스도교의 바탕이 되는 세계관이고 특별히 이냐시오 영성에서 강조된다. 당신과 피정자 모두 이러한 세계관을 유지하거나 사용하는 것이 중요하다.

이 세계관은 부름받는 피정자들의 선택과 결정 과정에 중요하다. 그러므로 그들은 자신들의 작은 목표나 목적보다는 하느님의 전반적인 전망vision과 창조와 더 조화를 이루고 '올바르며 좋은 선택'을4) 할 수 있다. 치유 받는 상태의 피정자들은 이 세계관을 적절하게 이해하면서 성장 과정에서 드러난 한계와 망가짐을 현실로 받아들일 수 있게 도움을 받을 수 있다. 게다가 기도 길잡이인 당신이 피정자들이 기도 체험을 해석하도록 도와줄 때도 이 세계관은 중요하다. 나는 이 책의 후반부에서 식별과 세계관의 관계를 더 명확하게 설명했다.

기도 자료 10번

> 강생 수련. 묵상하듯이 접근하는 것은
> 이어지는 복음 관상의 맥락을 설정하는 데 도움을 준다.

기도 자료 10번을 제시할 때 강생 수련 [102]의 첫 번째 길잡이prelude 를 다음과 같이 강조하라.

"… 첫째 길잡이에서 하느님께서 사랑을 펼치시는 방법을 주목하십시오…. 성삼위라는 제목은 그리스도인들이 하느님의 위격과 신비 그리고 창조하고 구원하며 축성하면서 우리와 깊은 관계를 맺고 싶으신 하느님의 방법을 파악하려는 위대하고 역사적인 방법입니다…."

어떤 점에서는 지시사항을 피정자와 함께 읽는 것도 도움이 될 수도 있다. 수련 a)에서 c)까지를 마음으로 들으면서 생각하고 성찰하면서 깊이 묵상하듯이 접근하라고 제안하라. 너무 많이 지시하지 말고 d)에서 f)까지 상상으로 기도하라고 권하라.

왜 우리는 강생의 처음 세 수련을 깊이 성찰하며 기도해야 하는가? 이것은 이어지는 예수님의 삶에 관한 모든 기도 수련을 위한 전반적이고 지속적인 내용의 확립에 도움을 준다. 강생에 대한 문자 그대로의 본문이 복음 관상 방법의 명백한 사용을 추정한다고 할지라도 이것은 사실이다. 그러나 피정자들은 이 자료로 복음 관상을 다시 설정하려 애쓸 때 강생 수련의 영향과 의미를 잃어버리는 것처럼 보인다. 나는 오직 당신이 다음 기도 자료를 소개할 때 이 방법을 시간을 내서 강조하라고 제안하고 싶다.

여기서 당신은 다음과 같은 몇 가지 질문에 대답하는 피정자를 기대할 수도 있다. "… 당신은 하느님께서 세상의 우리 인간과 어떻게 관계를 맺는다고 상상하십니까?…. 당신은 하느님이 지구에 있는 생명을 어떻게 마음을 쓰고 걱정하신다고 상상하십니까?…. 당신은 역사의 이 시점에서 마음을 쓰고 걱정하시는 하느님과 동참하는 당신의 역할을 이해하십니까?…. 하느님은 세상에 어떤 방식으로 현존하거나 부재하십니까?…. 우리 각자의 행위는 어떤 방식으로 구원받을 필요가 있습니까?"

개인뿐만 아니라 공동체에게 필요한 구원을 다시 상상하도록 피정자를 도와줘라. 당신은 세상에 대한 하느님의 꿈을 소개하면서 그를 도와줄 수 있다. 이 꿈의 주제motif 가운데 하나는 예수님께서 아버지와 하나 되신 것처럼 우리도 하나가 되게 만들어 달라고 기도하신 요한복음이다(요한 17장). 우리는 예수님의 기도에서 하느님의 마음속 꿈을 어렴풋이

본다. 하느님은 당신의 내적 생명이 우리 가운데서 드러나기를 바라신다. 하느님께서 성삼위 안에서 스스로 체험하시는 친밀감은 우리가 동료 인간들 그리고 피조물과 함께 서로 협력하고 존중하며 살아가라는 초대를 근원적으로 상징한다.

그러고 나서 구하는 **은총**에 담긴 꼭 필요한 친밀하게 또는 깊게 느껴서 깨닫는 것을 설명하라. 앞에서 주어진 같은 이유로 기도 자료 10번의 **은총**은 일러두기[104]와 둘째 주간 나머지 부분의 **은총**과 분명하게 다르다. 피정자에게 강생 수련을 하면서 예수님의 잉태를 통하여 꿈을 이루려는 하느님의 선택을 깊이 인식하게 해달라는 기도를 하라고 제안하라. 지구와 우리에 대한 성삼위의 깊은 열망을 깊게 인식하게 해달라고 청함으로써 하느님의 열망에 합류하라고 피정자를 초대하라.

당신은 이 세상에 대한 하느님의 꿈과 열망을 피정자에게 더 깊이 인식시키면서 피정자가 스스로 가장 깊은 열망과 꿈을 더 깊이 인식하도록 격려하고 있다. 나는 피정자가 신화를 개발하도록 격려하는 기도 자료 15번으로 이것을 어떤 식으로든 표현하기를 기대한다. 이렇게 해서, 그가 세상에 대한 하느님의 꿈 안에서 예수님의 유년 시절의 신비를 상상할 때 그리스도 나라를 신화적으로 접근하기 위한 기초가 만들어진다.

기도 자료 11번을 안내하기 전에 하느님의 꿈에 바탕을 둔 강생을 수련한 피정자의 체험을 다음과 같이 들어보라.

— 피정자는 하느님의 꿈을 이해하려고 어떻게 노력했는가? 그는 이 꿈에 어떻게 참여하는가?
— 피정자가 부름을 받고 있다면:
  • 그는 자기 삶의 이 시점에서 결정을 내리는 데 필요한 질문을 강생에

담긴 그리스도의 신비를 통해 드러나는 세상에 대한 하느님의 꿈과
어떻게 연결시키고 있는가?

- 더 의식적으로 기도를 시작할 필요가 있는 부름받음이나
  결정을 위한 사전 준비 사항에 대해 피정자와 논의하라. 3권 27장
  133-137, 136쪽의 '질문을 다각도로 논의하기'를 참조하라.

― 피정자가 치유받는 상태라면:

피정자는 예수님 잉태로 실행된 하느님의 꿈과 자기 삶 사이의 관계를
파악하려고 노력했는가? 다음은 몇 가지 예다.

- 예상치 못한 마리아의 임신은 하느님의 꿈과 교차한다.
- 예상치 못한 상황으로 마리아의 꿈은 산산이 부서지고 바뀌지만
  다르게 완성된다.
- 피정자의 인생 파탄은 세상의 파탄과 연관된다.

복음 관상에서 올바로 상상하기

피정자의 상상 능력도 주목하라. 피정자가 올바르게 복음 관상을
하고 있다면 즉 **피정자가 수태고지 신비에 들어갔다면**, 그것이 복음 관상
이라는 것과 앞으로 영신수련 대부분에서 사용할 핵심 방법임을 간단히
짚어주라. 피정자가 영적 위안의 상태인지 영적 황폐의 상태인지 주목하
라. 피정자가 영적 위안을 받고 있고 기도에서 일어나는 일을 알고 있으며
그것이 자신에게 적용되고 있음을 기본적으로 이해하고 있다면 이 시점
에서 '해석'은 필요하지 않다. 그냥 다음 기도 자료를 제시하라.

피정자가 기도 자료 10번의 d)에서 f)까지를 수련하며 올바로
상상하고 있지 않다면, 당신은 지금 상상 방법과 영신수련에서 상

기도 자료 11번

> 성탄 수련.
> 이것은 복음 관상과 **은총**을 가르치기 위한 더 구체적인 장소이다.

상의 중요성을 설명해 줄 수도 있다. 그러나 당신의 긴 설명은 복음 관상을 쉽게 할 수 없는 피정자에게 도움을 주기보다는 오히려 방해를 줄 수도 있다.

분명하게 부름받는 피정자들에게 예수님의 유년 시절을 수련시키는 것은 명백하고 의식적인 결정 이전에 복음 관상 방법을 더 알려주기 위함이다. 일러두기[162]가 제시하였듯이 복음 관상을 촉진하거나 촉진하지 않는 것은 예수님의 유년 시절 수련 기간을 줄이거나 늘이기 위함이다.

복음 관상을 탐구하고 싶다면 23장을 참조하라. 여기서 나는 당신에게 적절할 수도 있는 것을 23장에서 뽑아서 다음과 같이 요약했다.

─ 이냐시오가 매우 확실한 복음 관상 접근법으로 제시한 가장 좋은 장소는 성탄 수련이다. 그것은 기도 자료 11번에 나열되어 있다[110]-[117].

─ 복음 관상과 복음 관상이 아닌 것을 주목하라. 그것은 예수님의 삶에 대한 복음 사건이 담긴 구절을 바탕으로 상상하는 것이다. 그것은 이냐시오가 제시한 '모델'에 '들어가는 것'이 아니다.

─ 영신수련 본문은 복음 관상 모델 중 하나일 뿐이다.

─ 눈으로 보거나 그림으로 이미지를 만드는 것만이 상상이라고 혼돈하지 않는다. 모든 사람은 상상력을 갖고 있고 여러 가지 방법으로 과거의

사건을 기억하며 어느 정도 머물 수 있다. 어떤 사람들은 느낌으로 상상하고, 어떤 사람들은 소리로 상상하며, 그림으로 상상하고, 이 모두를 통합하여 상상한다.

— 당신은 이 방법을 매우 다양하게 설명할 수 있다.[5]

은총을 설명해 줘라. 다음은 도움이 될 수 있는 의견이다.

— 이 은총은 둘째 주간의 모든 복음 관상에서 사용된다.
— 깊이 느껴서 인식하기deep-felt knowledge는 관념적인 인식과 반대로 마치 부모가 자기 아이 또는 오래 사귄 연인 또는 가장 친한 친구를 실제로 아는 것과 같이 체험적이고 실제적으로 아는 것이다. 그것은 감정적이며 영향력이 있다. 즉 그것은 삶과 행동에 대한 결정과 그 결정에서 비롯된 행동으로 표현되는 것을 깊이 느끼는 인식이다[230].
— 깊이 느껴서 알기는 서로 주고받는mutuality 맥락이지만 서로 다름을 깊이 존중할 때 드러나는 친밀감을 담고 있다[231].
— 예수님을 따른다는 것은 과거의 역사적인 이상을 따르는 것이 아니라 피정자의 역사적 관점에서 성령의 도움으로 지금 예수님의 삶을 따르는 것이다. 그런 따름은 피정자가 식별한 결정과 그 결정에서 비롯된 행동으로 표현된다.
— 치유를 받는 상태에 더 깊이 들어간 피정자에게 이처럼 예수님을 따름은 진정으로 자신을 받아들이면서 성장시키는, 즉 좋아하는 자신의 모습이 아니라 있는 그대로 자신의 삶을 껴안는 방식의 구체적 수단을 강구하기 위한 의식적인 선택에 표현된다.

당신은 치유 받는 상태의 피정자에게 복음 관상과 **은총**을 당연히 설명해 줘야 할 것이다. 당신의 설명은 결과적으로 치유에 도움이 된다. 그러나 당신은 더 깊은 수준에서 피정자의 이야기를 경청하는 데 역점을 둘 필요가 있다. 여기서 더 깊은 수준이란 피정자 이야기의 다양한 측면과 그의 선택과 예수님을 따르는 방식에 영향을 주는 그의 과거 삶의 다양한 양상에 대한 미해결된 감정이다. 피정자가 상상으로 복음 사건을 받아들일 만큼 충분히 안전하다고 느낄 때 미해결된 문제가 떠오른다. 예수님의 탄생, 유아 시절 그리고 어린 시절은 그의 현재 삶에 영향을 주는 기억을 자극할 수도 있다. 보통 그런 기억은 의식의 바로 밑에 있는 마음psyche에서 나온다.

영신수련 본문은 일러두기[20]에 따른 영적 여정에서 예수님의 유년 시절에 3일을 보내라고 제안한다. 우리는 그것을 일러두기[19]에 따른 영적 여정에서 3주로 해석할 수 있다. 그러나 치유 받는 상태의 피정자들에게 더 많은 시간이 필요할 수도 있는데 심지어 이 책에서 제안하는 5주보다도 더 긴 시간이 필요할 수도 있다.

기도 자료 11번은 피정자에게 오감 활용을 하라고 초대한다. 피정자가 올바로 복음 관상과 반복기도를 하고 있다는 것을 발견하기 전에는 오감 활용 안내에 시간을 쓰지 마라. 당신은 나중의 면담에서 어쩌면 2~3주가 지난 뒤에 이 방법을 가르치는 것이 도움이 되는지 판단할 수 있을 것이다.

기도 자료 12번

예수님 이름 짓기, 박사들 방문, 성전에서 예수님 봉헌.
이것 역시 오감 활용을 가르치기 위한 적절한 시간이 될 수 있다.
당신은 피정자들이 복음 관상을 습득한 후에야 복음 관상을 해석하고
식별할 수 있다.

어떤 피정자들은 왜 복음 관상이 특별히 어려운가?

다음은 피정자들이 고백할 수도 있는 몇 가지 전형적인 어려움이다. 그는

─ 다음과 같은 것을 놓아주기 두려워한다. 즉, 의식적이거나 덜 의식적인 두려움, 풀 필요가 있는 인간관계 갈등 등등.
─ 자신에게 상상력이 없다고 믿고 있으며 계속 상상 방법을 깨닫지 못하고 있다.
─ 분심이 너무 많다.
─ 복음 관상을 혼동하고 있고 복음 관상에 관한 잘못된 가설을 믿고 있다.
　　• 복음 이야기를 상상하려면 영화감독의 창의력이 필요하고 줄거리가 진행되고 펼쳐져야 한다.
　　• 복음 관상이 꿈과 성경을 바탕으로 잠자지 않고 꿈꾸는awake-dreaming 것임을 이해하지 못한다.
─ 강생을 마음속 깊이 온전하게 받아들이지 않는다. 즉, 예수님이 사람이 되셨음을 진정으로 받아들이지 못한다.
─ 복음 관상이 향심기도를 하는 자신에게 안 맞는다고 믿는다.[6]

대체적으로 많은 피정자가 시대의 과학이 만든 문화 때문에 어려움을 겪는다. 그들은 자연적이고 불확실한 상상에서 나온 현실보다는 의식적이고 통제된 생각을 더 신뢰한다.

때로 당신은 피정자에게 기도할 때 분심이 일어나도록 허락하는 것이 중요하다고 가르칠 필요가 있다. 분심은 언제나 그냥 분심이 아니

다.[7] 하느님과 함께 분심이 떠오르도록 허락하면 다음과 같이 유익한 일이 일어난다.

— 갈등이 해소된다.
— '통합 치유'와 '의미 치유'가 일어난다.[8]
— 피정자들이 하느님의 영이나 그들의 마음psyche이 생각하라고 슬쩍 건드리는 문제를 직면하기 시작한다.
— 피정자들이 기도를 더 쉽고 깊게 체험하고 삶의 중요한 관심사와 문제를 쉽게 푼다.

복음 관상과 기도 안내

복음 관상 안내에는 여러 가지 측면이 있다. 당신이 안내 과정의 모든 면을 주의 깊게 생각하고 적절하게 순차적으로 나열한다면, 다음과 같이 복음 관상을 지시, 해석 그리고 식별이라는 기본적인 활동으로 나눌 수 있다.

지시|Instruction

1) 피정자는 수동적이고 능동적인 방법 모두를 사용하여 올바로 상상하고 있는가? 피정자는 자신의 상상이 자연스럽게 진행되도록 수동적으로 허락해야 한다. 피정자는 복음 이야기의 분위기ambiance와 취지에 따라서 능동적으로 머물러야 한다.
2) 피정자는 은총을 청하고 있는가? 어떻게?

3) 피정자는 복음의 이야기가 자신에게 영향을 주게 허락하는가?

4) 피정자는 너무 예민하게 자신을 관찰하지 않으면서 이야기 속에 자연스럽게 참여하는가?

해석Interpretation

5) 그는 이야기 속으로 어떻게 들어가는가? 피정자가 신비로운 사건에 참여하는 태도를 주목하라. 그는 이야기 속에서 지금의 나이인가 또는 다른 나이인가? 그리고 그것은 무엇을 의미하는가? 그는 밖에서 들여다보는가 아니면 복음 사건에 참여하면서 상호작용하는가? 그는 상호작용하면서 그저 사람들의 반응을 생각하며 대화를 주고받거나 그들에게 "일방적으로 말하는가?".

6) 이 모두를 끝낸 후 당신은 여전히 피정자가 어떻게 영향을 받고 있는지 찾아낼 필요가 있다. 당신이 이제까지 들은 피정자의 삶과 깨달음인 느낌의 방향과 예상되는 기도 흐름 사이의 관계는 어떤가? 기도 속의 '상상논리'는 시간이 흐르면 피정자의 삶의 '논리'와 들어맞으면서 그 자체를 드러내야 한다.

식별Discernment

7) 이어서 당신은 피정자의 복음 관상에서 예수님이 어떻게 중심이 되는지 주목할 필요가 있다.

8) 당신이 들으면서 다음과 같이 영적 위안이나 영적 황폐를 알아보는 것이 당신의 궁극적인 일이다.

— 피정자가 영적 위안을 체험하고 있으면 그대로 두라 [15].

— 피정자가 거짓 영적 위안이나 영적 황폐를 체험하고 있으면 적절하게 식별하도록 도와주라.

— 영적 위안이 참인지 거짓인지 확실하지가 않다면 움직임이 일어나도록 그냥 두고 기다려라. 거짓 영적 위안이라도 일어나도록 그냥 둘 때 대체로 더 확실해진다.

우리는 '식별'이라는 용어를 더 일반적으로 사용할 때 앞에서 언급한 모든 측면을 하나로 함축한다. 우리는 더 전문적으로 '식별'이라는 용어를 사용할 때 특별히 7)과 8)이 결정 과정에 영향을 주기에 먼저 7)과 8)에 의미를 둔다. 그러나 당신은 앞에서 나열한 1)-6)을 실행하지 않으면 복음 관상을 식별할 수 없다. 게다가 당신은 치유받는 상태의 피정자에게 1)에서 6)까지의 대부분을 적용하는 데 시간을 쓸 것이다. 어쩌면 다음의 그림은 이 토론의 일부를 함께 진행하는 데 도움을 줄 수도 있다. 화살표는 부름받는 피정자가 영신수련의 내용을 통과할 때 체험한 내면의 흐름을 나타낸다.

둘째 주간이 진행됨에 따라서 식별의 내용이 자주 바뀐다. 화살표의 무늬는 피정자가 다양한 내용을 통과할 때 그의 체험이 받는 영향을 알려준다. 다음 그림은 더 엄밀히 말하면 식별이 요구될 때 기도 길잡이는 역할을 바꿔야 한다는 것을 보여준다.

~에서	~로
치유와 정체성을** 더 강조하면서 복음 관상 해석	더 엄격히 말해서, 두 번째 시기[176]의 부름받는 상태를 더 강조하면서 식별
피정자는 — 신비 안에 있는가 아니면 밖에 있는가? — 예수님에게서 멀리 있는가? 가까이 있는가? — 사건 안에서 예수님과 다른 사람들에 비해 젊은가, 늙었나, 또래인가 등? — 개인적인 삶의 체험을 복음 관상에 가져갈 때 현실적인가? 비현실적인가? — 지금까지 받은 은총 또는 당신이 그에 대해 알고 있는 것과 일관적인가 또는 일관적이지 않는가? — 영적 위안의 상태인가, 영적 황폐의 상태인가?	피정자는 — 영적 위안 또는 영적 황폐의 상태인가? — 참된 영적 위안 또는 거짓 위안의 상태인가[331]? — 마치 스펀지 위로 떨어지는 물처럼 또는 바위 위로 떨어지는 물처럼 체험하고 있는가[335]? —영적 자유를 체험하는가? 또는 거짓 영적 자유를 체험하는가? 피정자의 반응은 원인 없는 영적 위안의 일부인가? 또는 영적 위안의 여운으로 오는 것인가[336]?

[그림 4] 복음 관상에 대한 해석에서 식별로 (더 분명하게) 바뀌는 과정

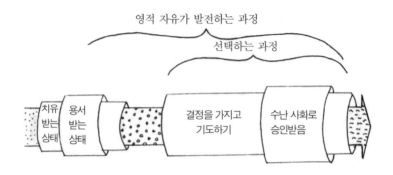

	첫째 규칙 세트 적용과 앞의 것을 통해 다음과 같은 현상이 종종 일어난다.	둘째 규칙 세트 적용과 앞의 것을 통하여 다음과 같은 현상이 종종 일어난다.
	─ 덜 치유된 부분 ─ 결정 내리는 의지 개발 ─ 사랑받는 죄인 인정 ─ 복음 관상 능력 증가 ─ 예수님의 마음과 생각 소유 ─ 자신과 자신의 역사 적극 수용 ─ 매일 영들을 식별하는 규칙 초보 단계에 서 실천	─ 자유와 현재의 부름 인식에 유용한 피정자 의 역사에서 중요한 시금석 조금 인식 ─ 내적 체험에서 속이는 힘 의식 ─ 즉응성과 영적 자유 증진 ─ 승인받지 않은 결정 식별 ─ 원인 없는 영적 위안 ─ 결정 과정에서 승인의 은총 체험 ─ 영들을 식별하는 규칙 인식과 사용 능력 형성

** 피정자는 자신이 사랑스러운 피조물이고 구원받은 죄인이라는 것을 깊이 인식할 때 자신의 '정체성'을 깨닫는다. 예수님과의 직접적인 관계는 피정자가 이것을 깨닫도록 활기와 힘을 준다. 어휘집을 참조하라.

당신이 피정자에게 기도 자료 13번과 같은 예수님의 유년 시절을 안내할 때, 예수님의 유년 시절에 일어난 사건이 인류 역사에서 사람들의 유년 시절 사건을 어떻게 반영하는지 기억하라. 아기들 학살 현장에서 피하면서 생긴 충격과 공포는 누구에게나 상처를 줄 수 있다. 친척으로부터 멀리 떨어진 외국에서 살고 있는 정치적 피난민들은 충격과 공포를 경험하고 피지 못할 자기 보호라는 역기능도 배양한다. 많은 피정자는 이민과 피난이라는 뿌리 깊은 배경을 갖고 있다. 많은 사람은 태어난 곳이 아닌 곳에서 사람들과 함께 살며 일한다. 우리는 영신수련 여정의 이 부분에서 받는 은총이 과거의 상처를 더 온전히 끌어안고 미래에 대한 희망의 씨앗을 상처에서 발견하도록 피정자를 격려하기를 바란다.

기도 자료 13번

> 이집트 피난, 아기들 학살, 12살까지 예수님 소년 시기.
> 계속해서 피정자가 적절하게 복음 관상하는지 관찰하라. 필요하면 복음 관상을 해석하고 식별하라. 이것은 피정자의 오감 활용을 관찰하기 좋은 시기이다. 선택해야 할 필요가 있는 중요한 문제를 가지고 영신수련을 시작한 부름받는 피정자와 함께하면서 아직 결정 과정의 사전 준비 단계를 진행하지 않았다면 지금 진행하라. 27장의 '질문을 다각도로 검토하기'를 참조하라.
> 이때가 치유 받는 상태의 피정자와 함께하면서 성숙한 그리스도인인 그의 일상에 영향을 주는 기억의 상처를 다루기 좋은 시기이다. 24장의 '2주간에서 치유 받는 상태의 피정자 안내하기'를 참조하라.

내가 23장에서 충분히 설명했듯이, 오감 활용은 피정자가 신비 속으로 돌아갔을 때 수동적으로 몰입되는 또 하나의 반복이다. 때로 당신은 다음의 이미지나 문구로 초보자에게 방법을 알려줄 수 있다.

"마치 욕조 속으로…. 마치 매우 아름다운 음악을 듣거나 …. 또는 향기나… 또는 저녁노을에 이끌리듯이 천천히 잠기는 것처럼 신비가 자신을 뚫고 들어오게 하십시오. 요셉의 믿음을 음미하고…, 마리아를 믿는 예수님의 마음에 들어가십시오."

가끔 피정자에게 당신이 체험한 오감 활용 중 하나나 둘을 나누는 것이 도움이 된다. 이 방법에서 '감지한다sense'는 말은 비유 그 이상임을 기억하라. 이냐시오의 의도는 다음과 같이 성경 구절에 나타나 있다. '주님의 좋으심을 맛보고 보라' 그리고 '당신의 법은 제 입에 꿀입니다.' 여기서 맛보고 보는 것은 물리적인 미각과 시각이라는 장막을 뛰어넘는다. 그것들은 마음과 영혼으로 더 깊이 맛보고 보는 것이다.

이냐시오는 일러두기[121]~[126]에서 오감 활용에 관해 설명하며 사람들이 먹는 음식이 아니라 '덕virtues을 음미'하고 마구간의 짚과 짐승들의 냄새가 아니라 '신성한 향기를 맡으며', 사람들이 아니라 그들이 앉거나 선 '장소를 만지라'고 제시한다! 이것은 복음 관상의 범주를 넘어가는 것으로서 우리는 짐승의 냄새를 맡고 또 포대기의 따뜻함과 저녁의 한기를 느끼거나 나귀들이 쿵쿵거리며 돌아다니는 소리와 아기를 안아주는 것과 혼동해서는 안 된다. 후자는 반복하며 오감 활용이라고 불리는 방법에서 얻어진 결과로 이냐시오가 예견한 놀랍고도 수용적인 수동성이 아니다.

세 가지 기도 회고와 더불어 복음 관상과 오감 활용을 분간하는 데 도움을 주는 수련 성찰은 23장의 끝에 있다.

자신의 신화 개발하기

먼저 복음 관상 능력을 향상시키고 오감을 활용하기 시작한 피정자는 자신의 신화 개발에 종종 관심을 두면 도움을 받을 수 있다. 그는 자신들에게 일어난 사건을 재해석해야 했던 요셉과 마리아의 삶에 집중함으로써 신화를 개발할 수 있다. 임신한 마리아와 요셉은 예수님이 탄생할 즈음의 혼란스러운 인구조사로 낯선 마을로 가라는 압력을 받을 때까지 작은 마을에서 평범한 삶과 일상을 꿈꾸고 있었다. 그들은 그 상황과 아기의 탄생을 전혀 예상치 못했다.

예수님이 낯선 환경에서 태어난 뒤에 그들은 혼란한 상태와 폭력에 대한 두려움과 더불어 일어난 예상치 못한 사건 때문에 밤중에 외국으로 피신했다. 그들은 삶에서 일어난 것과 미래에 대한 꿈이 좌절되었음을 깨닫고 사고방식을 바꾸며 적응할 필요가 있었다. 그들은 자신들의 상황을 재조명하고 앞으로 살아갈 길을 나름대로 새롭게 상상해야 했다.

피정자가 23장 끝의 수련을 성찰하는 가상의 변호사와 같다면 그의 신화가 유효한지 확인하거나 새롭게 떠오르는 신화를 발견하기 위하여 자신에게 작용하는 신화를 만나는 것은 추후 결정에 도움을 줄 수도 있다. 신화와 꿈은 그것이 의식적이든 덜 의식적이든 결정에 영향을 준다. 자신에게 작용하는 신화를 만나는 것은 결정 과정에서 영적 자유를 촉진한다. 이러한 접근법을 권장하고 싶다면 25장을 읽어보는 것도 좋다.

치유 문제 다루기

그러나 피정자가 자신의 기분과 문제 때문에 지금 신화를 전개할 여유가 없을 수도 있다. 이따금 영신수련의 이 시점에서 특별히 상처를 치유받는 상태의 피정자에게서 과거의 상처와 깊은 갈망이 떠오르기 시작한다. 어떤 경우는 다음과 같을 수도 있다. 그것은 다른 사람들과 유의미한 관계를 맺지 못할 때의 버려진 느낌, 부적절한 수치심, 충분히 잘하지 못할 것 같은 불안 등이다.

그런 피정자들은 치유 받아야 할 상처를 지니고 있다. 그들의 이야기는 이론적으로 최상의 상태에서 **일어났을 것으로서** 경험한 적이 없는 것을 경험하려고 애쓰는 모습을 종종 반복해서 보여준다. 그들의 상처는 삶을 온전히 끌어안지 못하게 하고 결국 더 온전하게 예수님을 따르지 못하게 만든다. 심리학적인 문화는 상처받은 마음을 이해하고 다루는 각양각색의 개념을 제공한다. 그러한 개념은 해로운 수치심toxic shame, 중독 행위, 동반 중독co-dependent, 알코올 중독자의 성장한 자녀, 원가족의 역기능적인 측면dysfunctional family of origin 등이다. 우리는 이러한 개념 중의 상당수를 피정자의 내적 치유를 촉진할 수 있는 영신수련 기술에 접목할 수 있다. 나는 24장의 '2주간에서 치유 받는 상태의 피정자 안내'에서 이것을 더 깊게 다루었다.

피정자가 기도에서 그렇게 체험하기 시작하면 자신의 무의식적인 욕구에 사로잡힌 기도 길잡이는 부지불식간에 피정자의 체험을 무시할 수도 있다. 이것은 지도자가 피정자에게 투사하거나 표현하는 자신의 문제를 자기도 모르게 부정할 때와 같이 덜 의식된 상태에서 일어날 수 있다. 24장은 우리가 하찮게 여길 수 있는 방법을 간략하게 설명하면서 더 완성된 목록을 제시했다. 당신은 기도 길잡이로서 작업하는 이 시점까지 의식을 성찰할 때 그 목록을 사용해도 좋다.

복음 관상에서 떠오르는 기억을 다루는 것이 피정자에게 언제나 유익한가? 언제나 그렇지 않다. 많은 것이 당신의 의식 수준과 기도 안내 수준 그리고 피정자의 준비 상태에 달려 있다. 피정자가 복음 관상하며 기억을 떠올릴 때, 당신은 특정한 신호로 준비 상태를 알게 될 것이고 영신수련의 사용 기법을 신뢰하게 될 것이다. 피정자가 영신수련을 하는 동안 의미를 믿고 하느님의 현존을 체험하면 과거의 고통을 직면할 수도 있다.

기도 14번

잃어버린 예수님을 성전에서 찾다.
예수님의 소년 시절, 예수님의 청년 시절.

12장
예수님의 공생활과 사명 — 시작
기도 자료 15번-18번 해설, 식별에 대한 전반적 설명

당신이 이 책의 구조를 따르면서 보충 기도 자료 1번과 3번의 그리스도 나라를 피정자에게 적용하지 않았다면, 당신은 지금쯤 예수님의 공생활 이전의 사건을 마무리 짓고 있을 것이다. 지금까지 피정자는 아마도 다음과 같이 하고 있을 것이다.

— 복음 관상을 잘 이해하며 오감 활용을 체험.

— 영적 위안을 받았거나 영적 황폐에 사로잡혔던 과정을 어느 정도 인식하면서 영적 황폐를 어느 정도 이해.

— 예수님을 매우 가깝게 만남.

—'예수님을 더 가까이 따르는' 보편적인 은총을 자신의 상황에 맞게 수용. 어쩌면 그는 예수님을 어떻게 더 가까이 따라야 할지와 무엇을 선택할 필요가 있는지 알고 싶을 것이다.

또한 지금쯤, 십중팔구, 당신은 피정자가 부름받고 있는지에 대한 여부를 판단했을 것이다. 피정자는 심지어 하느님의 꿈에 비추어 자신의 꿈을 다시 꾸기 시작했을 수도 있다.

어떤 경우든 나는 피정자가 예수님의 사명을 바라볼 준비가 되었고, 바라건대 그 사명을 바탕으로, 자신의 사명을 식별할 준비가 되어 있을 것으로 추정한다. 피정자는 그렇게 예수님의 공생활과 사명의 신비 속으로 들어가도록 준비한다.

기도 자료 15번과 그리스도 나라를 앞에 두고

기도 자료 15번

기도 자료 15번
그리스도 나라, 집을 떠나는 예수님,
요르단강에서 받은 예수님 세례

그리스도 나라는 세상을 향한 하느님의 꿈을 드러내시는 예수님에 대한 이냐시오의 이미지를 보여준다. 이 수련의 주제는 다음과 같은 예수님의 공생활에 관한 복음 관상을 제공한다.

— 예수님과 함께 수고하라는 부름.
— 최고의 영적인 가난으로 부름.
— 육욕sensuality과 '거짓 자아'에 저항하라는 부름.

나는 피정자가 예수님 안에서 변화된 이냐시오의 이미지와 신화에 참여함으로써 영신수련 동안 하느님의 부름을 들을 수 있도록 더 잘 준비되기를 바란다. 당신은 이냐시오의 그리스도 나라 신화를 더 깊이 통찰하기 위하여 10장을 다시 읽고 3권 25장을 참조할 필요가 있을 수도 있다. 이것이 기도 자료 15번에 있기 때문에 피정자가 이 자료를 끝내려면 어느 때보다 많은 시간이 필요할 수도 있다.

피정자에게 자신의 신화를 개발하라는 기도 자료 15번의 다양한 수련 내용을 주목하라. 피정자가 아직 그렇게 시작하지 않았다면 다음과 같이 생각해 보라고 부드럽게 권하라.

"당신은 자신의 이야기를 떠올리지 못할 수도 있으나 그것에 마음을 열고 적어도 이 시점에서 당신을 사로잡는 이미지나 꿈을 발견하려고 노력할 수도 있습니다… 당신이 예수님과 함께 요르단강으로 걸어갈 때 그분과 함께 이미지나 꿈을 이야기해 보십시오. 예수님이 자신의 꿈을 당신에게 이야기하는 것을 듣고 당신의 꿈을 그분에게 말해 보십시오…."

그리스도 나라의 봉헌을 생각해 보라고 피정자에게 권하라. 피정자가 이 시점에서 그렇게 봉헌할 수 없다고 느끼면 자신의 봉헌을 써보라고 제안하라.

피정자가 이 시점에서 깨달을 수도 있는 구체적 결정 사안이 무엇이든 그것으로 기도 수련하라고 제안하라.

식별에 대한 전반적인 설명

피정자가 지금 예수님의 공생활을 복음 관상하고 있으므로, 다음은 이 시점에서 중요할 수도 있는 영적 위안과 영적 황폐에 대한 더 자세한 설명이다.

평화와 영적 위안

기도 자료에 따른 피정자의 복음 관상 체험을 들을 때마다 예수님과의 관계를 주목하라. 당신은 피정자가 기도 수련에서 느끼는 예수님과의 친밀감과 일상에서 누리는 자유를 통해 영적 위안을 알아볼 수 있다. 피정자가 수련하면서 갈등이나 고통을 체험하고 있을지라도 체험은 일러두기[316]과 조화를 이룬다. 당신의 감각senses과 직관intuition이 조화를 이루는 소리굽쇠처럼 공명한다. 체험은 마치 스펀지 위로 물이 떨어지는 것과 같다[335]. 자연스럽게 나타나는 관상적인 태도가 그 증거다. 예수님에게 관심이 집중된다. 비록 피정자가 신비 안에서 다른 사람에게 사로잡혀 있을지라도, 당신은 예수님이 여전히 현존하고 있고 예수님의 현존이 일으키는 변화를 알아본다. 대체로 피정자는 인간적으로 친밀해지면 자신을 드러내기를 두려워하지 않는다. 그는 진짜 '자기 자신으로' 기도 수련에 참여한다.

우리는 영적 위안이 피정자의 태도에 영향을 줄 것으로 예상할 수 있다. 빠르게 변하는 가족과 직장에서 더 평온한 것을 선택하는 능력은 다음과 같은 위안이 담긴 기도 표현 중 하나이다. "열매로 그들을 알게 될 것이다."[9] 그러나 일상에서 체험하는 영적 위안은 외적 긴장stress이 사라졌다는 뜻이 아니다. 인간의 창조성은 일정한 긴장을 전제한다. 기도 길잡이는 때로는 실수로 내적 평화를 외적 평정과 연관시킨다. 종종 내적 평화가 외적 평정으로 그 자체를 표현하기도 한다. 그러나 내적 평화에 대한 더 믿을만한 징표는 모든 것을 있는 그대로 수용하는 태도이다.

우리 마음은 다양한 색깔로 층층이 쌓인 나폴리 아이스크림과 같다. 내적 평화가 여러 층 가운데 하나라면 다른 층은 긴장하는 층이라고 볼 수 있다. 우리는 혼란스러울 수 있으나 동시에 마음 깊은 곳에서 평화를 누릴 수도 있다. 그러나 아이스크림처럼 평화로운 층은 녹아내릴 수도 있고 긴장하는 층에 영향을 줄 수도 있다. 다른 말로 하면 기도 수련에서 나오는 영적 위안은 더 쉽게 돌발 상황에 순응하고 덜 반발하도록 피정자를 도와준다.

내적 평화에 대한 다른 징표는 마음에서 일어나는 영적 위안과 황폐의 변화를 판단하고 그에 상응하는 선택을 할 수 있게 어느 정도 습득된 깨달음과 능력이다. 나는 피정자가 영신수련 여정으로 이것을 체험할 수 있도록 도움을 받아서 일상에서 영적 위안과 영적 황폐를 판단하는 능력을 향상시키기를 바란다. 기도 길잡이인 당신은 피정자가 은총을 받기를 기대하는 수련 때보다도 일상과 사건에서 찾고 있는 은총을 인식하기 시작할 때 이런 능력의 향상을 더 잘 관찰할 수 있다.

영적 황폐의 초기에 대한 몇 가지 견해

종종 영적 황폐의 초기는 전혀 영적 황폐로 보이지 않는다. 다음이 몇 가지 예다.

— 피정자는 성경 구절의 이야기를 똑같이 되뇌듯이 기도한다. 당신은 그가 체험한 이야기를 들으면서 아마도 지루해할 것이다!

─피정자는 기도 수련하면서 복음 구절을 자신의 삶에 적용하는 데 시간을 모두 쓰는 것처럼 보인다.

─피정자는 복음 이야기에 들어갈 수 있는데도 예수님에게서 멀어지면서 시간을 보낸다. 피정자가 복음 관상을 배우기 전 단계에 있다면 그것은 피정자가 복음 관상을 적절하게 하고 있지 않다는 증거일 수 있다. 그러나 지금까지의 영신수련 여정에서 보면 이러한 현상은 영적 황폐의 초기이거나 거짓 영적 위안이라고 부르는 악한 천사에게서[331] 오는 영적 위안에 해당된다.

─피정자는 복음 관상을 잘하고 있고 이야기로 들어갔으나 예수님이 피정자에게서 돌아섰다. 이것은 예수님이 피정자에게서 멀어진 것이라기보다는 피정자가 그렇게 주목한 것이다. 이것은 피정자의 문제이다.

이것은 사실 영적 위안일 수 있으나, 피정자가 이것이 자기 삶의 문제를 다루라는 부름일 수도 있다는 것을 이해하지 않는다면 쉽게 영적 황폐로 빠져들 수 있다.

우리는 이런 시작을 영적 황폐의 초기라고 부를 수 있다. 피정자가 이런 현상을 영적 황폐이거나 영적 황폐의 초기로 인정하기 어려운 이유는 그것들이 매우 행복한 것처럼 그리고 기도 수련에서 무엇인가를 얻고 있는 것처럼 보이기 때문이다. 시간이 지나면, 이러한 영적 황폐의 초기 형태는 대개 일러두기[317]에 나오는 좀 더 알아보기 쉬운 영적 황폐가 된다. 침묵 피정에서 기도 길잡이는 좀 더 알아보기 쉬운 영적 황폐를 체험하기 시작할 때까지 기다리기로 작정할 수도 있다. 이런 황폐의 증세가 스스로 드러나게 시간이 주어지면 대부분의 경우 피정자는 스스로 이런 사태를 다루고 인식하며 배우게 된다. 그러나 일러두기

[19]에 따른 영신수련 여정에서 이것은 적절하지 않을 수도 있다. 그 과정에서 너무 많은 시간이 소요될 수도 있고 영적 황폐가 명확하게 나타나지 않을 수도 있기 때문이다.

당신은 영신수련의 이 시점에서 피정자가 영적 황폐를 다루는 것을 어떻게 도와주겠는가?[10] 피정자가 이 시점에서 영적으로 황폐한 체험을 인식하도록 도와준 뒤에, 그것의 의미를 논의하는 것이 중요하다. 당신은 피정자와 함께[11] 영적 황폐의 뒤편에 있는 문제를 분리하려고 노력한다. 치유 받는 피정자에게서 문제를 분리하는 작업은 영신수련뿐만 아니라 그 이후에도 충동과 두려움을 다룰 수 있도록 훈련시키는 하느님의 방법이 될 수 있다. 3권 24장의 "둘째 주간에 치유받는 상태의 피정자 안내"의 74쪽을 참조하라.

일러두기[322]에 제시된 세 가지 이유와 일러두기[319]의 영적인 방법은 일반적인 접근법을 확립한다. 당신은 그것을 문자 그대로 사용할 수 있다. 피정자는 계속되는 영적 위안 상태에서 고수한 결정을 바꾸지 말고 확고하게 지키라는 일러두기[319]의 지시를 주목하라. 이냐시오는 그렇게 지시하면서 피정자가 결정을 내리는 과정에 있다고 추측한다. 그러나 다음과 같이 기도 수련과 일상을 바꾸는 것도 적절할 수 있다.

— 기도 수련 자세 바꾸기. 일러두기[76]은 그가 찾고 있는 은총을 발견할 때까지 바꿔볼 것을 제안하라.
— 복음 관상을 더 깊이 성찰하는 쪽으로 바꾸기 [319]. 피정자가 혼란하거나 영적 황폐를 겪고 있으면 종종 자유롭게 상상하기가 불가능하다. 때로는 읽고, 성찰하고 소리 내어 기도하는 것이 그가 할 수 있는 전부이다.
— 기도 수련하기로 정한 시간에 충실하고 기도 시간을 조금 더 늘리기[12], [13].

— 고행을 바꾸거나 고행하지 않기[82]-[84]. 먹는 습관 바꾸기[210]. 일러두기[19]에 따르는 피정자는 다음과 같이 조절할 수 있는 일상을 바꿈으로써 이 원칙을 실천할 수 있다. 전화 받기, 텔레비전 보기, 잠자리에 들기 등.

일러두기[19]와 [20]에 따른 영신수련 이면의 기본적인 심리학 원리는 몸과 마음의 조화를 이루는 것임을 기억하라. **오직 하느님만이 주실 수 있는 은총을 받기 위하여 우리 자신을 준비하는 것이 우리가 할 수 있는 최선이다.**

일러두기[319]의 '자신을 더 깊이 성찰하라'는 견해observation는 중독에 사로잡혀 있거나 빠져서 일이 잘못되고 있는 피정자들에게 적용되지 않을 수도 있다. 그들이 유혹의 수렁 속으로 빠질 때 유혹의 뿌리를 파내려고 유혹과 논쟁하지 않는 것이 훨씬 바람직하다. 차라리 일러두기[325]의 내용을 문자 그대로 받아들여서 사로잡혀 있는 두려움이나 불안을 더 키우는 분석을 거부하는 편이 나을 것이다. 황폐한 체험이 사라진 뒤에 이런 피정자는 일어났던 일을 분석할 수도 있다.

당신은 피정자가 황폐한 체험을 일으키는 문제를 이해하도록 돕기 위해 마음 한편에 예상되는 상황을 떠올릴 수도 있다. 예를 들면, 피정자가

— 복음 사건이 유발하는 것에 저항하는가?
— 특정한 성령의 도전이나 깨달음에서 스스로 멀어지고 있는가?
— 예수님과 아버지와의 관계를 이해하지 못하는가?
— 예수님이 인간이라는 사실을 받아들이기 힘들어하거나 예수님의 인간적인 면을 받아들이지 않는가?

때때로 피정자가 기도에서 다루는 것은 일상을 반영한다. 그러므로 당신은 다음과 같이 자문할 수 있다. "피정자가 일상에서 겪는 어려움과 복음 관상에서 겪는 어려움 사이에 유사점이 있는가?"

기도 자료 16번을 앞에 두고

우리는 어디로 가고 있고 왜 거기로 가는가?

피정자는 기도 자료 15번으로 둘째 주간의 전반적인 주제인 예수님의 공생활과 사명을 기도하기 시작했다. 그가 자신의 신화를 계속 유의미하게 전개하고 있다면, 당신은 피정자에게 이 기도 자료로 더 많은 시간을 보내라고 권할 필요가 있을지도 모른다. 그러나 피정자가 지금 자신의 신화를 전개하는 것이 유익하지 않다고 판단되면, 다음 기도 자료로 수련하고 미래에 대한 이미지와/또는 꿈을 복음 관상에 포함시키라고 권하라.

당신이 안내하고 강조할 것은 당신이 듣고 있는 것과 피정자에게 앞으로 나가라고 초대하는 조금 나아간 다음 단계에 달려있다. 다른 곳에서 내가 여러 가지 방법으로 내비쳤듯이, 우리는 지도를 지형에 맞춰야지 지형을 지도에 맞출 수 없다! 그래서 결국 이제부터 당신은 일련의 해설이 제시했던 자료를 적용해야 하고 벗어나야 한다.

그러나 나는 이 책을 영신수련은 **양성과정**Learning-Formation**이며 부름 받는 피정자를 위한 결정 수단**Instrument of Decision- Making이라는 관점에서[12] 썼다. 이 관점은 여기서 더 분명해질 것이다.

기도 자료 16번

광야에서 유혹받는 예수님,
회당에서 자신의 사명을 선포하고 거부당하는 예수님,
두 개의 깃발 수련 소개
이 자료와 더불어, 결정 과정의 다섯 단계 중 몇 가지가 포함될 수 있다.

선택해야 할 중요한 문제를 가지고 영신수련을 하는 부름받은 상태의 피정자는 면담과 이어지는 기도 수련에서 결정 내리기 위한 사전 준비 단계를 계속 진행해야 한다. 당신은 기도 자료 16번에서 두 개의 깃발을 줄 것이다. 당신이 기도 자료를 너무 자세하게 설명하지 말고 주어야만 [2] 피정자가 문맥의 내용을 파악할 것이고 다음 면담에서 당신과 함께 논의할 것이다. 그러나 당신은 다음 사항을 강조해도 좋다.

— 세 번째 길잡이[139]와 세 개의 담화에서 청하는 은총.
— 이 기도 수련은 이냐시오 문화의 영향을 받았다. 피정자는 자신의 문화로 이것을 이해하고자 노력해야 한다.
— 수련은 두 부분으로 되어 있는데 예수님의 깃발인 두 번째 수련이 중요하고 첫 번째보다 더 강조되어야 한다.
— 이냐시오는 이것이 묵상임에도 피정자가 계속 상상하며 수련하도록 의도했다.
— 피정자는 실제적인 가난과 최고의 영적인 가난의 의미를 독특한 자신의 상황에서 성찰한다.

기도 자료 16번 듣기

피정자가 기도 자료 16번을 마치면 두 개의 깃발 수련에 대한 자신의 반응과 움직임을 주목하게 도와주라. 피정자의 부와 명예는 무엇인가? 즉, 피정자의 거짓 안전에 필요하고 거짓 자아를 지지해 줄 것 같은 태도, 접근법, 사물 등은 무엇인가[142]? 그는 자신이 유익하다고 생각하는 부에 계속 사로잡혀 있기 때문에 그러한 부와 명예는 덫이고, 덫에는 빛으로 가장한 천사의 유혹과 같은 것이 있다[332]. 나는 당신이 계속되는 영신수련을 통하여 피정자의 기도 수련과 삶에 숨어있는 덫이나 속임수를 주목하도록 피정자를 도와줄 수 있기를 바란다.

기도 자료 17번과 두 개의 깃발을 앞에 두고

우리는 어디로 가고 있고 왜 그래야 되는가?

지금까지 어떤 피정자들은 자신들의 삶에서 그들을 부르시는 하느님의 구체적인 방법을 탐구했을 것이다. 지금이 바로 영신수련에서 이것을 더 의식적으로 다루어야 할 때다. 영신수련은 이렇게 하는 데 도움을 주려고 두 개의 깃발과 세 가지 부류의 사람을 제시한다. 26장은 결정 과정에서 특별한 두 수련이 차지하는 방식과 비중을 설명한다.

기도 자료 17번

> 두 개의 깃발, 진복팔단에 대한 예수님의 가르침,
> 세 가지 부류의 사람들, 지금부터 하는 세 개의 담화.
> 이 자료와 더불어,
> 결정 과정의 다섯 단계 중 몇 가지가 포함될 수 있다.

우리는 영신수련에서 다음과 같은 다양한 관점lens, 내용 또는 구조를 사용했다. 그것은 예수님의 삶에서 일어난 사건, 하느님의 꿈, 영들을 식별하는 규칙, 기본적이고 심리학적인 통찰, 피정자 개인의 역사 등이다. 이냐시오가 지금 피정자에게 자신의 체험을 숙고하라는 관점은 예수님의 깃발이다.

두 개의 깃발 중 첫째 깃발은 피정자가 영신수련 여정의 지금 여기서 예수님을 위한 결정과 그에 따른 선택 과정에서 속지 않도록 도움을 주기 위한 것이다. 다음이 다양한 종류의 속임수이다.

a) 죄로 이끄는 유혹에는 언제나 속임수가 있다. 우리는 좋고 유익해 보이는 유혹을 받는다.

b) 숨겨진 무질서한 경향에는 속임수가 들어 있다. 때때로 피정자는 무질서한 경향이 안전과 지위 등을 확보하는 데 도움을 줄 것으로 혼자서 생각한다[62] [63].

c) 무절제한 애착에 사로잡힌 사람은 속고 있다. 애착하고 있는 대상이 애착하는 사람에게 유익할 것처럼 보인다[16] [154].

d) 빛으로 가장한 천사는 영적으로 성숙하고 관대한 사람들을 유혹한다. 성숙하고 관대한 사람들은 대개 a), b) 또는 c)로 향하는 더 분명한 속임수

를 거의 즉각적으로 감지한다. 그러나 빛으로 가장한 천사에게 유혹당한 그들은 관대하고 사랑스러운 자신의 열망과 조화를 이룬 것처럼 보이는 매력적인 생각이나 견해에 속는다[332]. 그들을 속이는 데 이용되는 것은 그들의 선량함goodness이다.

앞에 나열한 속임수의 종류는 난이도에 따라 서로 다르다. 두 개의 깃발과 세 가지 부류의 사람들에 대한 수련이 언급하는 특정한 속임수는 c)에 해당된다. 그러나 선량한 사람은 의도적으로 루치펠의 깃발이라는 실로 인생의 천을 짜지 않기 때문에 이냐시오는 영신수련 전체에서 그리고 특히, 둘째 주간의 결정 과정에서 d) 유형의 속임수에 특별히 관심을 가진다[10] [328] [332].

두 개의 깃발은 중무장한 기사들이 말 위에서 싸우는 전쟁이라는 중세적 이미지이다. 각각의 무리는 커다란 깃발이나 기를 든 기사를 따라 전투 현장에 들어간다. 일단 백병전이 벌어지면 분명히 양쪽 진영에서 나온 기사들은 다른 쪽 진영의 기사들과 섞이면서 양 진영은 거의 구별할 수 없게 된다. 구경꾼은 매우 혼란한 가운데서 어느 기사가 어느 깃발에 속하는지 거의 분간하지 못한다. 영신수련은 이러한 이미지를 통하여 선과 악이 종종 서로 뒤섞이는 방법과 둘을 구별하기 어렵다는 사실을 전달하고자 노력한다. 일러두기[141]은 헤아릴 수 없이 많은 마귀에게 설교하고 "어떠한 지방, 지역, 신분 그리고 특정인들도 빠트리지 말라"며 그들 중의 무리를 한 도시로, 또 다른 무리를 다른 도시로 그렇게 온 세상에 보내는" 루치펠을 그리고 있다. 다른 말로 하면, 원수에게서 유혹받지 않는 사람은 아무도 없다. 이것은 예수님이 밀밭의 가라지 우화로 우리에게 가르쳐준 것과 같은 진리이다. 두 개의 깃발은 사탄의 깃발이나 예수님의 깃발 중 하나를 선택하는 수련이 아니다. 그것은 예수님의 깃발에 더 깊이 들어가서 더 철저하게 따르기 위한 방법이다.[13]

피정자들은 자기 요새의 가장 약한 부분으로 원수가 들어올 때 영적 황폐에 빠지는 과정을 배우면서 속임수를 분명히 알게 된다[327]. 다음은 이미 일어났거나 일어나고 있는 몇 가지 덫이다.

— 더 자연스럽고 친밀하며 서로 주고받는 하느님과의 관계를 방해하는 지나친 분석과 확신.
— 하느님에게서 오는 위안보다는 자연적인 위안 추구.
— 자신에게 주어진 명백한 의무와 재능을 고려하지 않는 계획과 하느님을 위한 특별한 시도[14].
— 책임져야 할 상황에서 응답을 피하기 위한 자기 비하.
— 책임감, 소유한 것, 보호, 사는 방식을 실행하거나 버리는 것에 대한 두려움.
— 언제나 중요하게 되고 싶은 욕구.

기도 자료 17번 주기

당신이 두 개의 깃발을 계속 논의할 즈음, 나는 피정자가 이미 스스로 체험했거나 깨달은 덫을 다음 주간의 기도 자료와 연결하기를 바란다. 그런 방법으로 첫째 주간의 세 개의 담화에서 얻은 깨달음(숨겨진 무질서한 경향에 끼치는 세속의 영향)은 현재 피정자의 기도 체험과 연결될 수도 있다.

대부분의 피정자들은 자신들의 문제와 부정적인 부분에 너무 집중한다. 따라서 당신과 피정자는 (이냐시오 시대의 관점에서) 예수님의 부름을 따르는 제자의 기본 자질characteristics을 갈고 닦는distills 수련의 두 번째 부분에 더 많은 시간을 보내는 것이 현명하다.[14]

영신수련 본문은 이제부터 적어도 둘째 주간 끝까지 매번 기도할 때마다 세 개의 담화를 하라고 피정자에게 지시한다.

예수님의 진복팔단을 안내할 때 양심 성찰을 하듯이 수련하지 말라고 피정자에게 지시하라. 여기서 피정자는 예수님이 사람들에게 제자직분을 가르치는 현장에 머물면서 듣고 보고 느끼는 복음 관상을 계속할 것을 요구받는다.

세 가지 부류의 사람들을 소개할 때 너무 많이 설명하지 말고 다음과 같이 간단하게 설명하라. "f) 요점으로 기도를 하십시오. 그리고 다음 주에 그것의 의미를 이야기합시다."

기도 자료 17번 듣기

피정자가 기도 자료 17번을 마치면 두 개의 깃발에 대한 그의 내적 반응과 움직임을 들어보라.

― 피정자가 자신에 대하여 무엇을 배웠는지 찾아보라. 즉, 그것은 부riches, 습관적으로 빠지는 덫 그리고 결정 과정에서 속을 수도 있는 방식이다.
― 세 개의 담화를 구체적으로 하는지 그리고 떠오르는 열망이 있는지 주목하라.
― 두 개의 깃발이 주는 영향을 주목하라. 피정자의 열망이 그의 성격과 삶에 연결되거나 비현실적이거나 전에 진행했던 것과 단절되는가?

예수님의 깃발 때문에 영적 황폐를 체험한다면 그것은 제자 직분의 도전을 받아 일어난 영적 황폐이거나 무절제한 애착에서 오는 영적 황폐일 수 있다. 어쩌면 그는 일러두기[16]이나 [157]이 제시하는 자유를 위한 기도가 계속 필요할지도 모른다. 그 반응은 피정자가 유의미한 뭔가를 다루고 있다는 징표일 수 있다.

반복이 필요하고 끝내지 못한 사항이 있는지 살펴보고 그런 것이 있다면 기도 자료를 적용해서 주라. 종종 이전 기도 자료에서 제시된 보조 성경 독서는 적용에 도움을 줄 수 있다.

세 가지 부류의 사람들에 관한 수련에서 의미 있는 사항이 떠올랐는지 살펴보라. 아무것도 없으면 다음과 같은 질문을 하라.

"세 가지 부류의 사람들을 수련하면서 어떻게 반응했나요? 지금 당신의 입장에서 세 가지 부류를 어떻게 보고 있나요? 지금 당신은 어떤 부류의 사람인가요? 왜 그렇다고 보나요? 어쩌면 당신은 그 수련을 지난 몇 주간 동안 언급한 이러저러한 관점에서 바로 지금 다시 기도할 수도 있습니다."

기도 자료 18번을 앞에 두고

기도 자료 18번

결정을 위한 자료 찾기, 세 가지 부류의 사람들,
제자들 부름, 베드로 부름. 이 자료와 더불어 결정 과정의
다섯 단계 중 몇 가지가 포함될 수 있다.

이 기도 자료가 제안하는 은총과 둘째 주간의 전반적인 은총 사이의 서로 다른 점을 주목하라. 기도 자료 18번의 목적은 결정 과정을 시작하기 전에 고려해야 할 필요가 있는 자료 도출에 도움을 주는 것이다. 피정자가 결정할 사안 없이 영신수련을 시작했을 수도 있음을 기억하라. 그러나 그는 개인적이고 사적인 부분에서 하느님께서 그를 어떻게 부르시는지 계속 질문할 필요가 있다. 피정자가 자신의 삶에서 영신수련 체험을 어느 정도 실현시키지 않으면 영신수련 체험은 쓸모없을 것이다.

형식에 따른 결정 과정은 신분의 변화를 둘러싼 문제를 포함하지 않을지도 모르지만 신분의 변화는 선택election의 가장 중요한 예이다. 하지만, 그것은 유의미한 다른 자료를 포함할 수도 있다. 당신은 피정을 시작하면서 피정자와의 약속에 따라 판단할 것이다. 피정자가 이냐시오 영성을 체험하고 이해하고자 영신수련을 시작했고, 당신은 피정자가 그저 좋은 체험을 할 뿐만 아니라 영신수련을 마친 뒤에 그 체험을 이용할 수 있기를 바라면서 양성 패러다임으로 영신수련을 주고 있다면, 오해나 저항이 일어날 위험을 무릅쓰고라도 그와 함께 의식적으로 결정 내려야 할 사안을 직면하는 것이 중요할 수 있다.[15]

나는 영신수련 중에 의식적으로 결정을 식별하는 체험이 결정 식별을 느껴서 이해하도록 피정자를 도와줄 것이다. 그래서 그가 앞으로 식별할 수 있게 되기를 나는 바란다. 이것은 이 책의 양성 패러다임을 따른 것이다. 피정자가 사적이고 공적이며 좀 더 사회적인 측면에서 영신수련을 유용한 삶의 도구로 계속 사용하려면 이냐시오가 영신수련을 쓴 입장인 결정 내리는 관점에서 영신수련 영성을 이해해야 한다.

일반적으로 대부분의 사람이 의식적으로 식별한 후 결정하는 것을 싫어한다고 너무 일반화하는 것은 아닌가? 우리 인간은 언제나 매우 다양하게 결정하지만 아주 드물게 의식적이고 의도적으로 식별해서 결정한다. 인간이 된다는 뜻은 선택할 능력이 있다는 것이고 누구나 자신만의 선택 방법을 개발한다. 많은 사람은 무심코 결정하는 것에 익숙해서 결정할 때 의식을 성찰해서 식별하기를 꺼린다. 많은 사람은 기도하며 내린 결정을 개인 생활에 귀속시킨다. 따라서 대부분의 피정자들은 식별을 먼저 개인 생활에 적용하고 그다음에 오직 경제적인 변화, 중년의 위기, 살기 위한 직업 선택과 같은 더 중대한 상황에 적용할 것으로 생각한다.

이 중요한 시기에 이 기도 자료가 피정자에게 도움이 되지 않을 것 같으면 그것을 적용하거나 건너뛰라. 그러나 다음 장에서 논의할 생활 개선[189]는 피정자에게 여전히 중요할 수도 있다. 당신은 이 시점에서 피정자에게 일러두기[189]를 알려주는 것이 필요할 수도 있다.

늘 그렇듯이 당신과 피정자는 하느님의 은총으로 지지받거나 지지받지 않은 결정에 필요한 영신수련 체험을 강조하기보다 기도에서 떠오르는 것을 다루는 것이 더 중요하다. 달리 말하면 이 시점에서 어떤 결정은 논리적으로 맞을지도 모르나 하느님께서 결정에 대한 은총을 주시지 않을 수도 있다. 당신은 이러저러한 것에 관하여 결정이 내려지기를 바랄 수도 있으나 이러저러한 것이 피정자의 기도 체험에서 떠오르지 않을 수도 있다. 당신은 기도 길잡이로서 피정자에게 이러저러한 것을 살펴보라고 제안할 수 있으나 당신의 제안에 대한 피정자의 반응을 언제나 존중해야 한다[15].

당신은 피정자에게 주제와 은총을 읽어주고 필요한 설명을 하면서 기도 자료 18번을 소개해 줄 수 있다. 다음은 몇 가지 제안이다.

— "a)와 b) 요점으로 상상하는 수련은 식별이 필요할 수도 있는 당신의 항목items이나 사안matter을 하느님과 함께 규명하는 데 실제적으로 도움을 줄 수 있습니다. a)수련에서 당신 앞에 있는 상상 속의 그 사람은 당신이 받은 특별한 깨달음과 은총을 지니고 영신수련 동안 당신과 비슷한 체험을 한 사람입니다. 이 사람에게 어떤 자료data를 살펴보라고 권하겠습니까? 어쩌면 그것은 하느님께서 당신에게 살펴보라고 권하시는 바로 그 자료일지도 모릅니다. 반드시 상상력을 사용해서 기도하는 마음으로 수련을 하십시오. 그렇게 함으로써 수련이 당신을 이끌 것입니다!"
— "지난 몇 주간에 걸쳐서 우리는 이러저러한 부분에서 결정할 필요성을 논의했습니다. 당신은 그것을 검토하기 위해 a)와 b)로 수련할 수 있습니다."

이것이 적합하면 다음과 같이 피정자가 일러두기[157]에 관심을 갖게 만들어라. "당신이 어떤 자료를 살펴보기를 망설이거나 그 자료 때문에 자유롭지 못하다면 일러두기[157]로 기도하십시오."

피정자가 이미 결정 과정에 들어갔다면 당신은 이 기도 자료를 적용할 필요가 있을 것이고 이미 시작된 그 과정을 계속 진행시킬 것이다.

27장의 "결정 내리기와 다섯 단계"를 참조하라.

기도 자료 18번 듣기

피정자가 기도 자료 18번을 마친 뒤에, 당신은 a)와 b) 그리고 c)에 대한 그의 반응을 듣게 될 것이다. 나는 a)와 b)가 피정자가 결정 과정에 들어갈 필요가 있는 자료를 떠올리는 데 도움을 주었기를 바라고 c)가 그의 준비 상태를 알려주기를 바란다. 다음은 당신 스스로에게 할 수도 있는 질문이다.

— 그는 세 번째 부류 사람들 쪽으로 기울어지는가?

— 그는 제자 직분에 대한 자료로 기도하며 영향을 받았는가?

— 그는 둘째 주간 내내 각 기도 수련에서 해야 할 세 담화를 계속하는가?

— 그는 최고의 영적 가난에 대한 요청을 더 구체적으로 받아들이는가?

— 결정 과정에서 숙고할 필요가 있는 실마리가 떠오르는가?

1 3 장
결정 과정의 첫째 단계
기도 자료 19번, 세 가지 유형의 겸손

앞으로 나아갈 방향과 근거

당신은 아마도 다음 중의 하나나 여러 가지 근거로 피정자에게 기도 자료 18번을 주었을 것이다.

— 그는 결정을 위한 사전 준비 단계를 아직 끝내지 않았다.
— 그는 결정을 내려야 할 필요가 있다고 판단하지 않았고, 정말로 그럴 필요가 있었다면 뭔가를 요청했을 것이다.
— 그는 그리스도를 위해 뭔가를 결정할 필요를 느꼈으나 살펴볼 필요가 있는지 확실하지 않다.
— 당신은 이 책을 너무 맹종하고 있다.
— 당신은 피정자가 결정을 식별하며 좋은 체험을 하기 바랐기에, 그는 더 깊게 체험하며 영신수련을 이해하고 일상에서 영신수련을 사용할 수 있을 것이다.

우리는 지금부터 결정 과정에 들어가거나 과정을 계속 진행할 것이다. 피정자가 지금까지의 결정 준비나 기도 자료 18번 덕분에 이 시점에 도달했다면, 다음의 해설은 매우 유용할 것이다. 기도 길잡이로서 당신은 27장의 '결정 내리기와 다섯 단계: 이론-과정-절차'를 읽거나 참조할 필요가 있을 것이다.

피정자의 선택 식별 준비에 유익한 질문

전반적인 문제 명료화

답이나 결정이 필요한 내용이나 전반적인 문제가 너무 복잡해서 분명한 사안이 수많은 부차적인 사안에 묻힐 것처럼 보일 때 당신은 어떻게 하겠는가?

먼저 결정 내릴 필요가 있는 유의미한 사안이 떠오르기 시작할 때 종종 혼란이 일어난다는 것을 의식하라. 그리고 나서 부차적인 사안에서 우선적인 사안을 분리하기 위하여 그 사안에 대해 피정자와 대화를 하라. 피정자가 이것을 집에서 할 필요가 있다면 다음 주에 두세 개의 기도 요점 대신에 이것을 하라고 권장할 수도 있다. 이것을 진행하는 한 가지 방법은 피정자가 떠오르는 모든 가능성을 나열하고 나중에 기도하듯이 성찰한 뒤에 부차적이거나 불필요하게 보이는 것을 빼는 것이다.

당신은 다음과 같이 무엇인가 해야 한다는 질문을 들을 때 어떻게 하는가? 이를테면 "당신은 어떻게 더 효과적으로 정치에 참여해야 하는가? 당신은 무엇을 공부해야 하는가? 당신은 회의에서 듣고 진행하는 기술이 필요하다면 다음 단계는 무엇인가?"

— 구체적으로 할 수 있는 것이 떠오르는지 탐색한다.

— 창조적 사고를 기록하라. 그리고 믿을만한 사람들과 집에서 작업하면서 기도하라고 제안하라. 어쩌면 그는 주요 사안을 식별할지 결정하기 전에 더 많은 사실을 조사해야 할지도 모른다!

사안의 우선순위

내용에 여러 가지 핵심 사안이 있을 때 당신은 어떻게 할 것인가?

피정자가 다른 핵심 사안이 들어 있거나 다른 사안보다 더 논리적이거나 시간적으로 우선하는 핵심 사안을 분리하도록 노력하며 사안의 우선순위를 정하도록 도와주라. 반면에 여러 핵심 사안이 똑같이 중요하게 보이면 선호도에 따라서 일렬로 늘어놓으라고 제안하라. 결정할 필요가 있는 사안이 너무 많으면, 그가 우선순위를 정하게 하고 첫 번째에 해당하는 세 개를 선택하라고 권하라.

일관되고 현실적인지 계속 지켜보기

피정자가 지난 2~3개월 동안 떠오른 결정할 사안이 당신이 감지한 것과 조화를 이루지 않을 때 어떻게 하겠는가?

피정자와 그것을 상의하라. 아마도 당신은 영신수련의 이 시점에서 결정하기에 적절한 사안을 발견하고자 일주일을 더 보내라고 제안해야 할지도 모른다. 그러나 당신은 결국에는 기도하면서 깨닫는 피정자와 함께해야 할 것이다. 나는 결정을 내려야 할 사안이 다음과 같이 떠오르기를 바란다.

a) 그 사안이 그의 현재 삶에서 다뤄야 하는 것을 담고 있는가?

b) 그 사안이 그의 기도에서 떠오르는가?

c) 그 사안이 그가 이미 받은 은총과 조화를 이루는가?

d) 그 사안이 실현 가능한가?

e) 그 사안이 하느님의 계획과 조화를 이루며 다른 사람과의 협력을 추진하는가? '아버지의 나라가 오시며, 아버지의 뜻이 하늘에서 같이 땅에서도 이루어지소서.'

유의미한 사안이 떠오르지 않을 때

피정자의 기도에서 결정을 내려야 할 유의미한 사안이 떠오르지 않을 때 당신은 어떻게 하겠는가?

이것을 떠올리게 해달라는 기도를 그에게 제시하라. 그는 바로 전에 기도한 자료로 돌아갈 수 있다. 또는 그는 다음 기도 자료로 나아갈 수 있고 더 나은 그리스도인이 되라고 부름받은 곳과 방법을 살펴보면서 기도 수련하며 시간을 보낼 수 있다. 당신은 일러두기[189]의 생활 개선을 위한 지침을 그에게 제시할 수도 있다. 당신은 사안을 다음과 같은 새로운 주제로 바꾸라고 그에게 요청할 수도 있다.

집 안팎의 인간관계, 일, 사도직, 정치적 참여, 독서, 여가, 재능, 돈, 협동 정신, 기도 생활, 텔레비전 보기, 정기 간행물 활용하기, 소유물, 생활 태도, 자원봉사, 본당 활동 등.

어쩌면 당신은 자선금을 분배하는 직무[337]에 관한 규칙을 그에게 줄 수도 있고 그 규칙에 담긴 원리를 앞의 몇 가지 주제에 적용하라고 요청할 수도 있다. 달리 말하면 당신은 그에게 내일을 위해 사는 방식을 발전시키고 실천하라고 요청할 수 있을 것이다.

카나의 혼인 잔치, 백인대장의 종 치유,
하혈병 여인 치유, 세 가지 유형의 겸손.
이 자료와 더불어, 결정 과정의
다섯 단계 중 몇 가지가 포함될 수 있다.

기도 자료 19번을 소개할 때 세 가지 유형의 겸손을 주라. 피정자에게 일주일 동안 f)요점으로 한번 기도 수련하고 다음 면담 때 그것을 함께 논의하자고 제안하라. 반면에 더 도움이 된다고 여겨지면 세 가지 유형의 겸손을 조금만 안내하라. 26장에서 더 깊게 설명한 다음의 요점을 기억하라.

a) 세 가지 유형의 겸손은 완덕을 향한 사다리의 발판이 아니다.

b) 그것은 반응의 계기moments이다. 첫째 유형은 매우 관대한 반응인데 어떤 사람에게는 순교를 뜻한다.

c) 그것은 현재 피정자의 자유와 더 깊은 열망을 판단하는 데 도움을 줄 것이다.

당신은 이 시점에서 피정자의 요구에 더 잘 맞는 예수님의 공생활에 관한 다른 성경 본문을 선택하고 싶을 수도 있다. 적용할 때마다 피정자가 복음 관상을 할 수 있도록 가르침이나 우화보다도 구체적인 사건을

13장_ 결정 과정의 첫째 단계 | 243

주로 선택하라.[16] 기도 방식을 바꾸려면 반복의 사용과 그 필요성을 계속 존중하라.

이 시점에서 피정자에게 필요한 결정 단계나 과정phase을 포함시켜라. 27장은 다섯 단계를 설명하고 결정 과정에 다섯 단계를 포함시키는 방법을 보여준다.

기도 자료 19번 듣기

피정자가 기도 자료 19번을 마친 뒤 당신은 세 개의 담화와 더불어 세 가지 유형의 겸손을 기도한 피정자로부터 체험과 열망, 깨달음을 듣게 될 것이다. 그는 어떤 단계의 자유를 체험했는가? 이론적으로 피정자는 세 번째 부류의 사람들과 두 번째 유형의 겸손과 감정적으로 조화를 이룰 때 구체적으로 결정하고 선택하도록 준비된다. 피정자의 내적 자유는 세 번째 유형의 겸손에 대한 열망의 진정성을 드러낸다. **그러나 실제로 피정자는 오직 결정 과정과 선택이라는 구체적인 작업을 진행하면서 영적 자유를 누린다.**

피정자는 복음 관상을 하면서 예수님과 어떻게 관계를 맺는가? 지난 몇 주간에 걸쳐 다음과 같이 예수님과의 관계가 유의미하게 바뀌었는가? 말하자면 덜 인간적인 관계에서 더 인간적인 관계로? 덜 가까운 사이에서 더 가까운 사이로? 약한 열정에서 더 강한 열정으로 예수님을 따름? 영적 황폐에서 영적 위안으로? 거짓 영적 위안에서 진실한 영적 위안으로[316] [331]-[334]? 흥분된 상태에서 조용한 상태로, 물이 바위 위로 떨어지는 상태에서 스펀지 위로 떨어지는 상태로[335]? 당신이 이와 같은 변화를 그의 체험에서 발견하면 그것은 결정 과정과 관련이 있을 수도 있다.

14장
기도 자료 20번-22번
영들을 식별하는 두 번째 규칙 세트 고찰

앞으로 나아갈 방향과 근거

나는 이 시점에서 당연히 피정자는 영신수련 둘째 주간의 중심부에 있을 것으로 생각한다. 피정자는 예수님의 공생활과 사명의 신비를 기도하고 있다. 그는 결정 과정의 여러 측면을 진행하면서 복음 관상을 하고 있다. 또한 나는 복음 관상에서 무슨 일이 일어나고 있는지 '해석할'(11장에서 논의) 필요는 줄고 있으나 '식별할' 필요가 (엄격한 의미에서) 늘고 있다고 간주한다. 바라건대 피정자가 영적 위안을 받으며 앞으로 가고 있고 영적 위안이 믿을만하다고 식별되면 창조주가 직접 일하시도록 [15] 피정자를 하느님께 맡겨라. 또한 나는 이즈음에서 영들을 식별하는 두 번째 규칙 세트가 피정자에게 당연히 필요할 수도 있다고 생각한다.

피정자들 각자 영신수련의 이 부분에서 매우 독특하고 다양하게 진행하기 때문에, 영신수련의 역동을 충실히 따랐다고 전제하는 연속 해설은 당신의 유일한 상황에 필요한 것을 설명해 줄 수 없다. 그러므로 연속 해설이 제공하는 자료는 원래보다 훨씬 덜 상세하고 덜 실용적이 될 것이다. 아마도 당신은 이제 지금까지 읽은 것보다도 3권의 3부와 4부, 특히 26장에서 29장까지를 더 많이 참조할 필요가 있을 수도 있다.

거짓 영적 위안의 여러 가지 양상

첫 번째 양상은 내가 12장 앞부분에서 설명한 영적 황폐의 초기이다. 앞에서 내가 언급했듯이 피정자는 영적 황폐의 초기를 체험하며 무척 행복해 보일지도 모른다. 그는 여전히 기도할 수 있고 하느님의 현존을 느끼고 있다. 그러나 그것이 스스로 움직이도록 내버려 두면 그는 기도하면서 힘들어지고 멀어지거나 지루할 것이다. 예를 들면 다음과 같다.

— 피정자가 이야기 속으로 들어가야 할 때 교훈 습득을 좋아한다.
— 또는 예수님이 기도 수련에서 피정자에게서 멀어진다.
— 또는 피정자가 기도 수련에서 예수님에게서 멀어진다.
— 또는 예수님이 그에게서 돌아서신다.

두 번째 양상은 일러두기[331]에 더 잘 맞는 것 같다. 피정자는 기도할 수 있고 하느님의 현존을 체험한다. 기도는 매우 자유롭게 진행되고 담담하다. 그러나

— 그가 예수님과 관계를 맺고 있다는 증거가 없다.
— 그리고/또는 그가 어떤 쪽으로도 움직이지 않는 것 같다. 기도 길잡이는

지루할 것이다. 기도 길잡이는 다음과 같이 말하고 싶을 것이다. "그래서 어쨌다는 것입니까! 왜 나한테 그런 이야기를 합니까?"

세 번째 양상은 일러두기[331]-[334]가 설명한 것이다. 그것은 피정 자가 관대하고 열정과 열망으로 가득 차서 하느님의 부름을 따르려고 노력할 때 더 자주 나타난다. 그것은 피정자가 결정을 내릴 때 그 자체를 드러낸다. 피정자는 하느님의 현존을 느끼며 기도할 수 있다. 피정자는 예수님을 친밀하게 체험한다. 그는 매우 자유롭게 기도하고 성실해진다. 그러나 거기에는 다음과 같은 몇 가지 불협화음이 생긴다.

— 물이 스펀지에 떨어지기보다는 바위에 떨어지는 것처럼 기도의 일부가 광적으로frenetic 보인다[335].
— 그리고/또한 기도가 산만하거나 덜 좋은 것으로 이끌린다. 예를 들면 피정자가 떠오르는 결정을 받아들이기 시작하는[332] 반면, 이와 동시에 하느님의 사랑을 마음 깊이 체험하면서 하느님과 무관한 계획을 세우고 있다. 그리고/또는,
— 기도가 피정자의 영혼을 나약하게 만든다. 즉 피정자는 기도 수련을 하는 사이에 집과 일터의 공적인 세상에서 살아가며 두통을 느끼고 긴장하며 과민해진다[334].

앞의 세 가지 양상으로 볼 때 영들을 식별하는 두 번째 규칙은 기도 길잡이에게 다음과 같이 피정자를 도와주라고 지시한다.

1. 체험에서 떠오르는 속임수를 주목하라.

2. 처음과 중간 그리고 끝 즉 그것이 어떻게 시작되었고, 피정자가 속임수를 인식할 때까지 어떻게 발전되었는지 분석하라(대개 속임수는 피정자의 선goodness과 재능을 과장하거나 숨어있는 약함과 연결된다).

3. 유혹의 패턴을 이해하라.

4. 그가 이해한 유혹의 패턴을 글로 써보라.

5. 앞으로 그와 같은 유혹이 종종 유사하게 나타날 것이므로 경계하라.

유혹이 심각한 현실로 드러나거나 '사탄의 꼬리'로 감지될 수 있을 때처럼 움직임이 더 확실해질 때까지 기다리는 것이 때때로 바람직하다. 다음은 두 가지 예이다.

— 피정자는 한 번의 기도 수련으로 단순하게 살면서 하느님께 감사드리며 섬기기를 무척 바랐고 매우 자유롭게 그렇게 이끌리는 것을 느꼈다. 그후, 그는 예닐곱 번 기도 수련을 한 뒤에 그것의 가치를 다른 이들에게 확신시키려는 계획을 짰다. 피정자는 과도한 열정의 기미를 보여주었다.

— 기도 길잡이는 예수님과 함께 거절당하고 싶은 열망에서 (처음)시작한 움직임이 피정자에게서 일어나고 있음을 주목했다. 그 움직임과 더불어 피정자는 복음을 관상하며 더 바람직하다고 생각하는 것을 포함하는 쪽으로 이끌렸다 (중간). 피정자는 이틀 뒤 면담하며 오해한 것 때문에 눈에 띄게 당황했다 (마지막) [333]!

거짓 영적 위안의 네 번째 양상은[336] 하느님에게서 직접 오는 영적 위안 즉 원인 없는 위안 바로 뒤에 발생한다. 그 체험은 앞에서 제시된 또 다른 거짓 형태와 비슷한 효과를 종종 보여줄 것이다. 때때로 그것은 당황이나 괴로움과 같은 사랑스러운 걱정을 동반한다. 그런 '당황'은 [315]와 [317]에서 설명한, 영적 황폐에서 발생한 걱정과 질적으로 다르고 관대한 사랑과 일치한다. 하지만 그것은 직전에 하느님께서 직접 주셨던 영적 위안과 조화를 이루지 못한다.[17]

일러두기[336]은 기도 길잡이에게 개략적으로 충고하고 있다. 직접적이고 참된 영적 위안을 받는 시기의 구체적인 생각과 영적 위안을 뒤따라오는 시기(여운)의 해석을 구별하는 것이 중요하다. 그러므로 길잡이는 피정자가 다음의 생각을 알아차리도록 도와주어야 한다.

a) 원인 없는 영적 위안을 받는 동안의 생각.
b) 원인 없는 영적 위안을 받은 바로 뒤에 떠오르는 생각과 해석.

따라서 기도 길잡이는 피정자가 그러한 영적 위안을 받은 뒤에 곧바로 스스로 해석한 것에서 실제로 무엇을 받았는지 분명히 구별하도록 도와주어야 한다.

기도 자료 20번과 21번 안내

다음을 소개할 때 필요한 결정 단계나 과정을 계속 포함시켜라.

기도 자료 20번

> 세 가지 유형의 겸손, 바리사이들에게 맞서는 예수님,
> 성전의 상인들에게 맞서는 예수님
> 이 자료와 더불어, 결정 과정의
> 다섯 단계 중 몇 가지가 포함될 수 있다.

기도 자료 21번

> 예수님이 오천 명을 먹임. 예수님이 물 위를 걸음.
> 예수님의 변모.
> 이 자료와 더불어, 결정 과정의
> 다섯 단계 중 몇 가지가 포함될 수 있다.

둘째 주간 끝으로 접근하기

계속해서 당신은 둘째 주간 동안 피정자를 안내했고, 예수님의 공생활과 수난 그리고 죽음과 직접 연결된 사명의 신비에 다가가고 있다(기도 자료 22번). 예수님은 마리아와 마르타의 집과 라자로의 장례식에 갈 즈음에 스스로 종교 지도자들에게 잡히기로 마음을 정한다. 그는 자신의

사망 증명서에 서명한다.

게다가 세 구절은 상징적인 의미로 채워졌다. 라자로의 소생에서 예수님의 죽음과 수난에 관한 파스카 신비가 드러난다. 예수님은 베타니아에서 기름을 받으며 장례식을 준비한다. 예수님의 예루살렘 입성은 사람들을 향한 예수님의 사명에 담긴 중요한 의미를 상징한다.

영신수련 셋째 주간에 들어가기 위한 피정자의 준비 상태를 성찰하는 데 도움을 받으려면 15장을 읽어 보라. 당신이 보기에 피정자가 아직 셋째 주간에 들어갈 준비가 되지 않았다면 피정자는 기도 자료 22번의 자료보다는 앞에서 일어난 예수님의 공생활의 신비에 시간을 보낼 수도 있다.

기도 자료 22번

라자로의 소생, 베타니아의 저녁 식사와 도유식, 예루살렘 입성.
이 자료와 더불어 결정 과정의
다섯 단계 중 몇 가지가 포함될 수 있다.

〈영신수련 둘째 주간〉 미주

1) 윌리엄 배리, S. J., *Finding God In All Things: A Companion to the Spiritual Exercises of St. Ignatius* (Notre Dame: Ave Maria Press, 1991). 5장, "God's Dream for Our World" (66쪽)는 그리스도 나라 신화에 대한 유익하고 쉬운 설명이며 둘째 주간과의 관계에서 그리스도 나라의 역할 설명에 매우 도움이 된다. 배리는 피정자에게 이나시오의 나라 신화에 들어가도록 권장하고자 그리스도 나라에 전통적으로 접근하는 방법을 다루었다.

2) 예수님의 어린 시절을 수련한 뒤에 그리스도 나라에 들어가는 독창적인 접근법은 존 잉글리시가 1980년대 초 큰 모둠에 속하는 개인을 위한 훈련 프로그램으로 영신수련을 주는 '특별한 목적'ad hoc에 사용하라고 내게 처음 제안한 것이다. 우리는 기도 자료를 교회력에 맞추기를 원했다. 우리는 성탄이 시작될 무렵에 여러 피정자가 (첫 주간에서 떠오른) 치유에 더 많은 시간을 보낼 필요가 있고, 그리스도 나라를 할 준비가 되지 않았음을 발견했다. 하지만 그들은 성탄과 관련된 복음 관상으로 치유를 진행할 수 있었다.

3) 마리아는 로마 가톨릭과 성공회 그리고 그리스 정교회에서 하느님이신 사람의 어머니이다.

4) 영신수련에서 결정 과정은 고르는 것choice을 뜻하는 선택election이라고 불린다[175]. 이나시오가 사용한 모델은 결혼, 사제직과 같은 종교적인 부름의 형태로서 영속적인 헌신의 선택에 바탕을 둔다. 다른 말로 하면, 이나시오는 결정 과정의 원리를 전개하려고 평생의 부름life-calling을 결정하는 것을 예로 든다. 그는 그 밖의 모든 것을 '삶의 태도를 개선하는 것'으로 보는 것 같다[189].

우리는 좋고 건전하며 잘 식별된 선택은 올바르고 좋은 선택이라고 지칭할 수 있다 (풀의 번역 내용과 같음). 올바른 선택이라도 미래에 반드시 성공하는 것은 아니다. 피정자의 식별 과정의 자료로 볼 때 올바른 선택은 그때 할 수 있는 가장 사랑스럽고 영적으로 자유로운 선택이라는 사실을 함축한다.

5) 복음 관상에 대한 가장 유용한 설명은 내 책orientations 1, 역서: 『영혼의 길잡이 1』 66-69쪽에 있다. 그러나 수동적이라는 권고를 너무 문자 그대로 받아들이는 사람들이 있다.

6) 피정자가 영신수련을 하면서 경우에 따라서 특별히 중요한 결정을 식별하는 것이 아닌 때는 복음 관상은 지금 그에게 필요한 기도 방법이 아닐 수도 있다. 영신수련은 사람을 위해서 만들어진 것이지 사람이 영신수련을 위해서 있는 것이 아니다. 우리는 다른 독창적인 것과 마찬가지로 영신수련의 기도 방법도 도움이 되는 한에서 사용해야 하고 하느님을 찬미하고 존경하며 섬기는 데 방해가 될 때는 사용하지 말아야 한다[23].

7) 그리 오래되지 않은 시절에(당연히 1950년대에) 세상 사람들은 좋은 충고를 마음에 간직하지 않았다. 우리는 피정자가 하느님께 온전히 마음을 두지 못하게 만든다는 것을 근거로 분심을 불완전과 무절제한 애착의 징후로 여겼다. 우리는 기도하면서 내재적이기보다

는 초월적인 하느님께 의식적으로 집중해야만 한다고 믿었다.

8) 3권 33장의 311쪽 '치유 관련성Healing Connection'을 참조하라.

9) *The Way Supplement 34* (Autumn 1978)에서 존 위컴의 논문, "Ignatian Contemplation Today"는 현대의 피정자에게 복음 관상의 열매가 종종 이냐시오의 시대처럼 사회적으로 그 자체를 표현하지는 않는다는 사실을 보여준다.

10) 여기서 분명하거나 (일러두기[315]와 [317]에서 설명하듯이) 덜 분명한 영적 황폐를 다루는 것이 문제이다. 또한 그 답은 피정자가 이미 복음 관상을 잘 사용하고 있다고 추정한다. 그것은 그가 이야기 속에서 진정한 자아를 만나도록 허락하고 있다는 것을 뜻한다. 우리는 그가 더 이상 이 방법을 배우는 단계에 있다고 추정하지 않는다.

11) 함께하기는 영신수련 여정에서 모든 것의 열쇠이다. 당신은 마법을 부리고magical 직관적으로 답을 하는 도사guru가 아니다. 영신수련의 역동성에는 당신과 피정자가 함께 작업한다는 사실이 담겨있다. 피정자는 기도하는 은총을 알고 있기에 은총을 받아들이도록 자신을 적절하게 도와줄 수 있는 것을 최종적으로 결정할 권한이 있다.

12) 이 책의 안내와 3권 30장의, '영신수련을 이해하고 사용하는 다양한 관점,' 특히 239-245쪽을 참조하라.

13) 하느님과의 깊은 관계를 회피하는 피정자의 습관은 영신수련이 진행되면서 좀 모호해질 수 있다. 첫째 주간 셋째 수련으로 드러난 숨겨진 무질서한 경향은 결정 과정 동안 두 개의 깃발과 빛의 천사가 주는 유혹에 담긴 '부귀'에서 더 불투명해진다. 어쩌면 당신은 피정자가 수련하는 동안 어려움을 겪는 방법과 수련 사이의 일상과 수련 여정이 끝난 뒤의 일상에서 어려움을 겪을 것 같은 방법 사이의 연관성을 주목할 수 있을 것이다. 이 점에 관하여 설명한 범례와 더 명확한 토론을 보려면 3권 29장의 C(204쪽)를 참조하라. 우리의 자아인식self-awareness 능력과 요구가 각자 다르고 특별히 기도 수련하는 피정자의 태도와 삶을 대하는 태도 사이의 상호관계가 이 시점에서 매우 모호할 수도 있다.

14) 피정자의 문화에서 적절하게 갈고닦는 것은 어떤 것일까?

15) 피정자가 분명하게 결정 내리는 것에 저항할 때, 당신은 이것에 저항하는 자신을 주시해야 한다. 당신 자신이 저항하는 것을 피정자에게서 발견하고 있는가?

16) 예수님의 성전 가르침과 산상 설교 모두를 피정자의 기도 수련으로 제안하는 둘째 주간 일러두기[161] 때문에 잘못 이끌리지 않는다. 여기에도 복음 관상 방법이 의도되어 있다! 피정자는 예수님이 가르치거나 설교하고 있을 때 예수님과 함께 있는 방식으로 기도해야 하고 진복팔단 각각의 내용을 분석하며 수련하고 싶은 유혹에 빠지지 말아야 한다.

17) 빈 무덤 앞에서 관대함과 사랑으로 마음이 벅찬 마리아의 '당황'은 좋은 예이다(요한 20:11). 그녀는 무슨 일이 일어났었는지 이해할 수 없다. 여기서 문제는 사태 파악이 아니라 오해이다. 그녀는 무질서한 감정 때문에 영적으로 황폐해져서 슬퍼하듯이 슬퍼하는 것이 아니다. 그녀는 황폐해졌으나 영적으로 황폐해진 것이 아니다.

주름살

— 루스 매클린

주름살이 하나 생겼는데 그것이 펴지지 않을 수도 있다.
어쩌면 그 주름살과 함께 살아야 할지도 모른다.

(비교적 괜찮은) 내 인생을 끝낼 수 있고,
허공에 던져 버릴 수 있으며, 중요한 흐름을 바꿀 수 있고,
매운 고추 속으로 던질 수 있다고 생각한다….
그런 뒤에 다시 모든 조각이 포장도로에 부딪혀서 제자리에 들어와
앉기를 바란다.

그런데 …. 여러 가지 주름살들이 보인다.
크고 단단하며 긴 주름살과 작고 고집스러운 주름살이다.
그것들은 손으로 문질러서 부드러워지지 않는다.
풀이 매겨지고 다리미에 눌린 그것들은 부드러워지지 않는다.
그것들은 마치 지도에 새겨진 산길처럼
눈에 띄게 우뚝 솟았다.

내 퍼즐에는 편편하게 놓이지 않은 조각들이 있다.
그것들은 들쭉날쭉하고 굽어졌고 귀찮게 계속 곧추선다.
한쪽 귀퉁이를 누르면 다른 쪽이 솟아오른다.
어떤 것은 색깔이 바래서 다른 조각과 맞지 않는다.
모든 것이 다시 완벽하게 들어맞는 것을

상상이라도 했었는지 궁금하다.

일단 애벌레나 뱀 같은 주름살이 피부에 솟아나면, 속으로 다시 오그
라들지 않는다. 주름살은 들어맞지 않는다.

새로운 피부가 있다. 뭔가 새로운 것이 솟아난다.

나는 뭔가 새로운 것이 되었다.

괴상하고 험상궂은 그것을 느끼는 게 싫다.

내가 어떻게 될지 모른다.

거울 속의 내 모습은 여전히 똑같은데도

내 안은 심각하게 엉켜 있다.

새로운 주름살이 싫다.

들어맞지 않는 모든 조각이 싫다.

새로운 지도로 사는 법을 어떻게 배워야 할지 모르겠다.

영성수련
셋째 주간

15장
셋째 주간 준비하기
기도 자료 23번으로 셋째 주간 소개하기

셋째 주간 시작과 연기 시점

다음은 피정자가 셋째 주간을 시작할 준비가 되었다는 징조이다.

— 피정자는 선택했고 승인을 받기 위해 기도할 준비가 되었다.

— 그는 기도하면서 이미 그 방향으로 체험하고 있다.

— 예를 들면, 그는 십자가를 더 의식했고 끌어안기를 열망하며 성장하고
  있다.

— 또는 그는 기도하며 지루하기 시작했는데도 사랑하고 인내하며 평화를
  누리고 있다.

— 그는 일상에서 그 방향으로 이끌리고 있고 예수님이 당한 거부와 죽음이
  라는 관점에서 자신의 체험을 이해하기 시작했다. 또한 그는 가족이 위기
  를 겪기 시작할 때부터 예수님 수난 기도체험이 그에게 많은 도움이 되었

다는 것을 일상생활을 통해 깨닫기 시작했다.

반면에 피정자는 아직 셋째 주간을 시작할 준비가 되어 있지 않을 수도 있다. 그는 여전히 '부자유'라는 초기 문제를 다루고 있을 수 있다. 또는 어쩌면 피정자는 기도하면서 여전히 자신을 놓아주는 것과 씨름하고 있을지도 모르고 선택을 식별하려는 질문이 지금은 적절하지 않기에 예수님의 삶에 시간을 더 보낼 필요가 있을지도 모른다. 또는 피정자는 여전히 첫째 주간의 은총이 필요할지도 모른다. 그러한 상황에서 당신은 셋째 주간을 보류하는 것이 정말로 도움이 되는지 또는 앞으로 나아가고 영신수련의 본문을 다른 목적으로 사용하는 것이 더 유익한지 정직하게 판단해야 한다. 모든 그리스도인은 셋째 주간에 들어갈 준비가 되었든 되지 않았든 상관없이 그 주제로 유익하게 기도할 수 있다는 사실을 잊지 마라!

언제나 셋째 주간을 미룰 때는 뭔가 중요한 것이 나올 것이라는 분명한 희망이 당신에게 있어야 한다. 선택 과정을 거의 끝냈고 미승인unconfirmed 결정을 내리고 있는 시점에서 보류는 피정자에게 도움이 될지도 모른다. 지금 당장 셋째 주간에 들어가라는 것은 그에게 너무 충격적일 수도 있다!

그러나 가끔 어떤 피정자들은 꼭 필요했던 은총을 셋째 주간에 받는다. 셋째 주간은 많은 피정자에게 필요했던 은총이 나타나는 시기가 될 수 있다. 어쩌면 영신수련 본문을 사용하는 것이나, 다음의 제안처럼, 더 특별한 은총에 초점을 맞춘 성경만을 사용하기로 결정하는 것이 더 적절할 수 있다.

"수잔, 당신은 예수님의 수난과 죽음에 대해 기도할 것입니다. 당신은 하나 또는 다른 방식으로 지난 2~3개월 동안 이러저러한 문제를 다루었습니다. 당신은 지금 어떤 은총을 청해야 한다고 생각합니까? 지금 당장 하느님으로부터 받아야 할 은총은 어떤 것입니까?"

아직 셋째 주간에 들어갈 준비가 되어 있지 않은 (기술적인 측면에서) 사람일지라도 예수님의 인간적인 고통에 초점을 맞춘 셋째 주간이 매우 중요할 수 있다. 치유 받는 상태의 피정자 문제는 인간성과 고통의 수용이라는 범주에 자주 포함된다. 피정자가 예수님의 약함을 직면할 때 필요한 은총을 매우 잘 받을 수 있다.[1]

피정자가 지금 셋째 주간에 들어갈 준비가 되었다고 당신이 판단했다면 시간을 내어 그의 체험의 유의미한 부분을 함께 성찰하자고 다음과 같이 청할 수 있다.

"당신은 둘째 주간에서 받은 핵심 은총이 무엇이라고 봅니까? 예수님에 대해서 무엇을 배웠나요? 당신 자신에 대해서 무엇을 배웠나요? 기도에 대해서 무엇을 배웠나요? 결정 과정에서 영들을 식별하는 것에 관하여 무엇을 배웠나요?"

체험을 성찰하고 표현하도록articulation 촉진하는facilitating 방법은 피정자를 양성하고 영신수련의 여러 측면을 강화하는 데 도움을 줄 것이다.

기도 자료 23번

제자들과 나눈 예수님의 마지막 만찬,
겟세마니에서의 예수님의 고뇌.
이 자료와 더불어 결정 과정의
다섯 단계 중 몇 가지가 포함될 수 있다.

기도 자료 23번을 소개할 때 다음과 같이 [193]-[197]의 은총과 요점에 있는 중요한 구절을 함께 읽는 것은 도움이 된다.

"신성을 감추신 예수님을 가리키면서 그의 인성에 초점을 맞춘 기도 수련을 주목하십시오. 벗을 위하여 목숨을 바치는 것보다 더 큰 사랑은 없다고 말했습니다. 예수님은 악과 공모한 우리 자신을 극복하도록 도와주고자 우리 각 사람을 위해 목숨을 바치셨습니다. 여섯 번째 요점을 살펴보면 그것은 사랑에 대한 우리의 구체적인 응답을 강조합니다."[2]

당신은 강조하되 피정자가 어떻게 스스로 은총을 해석하며 반응하는지를 보고 싶을 것이기 때문에 너무 많이 설명하지 마라. 이 은총은 동정compassion임을 설명하고 그것은 둘째 주간의 전반적인 은총과 다르다는 점을 피정자에게 각인시켜라.

첫째 주간과 둘째 주간 동안 환경을 활용하였던 것같이 수난을 당하시는 예수님과 더 일치하기 위하여 셋째 주간 동안 환경을 활용할 필요가 있음을 피정자에게 상기시켜라. 그가 찾고 있는 은총과 조화를 이루는 것을 잊어버리는 경향이 있으면 이것은 각별한 관심을 갖도록 권장하는 멍석이 될 것이다. 다른 사람과 아주 친하고 화합한다는 것은 대중적인 문화에서 대개 매우 격이 없음을 뜻한다. 그것은 또한 우리가 깊이 기도 수련하며 하느님과 함께 할 때 사실일 수 있다. 그러나 우리의 기도 수련 환경에서 볼 때 우리는 친밀해질수록 더 조심하고care 더 민감해진다 delicacy. 우리는 하느님께서 자유롭게 주시는 선물을 우리는 그것을 당연하게 받아들일 수 없다.

피정자가 결정 과정의 초기 발생 단계에 있든 후기 승인 단계에 있든 상관없이, 담화할 때 선물을 포함하라고 권하라. 그가 승인받기 위한 기도를 시작했다면 더 구체적으로 실행할 부분도 포함시킬 수 있다. 다음은 승인을 받기 위한 기도 방법을 설명하는 한 가지 방법이다.

"당신은 이제 당신의 일부분인 결정을 가지고 셋째 주간에 들어갑니다. 당신은 마치 확인해야 하는 것처럼 그것을 계속 생각하지 말아야 합니다. 그러기보다는 결정을 마음속에 간직한 채 기도하십시오. 다음 몇 주 동안 예수님의 수난과 죽음에 관한 복음 관상을 할 때 하느님께 승인을 요청하십시오. 당신을 사랑하시는 예수님께 보답하는 마음으로 당신의 결정을 바치십시오."

일러두기[199]는 이냐시오가 이 시점에서 착상한 자세한 담화에 관심을 둔다.[3]

당연히 모든 피정자가 예정된 시기에 승인되지 않은 결정을 내리지는 않을 것이다. 피정자가 결정을 내리지 않았을지라도 당신은 그가 셋째 주간에 들어가는 것을 결정할 수도 있다. 그럴 경우 이러한 맥락으로 결정 과정을 계속하도록 그를 도와주라.

다시 말하건대 둘째 주간에 아무런 결정이 내려지지 않았다면, 당신은 일러두기[197]에 제시된 것처럼 예수님께 보답하기를 열망하는지 살펴보라고 피정자에게 다음과 같이 제안할 수도 있다. "이 모든 일을 당하시는 것이 내 죄로 말미암은 것임을 생각하고 그분을 위해서 무엇을 해야 하고 어떤 고통을 겪어야 할지 생각해 보십시오."

1 6 장
셋째 주간 기도 체험 듣기
셋째 주간 영적 위안 확인하기; 피정자들의 다양한 셋째 주간 체험;
동정의 의미; 기도 자료 24번

피정자가 셋째 주간에 어떻게 들어가고 있는지 들어라. 당신의 마음 한편에 간직하는 다음 질문은 당신이 피정자의 체험에 주목하도록 도와 줄 수도 있다.

— 그는 은총을 청하는 기도를 하는가?

— 그는 은총을 어떻게 이해하는가?

— 그는 복음 관상에서 예수님과 어떻게 관계를 맺는가? 나약한 예수님을 직면하는가? 또는 피하는가?

— 그는 예수님과 함께 있고 싶은 마음을 구체적으로 표현하는가?

그가 예수님을 생생하게 체험하지 않는다면 그는 예수님과 함께 있고 싶은 마음이 거의 없다!

넷째 요점 [195]의 다음과 같은 지시를 주목하라. "… 그리고 이제부터 힘껏 노력하여, 아파하고 슬퍼하며 눈물을 흘리도록 노력하라. 다음의 다른 요점도 똑같이 노력하라." 나는 여기서 이냐시오가 잘 준비된 피정자를 위해 은총의 동기cause가 아니라 결과를 표현하고 있다고 믿는다. 셋째 주간은 매우 어렵고 고통스러운 체험이 될 수 있다. 체험은 가끔 피정자의 기대와 다른 것을 밝혀낸다. 때때로 피정자는 예전에 위안을 받았던 성금요일의 체험과 셋째 주간이 똑같을 것으로 기대한다. 그러나 그는 지금 기도하면서 상상할 수 없거나 예사롭지 않게 싫증을 느끼거나 예수님이 멀리 있는 것처럼 보인다. 그는 예수님 가까이 머물고 싶지만 그러기에는 자신이 적절하지 않다고 느낀다.

셋째 주간의 영적 위안 인식

당신은 영적 위안을 어떻게 식별하는가? 당신은 당연히 기도 수련의 감정적인 체험뿐만 아니라 체험을 받아들이는 피정자의 태도를 주목하며 식별한다. 종종 피정자가 일러두기[193]과 [195]에 표현된 것과 같은 셋째 주간의 은총을 체험할 때 영적 위안의 체험 여부를 알려주는 것은 체험하는 '방식'how이다. 다음은 그러한 반응을 이해하는 피정자의 방식으로 셋째 주간에서 일어날 수 있는 내적 반응을 요약한 것이다.

일어날 수 있는 체험	체험을 수용하는 '방법' 또는 방식
* 메마름	그러나 피정자는 인내하고 있다.
* 슬픔과 애도 그리고 나태	그러나 나태 속에는 사랑과 희망이 있다.
* 예수님에게서 멀어짐	그러나 피정자는 이것을 홀로 겪어야만 하는 예수님을 이해한다. 나는 거기에 머물고 싶으나 그렇게 할 수 없다.
* 고통	그러나 피정자는 다른 사람들에게 마음을 열고 있다.
* 혼란으로 인한 어려움	그러나 확고한 신뢰와 믿음이 있다.
* 거의 내린 선택이나 이미 내린 선택을 실행하는 측면에서 추가적인 희생을 생각할 때 감지되는 어려움	그러나 피정자는 그것을 셋째 유형의 겸손이나 또 다른 영적인 맥락에서 받아들인다.
* 앞날에 대한 두려움이나 걱정	그러나 피정자는 마음을 닫지 않고 체험하면서 계속 마음을 열고 있다.

피정자들은 셋째 주간에서 다양한 방식으로 영적 위안을 체험한다. 첫째 주간의 은총이 아직도 필요한 피정자가 받는 영적 위안은 다분히 첫째 주간의 은총일 수 있다. 어쩌면 그는 자신의 죄를 더 깊이 깨달을 필요가 있을 수도 있고 그렇다면 그렇게 체험할 것이다. 또는 그의 체험이 예수님과의 매우 깊고 친밀한 결합일 수도 있고, 내용은 거의 없는, 연인들의 부드럽고 단순한 결합일 수도 있다. 그것은 일러두기[124]와 [125]의 설명처럼 예수님의 고뇌를 맛보고 예수님이 기도하고 있는 땅을 만지면서 느끼는 오감 활용과 유사하다. 다른 피정자는 선택과 관련되거나 단순히 예수님을 따르면서 겪는 고통을 이해하기 시작할 수도 있다. 또 다른 피정자는 결정을 승인받는 체험이 부족하기에 결정 과정의 초기로 돌아가야 할지도 모른다. 말하자면, 그는 선택을 식별하기 위하여 백지를 앞에 놓고 다시 시작할 필요가 있을 것이다! 어떤 피정자는 결정을 승인받는 체험을 할 수도 있다.

동정하면서 성장

나는 피정자가 더 깊이 동정하기를 바란다. 피정자는 셋째 주간 동안 예수님에게서 위로를 받는 것이 아니라 예수님을 위로하라고 초대받는다. 때때로 피정자는 기도 수련 동안 혼란과 더불어 극도의 메마름을 통하여 은총을 받는다. 다음과 같은 것이 일어날 수도 있다. 하느님께서는 피정자가 자신의 것이라고 주장할 수 있는 모든 것으로부터 피정자를 떼어내어 당신께만 붙잡아 두면서 더 깊은 단계에서 일하고 계실지도 모른다. 일러두기[316]에 있는 영적 위안에 대한 세 번째 설명과 일치하는 믿음, 희망 그리고 사랑의 증가는 피정자가 체험하는 모든 것이 된다. 영적 위안을 통하여 피정자는 하느님에게서 오는 위안보다는 위안을 주시는 하느님께 더 애착한다. 피정자는 이른바 메마름을 느끼면서도 예수님을 위로하는 자신을 발견한다. 그는 그런 모순 때문에 갈등하며 예수님의 수난으로 강해진다.

다른 피정자는 다음과 같이 자세히 상상하며 매우 단순하게 동정을 느낀다.

"나는 시몬이 되어 십자가를 지고 가시는 예수님을 도와주었지요. 그러나 나는 매우 당황했어요. 내가 도와드리려고 애쓸 때마다 예수님을 더 힘들게 만들었어요. 나는 길가에서 예수님을 위해서 울고 있는 여인들을 유심히 바라보았어요. 그들은 내가 두 달 전에 사치스럽게 산다고 비난했던 사람들이었죠."

또 다른 피정자는 일상에서 동정을 느낄 수도 있다. 그는 방금 아들이 아프다는 말을 듣고 마음이 모두 아들에게 사로잡혀 있어 보인다. 그는 앉아서 기도할 수 없기에 불평하면서도 다음과 같이 걱정하고 있어 보인다.

"나는 정말로 셋째 주간을 기도 수련하고 싶습니다. 그리고 나는 모든 기도 시간에 충실합니다. 그러나 나는 아들을 위해서 기도하고 있고 의사가 들려준 더 자세한 이야기를 아들에게 어떻게 말해야 할지 고심했습니다!"

이것은 동정에서 오는 영적 위안일 수 있다. 고통과 비통sadness을 영적 황폐로 혼동하지 마라. 혼란한 상태에서 자기중심적으로 생각하고 하느님의 부재를 느끼기에 사랑받지 않고 있다는 기분에 사로잡힌 채 체험하는 영적 황폐(전문적인 의미에서)와 황폐한 느낌을 혼동하지 마라 [317].

승인Confirmation

피정자는 승인이라고 불리는 영적 위안을 메마름을 느끼면서 체험할 수 있다. 승인은 식별 과정의 끝에서 피정자가 받는 내적인 최종 확신이다affirmation. 피정자는 체험으로 결정이 성공적으로 입증되거나, 결정이 옳음을 역사가 판단하거나, 결정은 새로운 사실에 비추어 결코 재고될 필요가 없다는 절대적인 확신certainty을 얻지는 못한다. 그것보다 피정자는 승인을 통하여 잘 결정했다는 일종의 사랑스러운 도덕적 보증을 받는다. 그는 그런 관점에서 그것이 '올바르고 좋은 선택'이라고 판단할 수 있다[175]. 우리는 '결정을 승인받았다'고 말하지만 사실은 결정을 내린 당사자가 승인을 받은 것이다. 피정자는 조명을 받았고 인간 삶의 제한적인 조건에서 할 수 있는 만큼 과정을 진행했다는 내적 확증_{assurance}을 받는다.

현실적인 어려움 앞에서 두려움이 없고 염려되는 의심도 없는 것이 승인의 필수적 징표가 아니다. 구약과 신약성경에서 부름에 따른 대가는 두려움과 공포를 동반하였다! 체험이 강했든 약했든 승인을 받았다는 징표는 다음 중 한두 가지를 포함하고 있다.

— 예수님이 중심이 된 체험
— 포함된 고통에 대한 현실적 인식
— 수난을 슬퍼하면서 느끼는 평화
— 믿음과 조용한 성장
— 겸손과 주님께 의존
— 예수님과 함께 고통받고 싶은 열망
— 셋째 주간의 은총 체험

승인에 대한 더 깊은 논의를 보려면 28장의 '승인과 결정 과정'을 참조하라.

기도 자료 24번

붙잡힌 예수님, 안나스와 가야파 앞에서 재판받는 예수님,
산헤드린에서 재판받는 예수님

기도 자료 24번을 소개할 때, 기도 수련을 마친 뒤나 반복을 하면서, 기도 자료 끝의 질문에 답하라고 피정자에게 요청하라. 당신은 이번 주 수련의 민감한 내용에 관심을 두라고 피정자를 상기시켜도 좋다. 그는 다음과 같이 기도에 영향을 주는 외부 환경을 다시 의식할 필요가 있을 수도 있다. 그것은 텔레비전 보기, 내년을 위해 결정해야 할 자신에게 귀속된 이자 지급 재촉하기, 귀찮게 예약해야 하는 여름 계획 등이다. 관대한 처분을 바라는 요청은 '보류'될 필요가 있을지도 모른다. 은총을 청하는 데 방해될 수도 있는 격정적인 모험은 취소될 필요가 있을 수도 있다.

피정자는 셋째 주간 동안 청하는 은총과 가급적 조화를 이루며 자신의 환경을 유지하는가? 피정자가 기도 수련 밖에서 둘째 주간의 결정 과정을 의심하고 있는 한 기도 수련 동안 선택을 하느님께 드리며 조화롭게 승인을 요청하지 못할 것이다! 여기서 '조화'란 피정자가 선택하고 확고하게 내린 결정을 마음에 간직하며 지내는 것이다.

기도 자료 24번에 대한 추가 독서는 마지막 순간을 보내고 있는 예수님의 정신과 마음을 파악하기 위한 시도이다. 어쩌면 피정자가 매일 추가로 이것을 묵상하듯이 독서하면 도움을 받을 수도 있을 것이다. 어떤 보속은 피정자가 셋째 주간에 더 깊이 들어가는 데 도움을 줄 수도 있다. 몇 가지 예는 단식, 환자 방문, 미뤘던 곤란한 편지 쓰기, 짧은 거리를 자동차 타지 않고 걷기, 국제사면위원회에 편지 보내기 등이다.

17 장
기도 자료 25번과 26번
넷째 주간으로 향하는 셋째 주간의 전환점
─ 성주간 기도 적용

피정자의 체험을 계속 들으면서 피정자가 수난에 들어가는 방법과 기도의 어려움을 수용하거나 직면하는 태도를 다음과 같이 주목하라.

─그는 계속 성숙하게 수난을 체험하는가? 그렇지 않다면 무절제한 애착이 다시 떠오르는가?

─어떤 승인의 징조가 나타나는 것처럼 보이는가? 그의 체험을 왜곡시키는 가짜 승인 이미지가 있는가?

─그는 함께 아파하는 마음을 어떻게 구체적으로 표현하는가? 그는 예수님과 대화하는 자신을 알아채는가?

마음속으로 하는 이런 질문은 피정자의 기도 체험에서 떠오르는 것을 듣는 데 도움을 줄 수도 있다. 당신은 면담하면서 다음과 같은 질문이 도움이 된다는 것을 발견할 수도 있다.

"예수님과 서로 마음이 통하는 것을 발견했나요? 나는 당신이 '원합니다'라고 말한 것을 들었어요. 그것이 당신에게 무슨 뜻인가요?"

당신은 또한 기도 자료 24번의 끝에 있는 질문에 대한 피정자의 답을 논의하는 것이 도움이 된다는 것을 발견할 수도 있다.

구체적으로 듣기

셋째 주간 체험을 들을 때 다음을 기억하라. "피정자들은 첫째 주간에 세심증이라는 유혹에 빠져서 **은총**을 놓치는 반면에 셋째 주간에 은총을 일반화시키면서 **은총**을 놓친다!"[4] 나는 앞에서 피정자가 영신수련의 이 시점에서 사랑과 일치를 깊이 체험할 수도 있을 것이라고 말했다. 그럼에도 또한 그것은 결정 실행의 영향과 방법을 고려하는 매우 구체적인 시간이다. 이것은 승인을 청하지 않는 또 다른 피정자에게 '그리스도의 수난에서 부족한 부분을 내가 어떻게 채울까?'(콜로 1:24)라는 가르침과/또는 자기의 구체적인 삶에서 제자로서 감당해야 할 대가를 발견하는 시간이 될 수 있다. 우리가 바라는 것은 그가 제자로서 감당해야 할 대가를 깨닫고 사랑에 사랑으로 보답하기를 열망하는 것이다. 셋째 주간에서 당신은 그러한 자발성willingness이 셋째 주간을 수련하는 피정자의 일상에서 뚜렷한 징표를 동반하는 즉응성readiness으로 바뀌기를 바란다. 다음이 몇 가지 예이다.

a) 로버트는 첫째 주간을 수련하면서 사람들의 삶을 지배하는control 자신의 죄를 발견하기 시작했다. 나중에 그는 자신이 얼마나 지배하고 독점하려고 했는지 분간할 수 있었다. 그는 다른 사람들과 관계를 맺는 태도를 바꾸게 해달라고 기도했다. 그는 셋째 주간을 수련하면서 구체적으로 태도를 바꾸고 있는 자신을 다음과 같이 발견했다.

─ 그는 이제 성장한 자녀에게 간섭하지 못하는 고통을 느끼며 기도하게 되었다.
─ 그는 전에 사람들을 지배했던 회의에서 이젠 종종 덜 말하게 되었다.

b) 제인은 둘째 주간에서 '부귀와 명예'가 자신이 줄곧 나가는 안전한 친구들의 모임에서 나타나고 있음을 발견하였다. 이제 그녀는 셋째 주간을 다음과 같이 시작하였다.

─ 덜 안전한 친구들의 모임으로 옮기기 시작
─ 소수자 권익을 대변하는 단체 가입을 고려하기 시작
─ 피난민을 개방적으로 수용하는 자기 나라를 이해하고 무거운 주제의 정기간행물을 읽기 시작

c) 빌은 둘째 주간에서 '일을 멋지게 끝내기' 위하여 불쾌한 것을 못보게 방해하고 부인하게 만드는 '무지'를 거슬러서 행동하라는 예수님의 부름을 깨달았다. 빌은 셋째 주간을 다음과 같이 시작하였다.

— 자신의 기도와 다른 사람과의 관계 모두에 있는 불쾌한 것을 보기 시작함

— 회의 때 예수님처럼 거절당하는 순간에도 평정을 유지하고 직면하기 시작함

— '감춰뒀던' 주제를 가져오기 시작함

d) 조안은 첫째 주간에 집에서 소박하게 사는 쪽으로 일을 선택하였다. 그녀는 셋째 주간 첫머리에서 승인을 받았다. 그녀는 셋째 주간 후반부에서 더 작은 집에서 살고 자동차 숫자를 줄이며 색다르게 여름휴가를 보내자는 가족들의 의견을 듣기 시작했다. 그러나 그녀는 승인 과정을 훼손하지 않고 그 결정을 실행하기 위해 정보를 수집하면서 의견을 들었다.

피정자의 요구와 상황에 적용하기

영신수련의 다른 주간과 마찬가지로 셋째 주간의 기도 자료는 피정자의 요구에 따라 줄어들거나 늘어날 수 있다[205]. 영신수련 본문은 30일 침묵 피정을 하는 피정자의 관점에서 쓰였다. 이냐시오는 기도에 맞춰 수난 사화를 다양하게 나눌 수 있다고 제안하였다. 그러나 이냐시오는 그렇게 하더라도 각각의 신비를 온전히 끝낸 후에 수난 사화 전체를 반복하라고 지시하였다[209].

셋째 주간의 길이를 줄일지 판단하는 근거는 다음과 같다.

— 피정자가 둘째 주간의 결정 과정에 좀 더 시간을 썼기 때문에 영신수련 여정의 나머지를 끝내기에는 시간이 충분하지 않다.

— 피정자는 선택을 승인받지 않았고, 셋째 주간 동안 결정 과정을 반복해야
   할 몇 가지 징조가 보인다.
— 피정자는 결정에 담긴 고통스러운 현실을 직면하기 시작했고 시간이
   더 필요하다.
— 피정자는 영적인 체험을 하고 있고 수난을 좀 더 오래 기도하는 쪽으로
   이끌리고 있음을 느끼고 있다. 하지만 당신이 그가 앞으로 가야 한다고
   판단하면 그는 기꺼이 앞으로 가겠다고 부드럽게 표현한다.
— 당신은 피정자가 셋째 주간의 기도 수련에 머물면서 더 많은 것을 얻지
   못할 것으로 감지했다. 그래서 당신은 그의 체험을 듣는 데 시간을 쓰고
   그것을 정리하고자 기도 자료의 숫자를 줄인다.

기도 자료 25번과 26번을 적용하기

기도 자료 25번

빌라도 앞에서 심판받는 예수님, 십자가를 지는 예수님, 십자가에서
죽으시는 예수님, 이 기도 자료에 주어진 시간을 연장하기 위한 적용.

기도자료 25번에는 상황에 따라 자료를 연장하기 위한 제안이 담겨
있다.[5] 이 기도 자료로 셋째 주간을 끝내고 싶다면 반복과 오감 활용을
기도 자료 26번의 첫 번째 절반으로 대체하라[209]. 그리고 당신은
다음 기도 자료로 넷째 주간을 시작하기를 바란다면 기도 자료 26번을
적용하는 대신에 보충 기도 자료 2번을 사용할 수 있다.

기도 자료 26번

이것은 성 주간과 부활 주간 첫 부분의 기도 자료이다.
이것은 다음을 포함한다.
예수님의 마지막 순간을 반복하기, 수난 전체를 수련하듯이 음미하기,
어머니에게 발현한 예수님의 부활, 베드로와 요한에게 발현한 예수님.

기도 자료 26번은 성 주간용으로 만들어졌다. 그러므로 그것은 영신 수련 셋째 주간의 끝과 넷째 주간의 시작 모두를 담고 있다. 당신이 보기에 그것을 성 주간용으로 사용할 상황이 아니라면 상황에 맞게 각색할 필요가 있을 것이다. 당신이 성주간의 맥락 밖에서 넷째 주간을 소개하고 싶다면 다음 장의 자료를 읽고 2권 376쪽의 보충 기도 자료 2번을 참조하라.

〈영신수련 셋째 주간〉 미주

1) 윌리엄 배리의 *Finding God In All Things: A Companion to the Spiritual Exercises of St. Ignatius* (Notre Dame: Ave Maria Press, 1991), 10장, "Sharing the Passion and Resurrection of Jesus", pp. 121-125. 이것은 셋째 주간의 은총에 대한 매우 유익한 설명이다.

2) 이것은 첫째 주간 첫째 수련의 대화 [53]의 ('그리스도를 위해 무엇을 할 것인가?')라는 질문과 연인들 (피정자와 하느님)이 서로 좋은 것을 주고받는 사랑을 얻기 위한 관상 [230], [231]의 요점을 생각하게 만든다.

3) 반면에 죽어가는 연인의 침대 곁에 있는 것처럼 피정자들은 셋째 주간 동안 복음을 관상하면서 종종 조용히 머문다. 침묵하며 함께 있는 것은 함께 아파하는 데 중요하다.

4) 이것은 존 헤일리John Haley가 영성 지도자들의 모임에서 해석한 것을 인용했다.

5) 원래 나는 기도 안내자가 성 주간에 맞춰 피정자에게 주는 것을 전제로 기도 자료 25번을 고안했다.

영성수련
넷째 주간

18 장
넷째 주간으로 이동
넷째 주간 은총; 기도 자료 27번
영신수련 이후 준비하기

매우 강렬한 셋째 주간의 체험은 때때로 피정자가 넷째 주간으로 들어가기 조금 어렵게 만든다. 애도 과정에 시간이 필요한 것과 같이 그것은 어쩌면 며칠 또는 몇 주가 걸릴지도 모른다. 그런 황폐한 체험을 영적 황폐로 해석하지 마라. 결론적으로 말하면 격려가 필요하다.

넷째 주간의 은총

피정자가 이 단계의 초기에서 청하는 **은총**을 어떻게 이해하는지 알아보라. 우리는 여기서 **은총**으로 표현되는 '한없이 기뻐하고 즐거워하라'는 말은 잘못 이해할 수도 있다[221]. 부활의 기쁨은 스펀지에 고요히 떨어지는 물처럼 달콤하고 가볍고 부드럽다[335]. 당신이 귀를 기울여 듣는 **은총**은 셋째 주간의 깊은 슬픔이 끝났다는 해방의 즐거움이 아니다. 그것은 무덤이 비었다는 소식을 듣고 혼란스러워하는 제자들처럼 흥분하는 것도 아니다. 또한 그것은 헨델의 '알렐루야 합창'이 터져 나오는 것도 아니다. 피정자는 영신수련 전체를 통해서 부활한 예수님과 함께 기도했다. 셋째 주간에서조차도 피정자는 신성이 사라진 것에 집중할 때 부활한 주님을 기억하며 기도했다.[1] 피정자는 예수님이 지금까지 부활하지 않은 것처럼 가장하라고 요청받지 않았다. 따라서 지금 그는 마치 예수님이 그동안 내내 부활하지 않았던 것처럼 놀래라고 요구받지 않는다! 구하는 **은총**은 요한복음 21장의 소풍 장면처럼 고요하고 섬세하다. 그것에 맞는 섬세한 내용은 기도 자료 27번 추가 독서의 마지막 다섯 자료에 있다.

조용한 결합이라는 깊은 체험을 하지 못하게 하는 장애물 중 하나는 최고조의 감정high emotional peak을 체험하고 싶은 그릇된 마음이다. 나는 피정자가 첫째 주간이 의도하는 **은총**을 이제야 받았다면 최고조의 감정을 체험할 가능성이 높다고 생각한다. 그러나 그 체험에는 영적 여정의 초기에 있는 사람들에게 더 해당되는 **은총**에 대한 물질주의적 성향materialistic quality이 담겨 있다. 영신수련의 은총을 받은 대부분 사람들에게 넷째 주간의 **은총**은 일반적으로 훨씬 더 은은하다.

이러한 더 조용한 상태는 영들을 식별하는 두 번째 규칙 세트가 예시한 사람과 조화를 이룬다. 그것은 믿음과 희망과 사랑이 증가하는 영적 위안이다. 그런 상태는 바오로가 코린토 1서 13장에서 열거한 내용과 같다. 그러므로 피정자는 셋째 주간의 체험과 매우 다르게 동정심을 체험할 것 같다. 피정자는 그때 고통을 겪으면서 죽어가는 예수님을 돌보고 위로하는 쪽으로 옮겨갔다. 이제 피정자는 신성한 위로자인 예수님에게서 오는 감동을 체험한다. 기쁨의 **은총**은 피정자의 마음에 영적 자유가 늘어났음을 보여준다. 피정자는 치유를 통한 위로나 구원을 받은 체험이나 그리스도를 따르는 여러 가지 측면에 대한 깨달음 때문이 아니라 예수님이 너무도 기뻐하고 영광을 받았기 때문에 즐거운 것이다. 즉, 피정자는 예수님 때문에 행복한 것이다! 따라서 피정자는 하느님에게서 나오고 하느님께로 향하는 동정심을 체험한다.

넷째 주간의 주안점은 위로자로서 자신을 드러내는 부활한 주님인 예수님이다[218]-[225]. 이제 수난 동안 숨어 있었던 신성이 드러나자 예수님은 '모든 위로의 하느님'으로서(II코린 1:3-7) 분명하게 신성을 드러내신다! 복음 이야기에 나오는 예수님은 각 사람에게 맞게 위로해 주신다.

넷째 주간에도 피정자는 계속 승인을 요청한다. 전에는 결정 과정이 셋째 주간의 상황을 통하여 진행됐다. 이제 그것은 마치 빛이 렌즈를 통과할 때 렌즈의 영향으로 분광하듯이 넷째 주간의 상황에 따라서 진행된다.[2] 현실과 어우러진 은은하고 조용한 평화 또한 승인받는 은총과 더불어 이제 현실이 되어야 한다. 그러한 영적 위안 역시 다른 사람들을 위한 영적 위안이다. 일러두기[224]에 있는 '친구들이 친구들을 서로 위로하는 것에 익숙하듯이'라는 구절을 주목하라. 이것과 코린토 2서 1장 3절부터 7절과 갈라디아서 5장 22절에 나오는 바오로의 위로와 예수님이 베드로를 위로하시는 요한복음 21장 15절부터 17절까지 함께 읽어라.

셋째 주간을 제시할 때 언급했듯이 체험에 대한 피정자의 태도에 담긴 믿음과 내면의 평화를 주목하라. 기도 수련 체험에 대한 피정자의 태도는 진정한 영적 위안을 알려준다. 이것은 다른 종류의 열정적인 즐거움보다 훨씬 더 많은 것을 알려준다.

기도 자료 26번

> 무덤에서 여인들에게 나타나신 예수님,
> 마리아 막달레나에게 나타나신 예수님,
> 엠마오로 가는 길에서 두 제자에게 나타나신 예수님.

이어서 적당한 때에 피정이 끝난 후 일상에서 영신수련 체험과 영신수련 영성을 이용하는 것을 곰곰이 생각해 보라고 피정자에게 지시하라. 아마도 그는 영신수련 체험으로 '미래를 위한' 지지 모임을 만들거나 합류하는 것이 필요할지도 모른다. 그것은 여기서 계속 숙고해야 할 문제일 수도 있다.

이제부터 당신은 피정자와 함께 마무리 짓는 것을 생각해야 한다. 앞으로 적당한 때에 당신은 영신수련을 완전히 마친 후 작별인사를 나눌 필요가 있을 것이다. 피정자는 당신에게 작별 인사를 해야 할 필요가 있고 두 사람 사이에서 긍정적이든 부정적이든 미진했던 감정을 이야기하는 것이 좋다.

영신수련 체험의 전유appropriation에 대해 피정자와 논의하라. 선택을 완결하도록 촉진하며 선택한 방법과 마찬가지로 전유의 필요성은 양성 패러다임과 피정자에게 필요한 지도력, 영신수련 시작 전의 약속, 영신수련을 통해서 내린 결정 그리고 당신이 정한 시간에 달려있다.

1 9 장
28번에서 30번까지의 기도 자료
넷째 주간에 대한 더 깊은 성찰
사랑을 얻기 위한 관상

기도 자료 28번

사도들에게 나타나신 예수님, 토마스에게 나타나신 예수님,
사랑을 얻기 위한 관상

기도 자료 29번

사랑을 얻기 위한 관상, 티베리아스 호숫가에 나타나신 예수님

기도 자료 30번

승천, 오순절,
그리스도 공동체 형성을 위한 첫 번째 시도

당신이 기도 자료 28번을 그대로 제시했다면 이냐시오가 요약한 영신수련 본문의 사랑을 얻기 위한 관상[230]-[237]도 주었을 것이다. 그 관상 자료를 조금 설명하거나 아예 설명 없이 주라. e)와 f)의 요점으로 사랑을 얻기 위한 관상을 기도하고 다음 면담에서 그것을 더 깊이 이야기하자고 제안하라. 당신이 넷째 주간의 길이를 줄인다면 기도 자료 28번 중에서 몇 가지를 뺄 수도 있고, 기도 자료 27번을 반복하는 대신에 사랑을 얻기 위한 관상을 제시할 수도 있다. 당신이 이렇게 진행하기로 계획했다면 면담하면서 여기 19장의 나머지 부분이 언급한 몇 가지 사항을 미리 생각할 수 있다.

피정자들이 넷째 주간과 사랑을 얻기 위한 관상의 은총을 체험하는 방법은 그 당시 그들의 필요에 따라서 다음과 같이 다양하다.

— 그것은 어떤 피정자에게는 영신수련의 핵심 은총에 대한 조용한 재통합이다.

— 그것은 다른 피정자에게는 때때로 다음과 같이 그리스도 나라를 체험하는 것과 같다. 즉, 그는 자신의 약함을 어느 정도 깨달았지만 모든 것을 주고 싶은 열망을 체험한다.

— 그것은 또 다른 피정자에게는 '왕관을 쓰는 것'과 같은 체험이다. 그러나 그것은 스펀지 위에 물이 떨어지는 것과 같다. 그런 피정자는 다음 몇 달에 걸쳐서 스스로 사용할 수 있을 만큼의 충분한 내용을 이 관상에서 발견할 수도 있다.

— 다른 피정자는 자신의 모든 삶에서 하느님의 현존을 깊이 깨닫고 마리아의 노래(루카 1:46)와 비슷한 체험을 할 것이다.

사랑을 얻기 위한 관상에 대한 몇 가지 견해

사랑을 얻기 위한 관상을 기대하지 않는 것이 중요하다. 당신은 주석가들의 이론을 따를 수도 있을 것이다. 즉, 이 기도 수련은 영신수련 체험의 왕관으로 묘사된다. 왕관은 '위대한 대단원grand finale'을 의미할 수 있다. 위대한 대단원은 전통적인 강론 피정에서 지도자가 이 관상을 해석하고 가르쳤던 방법이다. 그것은 앞에서 논의한 넷째 주간의 섬세한 은총과 일치하지 않는다. 당신이 그렇게 기대한다면 이 시점에서 하느님께서 피정자에게 주시려는 진짜 은총을 확인할 수 없을 것이다.

어떤 영신수련 지도자들은 사랑을 얻기 위한 관상을 넷째 주간과 별도로 주는 수련이거나 영신수련을 끝낸 뒤에 피정자에게 주는 수련으로 이해한다. 역사적으로 보면 몇몇 주석가들은 이냐시오가 일러두기 20번에 따라서 수 개월간의 수련을 마치고 몇 날 며칠을 여행하며 집으로 돌아가는 피정자를 위하여 이 관상을 만들었다고 추정했다. 피정자는 몇 날 몇 주 동안 집으로 터벅터벅 걸어가면서 영신수련 체험을 생생하게 간직하도록 도와주는 것이 필요했다. 그에게는 아마도 체험을 회상하게 도와주고 하느님을 매일 계속 만나게 해줄 책은 없었을 것이다. 그러나 그는 집으로 가면서 자연과 자연의 다양한 현상을 체험할 수 있었다.

그는 숲과 곡물 밭, 농부들이 모는 황소들 등을 지나칠 때 하느님이 모든 것을 어떻게 창조하셨는지 성찰할 수 있었다[234]. 그는 몹시 힘들게 일하는 농부를 목격했을 때 하느님이 피조물 안에서 열심히 일하시는 모습을 쉽게 성찰할 수 있었다. 그가 꿀을 찾는 벌들이 앉은 야생화를 보았을 때 피조물 안에 현존할 뿐만 아니라 그것이 존재하도록 모든 것 안에서 계속해서 수고하시는 하느님을 성찰할 수 있었다[236]. 폭풍이 지나간 뒤, 그는 여러 개의 지류에서 흘러들어온 물이 넘실거리는 강이나 안개 낀 하늘에서 솟아나서 지평선 어딘가에 닿는 아름답고 놀랍게 일치하는 무지개를 바라보면서 위로부터 내려오는 모든 것을 회상했을 것이다[237] [184]. 그리고 그의 마음은 감사의 정으로 가득 찼을 것이고 모든 것을 통하여 하느님이 계속 일하신다는 것을 다시 발견하고 찬미했을 것이다.

나는 기도 자료 28번을 시작하면서 넷째 주간의 수련과 더불어 사랑을 얻기 위한 관상을 제시했다. 나는 넷째 주간을 수련할 때 이 수련을 넷째 주간의 일부로 삼을 수 있다고 보았다. 부활한 주님인 예수님의 신비가 모든 피조물을 놀랍게 하나로 껴안기 때문에 나는 그것이 적절하다고 생각한다. 모든 것이 몸이 된 말씀을 통하여 생겨났고, 이 말씀 없이 생겨난 것은 하나도 없다(요한 1:3). 같은 말씀인 부활한 주님이신 예수님 안의 보이지 않는 하느님의 이미지가 모든 피조물 가운데 으뜸이고 모든 것은 그분 안에서 창조되었다(콜로 1:15-16). 부활하신 주님은 영신수련의 시작부터 피정자와 함께 하신다.

영신수련 이후 준비하기

영신수련이 끝난 뒤의 일상에서 영신수련 영성을 사용할 수 있도록 피정자를 계속 준비시켜라. 피정자는 영신수련을 끝낸 뒤에 매일 한 시간 동안 온전히 기도하지 못할 것이다. 따라서 지난 몇 달 동안 매일 충실히 기도했던 시간을 반으로 줄이라고 제안하기 시작하라. 또한 매일 의식 성찰을 하라고 권하라. 일단 영신수련이 끝난 것으로 보고 피정자에게 더 현실적일 수도 있는 축소된 시간을 제시하라. 그래서 피정자가 적어도 매일 기도 수련으로 짧게 기도할 수 있다고 확신한다면 지금 그렇게 기도하라고 제안하라. 그에게 영신수련의 마지막 주간에 더 짧은 시간으로 수련을 실습할 기회를 줘라. 당신이 피정자를 그렇게 준비시키지 않으면 영신수련 여정으로부터 지지를 받지 못한 그는 모든 기도 시간을 방치할 위험이 있다. 꾸준하게 매일 기도 시간을 지키는 것은 비록 사소하더라도 성령을 생생하게 간직하는 데 도움을 준다.

매일 영적 수련의 중요성과 그것에 필요한 최소한의 시간에 대해 피정자와 논의하면서 구체적인 수행asceticism과 연관된 다음의 문제를 숙고하기 시작하라.

1. 영신수련이 끝난 뒤에 매일 기도를 위한 적절한 성경 구절을 어떻게 선택할 것인가? 성경은 매일 수련에 중요한가? 또한 특별히 매일 꾸준한 기도로써 중요한 방법인 거룩한 독서Lectio Divina 같은 기도를 논의하는 것도 도움이 될지도 모른다.

2. 의식 성찰은 식별하고 모든 것 안에서 하느님을 발견하는 매일 꾸준한 방법이다. 의식 성찰 방법은 여러 가지가 있다.

3. 앞으로 도움이 될 지난 수개월 간의 중요한 통찰과 깨달음을 논의하고 거기에 이름을 붙여라.

4. 지지 모임이나 영성 지도자와의 꾸준한 만남의 중요성을 논의하라. 피정자에게 개인적인 영성 지도자가 언제나 필요할 것으로 기대하지 마라! 그러나 지지 구조는 현재 우리 문화에서 영성 생활을 깊게 이해하고 일상의 갈등을 계속 겪으면서 자신을 유지하는 데 대체로 중요하다. 지지 공동체, 작은 모임, 인맥, 영성 지도자, 주기적인 피정, 영적 친구와 같은 필요하고 가용한 지지 조직support system이 있는지 피정자에게 물어보고 논의하라.

5. 앞으로 다음과 같은 결정 과정을 일상에서 사용하는 것에 대해 논의하라. 자신과 모둠이나 가족에게 사열종대 방법 사용하기. 영들을 식별하는 규칙과 개인적이나 공적으로 체험하는 영적 위안과 영적 황폐 기타 등등 사용하기.

영신수련 체험에 초점을 둔 성찰

영신수련 체험을 꾸준히 성찰하는 것은 일상에서 피정자들이 체험을 전유하는 데 도움을 주고 일상과 더불어 체험을 통합하는 데 언제나 필요하다. 체험 나눔과 이어지는 영신수련의 신학과 영성을 안내하는 모임은 이러한 전유를 더 효과적으로 육성할 수 있다. 모임은 그들 자신의 체험 이해와 관련된 다양한 은유와 구조를 제공한다. 당신이 모임의 도움 없이 피정자의 체험을 전유하도록 도와주려고 노력한다면, 그는 지난 수개월에 걸쳐서 사용했던 은유와 이해의 틀로만 체험을 이해하게 된다. 다른 사람들의 관점은 비판적인 성찰critical reflection에 더 도움을 준다. 그러한 전유 과정에 도움을 줄 수 있는 질문과 짧은 해석에 대해서는 2권 392쪽 22장의, '여정의 끝에서'를 참조하라.

피정자들이 모임에서 서로 체험을 나눌 때 실망할 수도 있음을 유념하라. 어떤 피정자들은 유혹에 걸려서 영적 황폐에 빠질 수도 있다. 그런 일이 일어난다 해도 놀라지 마라. 영신수련의 원리를 적용하며 피정자를 도와줘라. 그것은 문제가 있는 여러 사안issues 가운데 하나와 관련이 있을 수 있기 때문에 그에게 매우 중요할 수 있다.

영신수련의 끝이나 전유 과정의 끝을 전례로 마무리 짓고 축하하는 것은 언제나 바람직하다. 나는 이 여정을 통해서 당신과 피정자가 다음과 같은 진실을 체험하기를 바란다.

　성령에 이끌려

　숨겨진 많은 길을 통해서

　우리는 성삼위의 생명으로 들어간다.

　사랑과 믿음으로

　우리 자신을 드러낼 때,

　사랑하는 아들에게 계시하신

　하느님 안에서 서로 나누게 된다.

　가장 깊이 삶을 나누는 서로에게

　사랑스럽게 집중할 때

　아빠에게 몰입되어 듣고 있는 아들을

　좀 더 알게 된다.

〈영신수련 넷째 주간〉 미주

1) 이 책의 23장의, '복음 관상'을 참조하라.
2) 이것을 설명하는 2권 11장 211쪽의 그림 4와 3권 27장, 142쪽의 그림 12를 보라.

영신수련 마친 뒤의 의식 성찰

―데이빗 하웰스

의식적으로 모든 것에서 하느님을 찾고 나에 대한 하느님의 사랑을 식별하는 것은 정말로 놀랍다! 그것은 마치 나의 모든 지배력과 권위를 돌려주라고 나 자신에게 요구하는reclaim 것과 같다. 나에게 오는 가장 강력한 것을 그냥 받아들이기 전에 권위를 포기하고 보니 당연히, 그것은 내가 알아차린 최악의 쓰레기였다.

2부

참고 자료

20장
기도 자료

기도 자료는 면담 일을 제외한 매일의 기도 수련을 위한 제안이다. 당신이 면담 당일에도 피정자가 기도 수련하기를 바란다면 반복이나 면담 준비를 위한 특별 성찰 요점이나 추가 독서 중의 하나를 제안할 수 있다.

나는 모든 기도 자료를 각각의 f)를 기도한 다음 날에 피정자와 면담하는 것을 전제로 만들었다. 그러나 영신수련을 진행하면서 보통 반복하기 전에 a)와 b)로 된 새로운 두 개의 기도 수련을 마치고 다음날에 피정자와 면담하는 것이 더 도움이 될 수도 있다. 내가 그렇게 제안한 이유는 반복으로 발생한 영적인 움직임 때문이다. 당신이 피정자에게 기도하면서 앞으로 향하는 움직임을 알아채고 따르라고 격려할 때 그는 중요한 식별을 하게 된다. 기도 길잡이가 다음에 진행할 반복 기도를 준비하는 과정에서 피정자가 앞의 기도 수련에서 유의미한 것에 주목하도록 도와줄 때 그는 스스로 식별하는 법을 배운다.

기도 자료 30번에 이어지는 보충 자료는 선택 가능한 몇 가지 접근법을 제공한다.

기도 자료 1

• 주제

우리에게 어머니요 아버지며 우리의 상상을 초월하고 우리를 사랑하며 직접 돌보시는 하느님.

• 은총

원하는 것, 즉 가까이서 나를 돌보시는 하느님에 대한 깊은 신뢰와 믿음을 청한다.

• 기도 자료

a) 루카 11:1-13	기도를 가르쳐 주십시오. 나의 아빠께서는 성령을 훨씬 더 잘 주실 것이다.
b) 루카 12:22-34	들의 백합들…. 너는 훨씬 더 귀하다.
c) 이사 43:1-4; 49:14-16	네가 불 한가운데를 걷는다 해도 나는 너와 함께 있을 것이다. 너는 내 눈에 소중하다. 나는 너를 내 손에 새겼다.
d) 호세 11:1-4	이스라엘이 애였을 때: 나는 이스라엘을 사랑했다.
e) 시편 23	주님은 나의 목자시고 환대하는 주인이시다.
f) 시편 121	주님은 나를 이끌고 보호하신다.

• 추가 독서: 기도 시간 밖에서 성찰하기 위한 자료

시편 62	하느님의 보호에 대한 신뢰.
시편 63:1-8	오! 나의 하느님 나는 당신을 그립니다.
시편 91	내 보호자는 날개로 너를 감싸신다. 하느님이 너를

	돌보시기에 너는 안전할 것이다. 신실하신 하느님
	이 너를 보호할 것이다.
시편 95	오늘 너희가 그분의 소리에 귀를 기울인다면 너희
	는 마음을 완고하게 갖지 마라.
시편 131	신뢰하는 기도…. 어미 품에 안긴 아기같이.
이사 25:1-9	힘없는 이들이 당신에게 피난하듯이, 우리는 당신
	안에 믿음을 둡니다.
로마 8:31-39	하느님이 우리 편이신데 누가 우리를 대적하겠습니
	까?
마태 10:29-31	너의 머리카락까지 다 세어 두었다.

하느님은 언제나 부활하신 예수님을 통하여 우리에게 드러내신다 (마태 28:20). 하느님은 부활을 통해 우리를 돌보고 우리에게 관심을 보이면서 당신 자신을 드러내신다(요한 20:11-18; 요한 21:9-14). 이 현존 은 부드럽고 참을성이 있다. 이냐시오는 우리가 기도 수련을 시작할 때마다 우리 자신을 돌아보고 '하느님께서 어떻게 우리를 바라보고 계시 는지' 생각하며 잠깐 침묵하라고 권한다. 우리는 들으려는 자세로 기도를 시작한다. 우리는 기도할 때 하느님의 말씀이 가까이 머물며 돌보시는 하느님에 대해 말씀하시도록 허락해야 한다. 우리는 성령께서 우리에게 필요한 더 깊은 믿음과 신뢰를 주시도록 허락해야 한다.

"기도는 내가 있는 그대로 하느님의 사랑을 받는다는 사실을 깨달으면서 시작된다. 하느님의 사랑은 무조건적인 사랑이다. 그러므로 하느님의 사랑 은 내 삶에서 가장 근본적이고 안전한 현실이다. 나는 그냥 나 자신을 하느님의 사랑에 맡긴다. 나는 그것을 내 힘으로 하기보다는 하느님의 사랑이 내 존재 전체에 스며들어 퍼지도록 맡긴다."
— 피터 반 브리먼Peter van Breemen의 "As Bread That is Broken"에서 인용.

기도 자료 2

• 주제

하느님은 당신께 의존된 피조물인 우리를 창조하셨고 계속 창조하신다. 우리에게 직접 나누시는 하느님.

• 은총

나 자신의 존재와 나를 깊이 이해하시는 하느님께 감탄하게 해달라고 청한다.

• 기도 자료

a) 탈출 3:4-6	모세와 나 모두 놀라움 속에서 느끼는 하느님의 거룩하심.
b) 욥 1:21; 38:1-40:5	어머님의 자궁에서 벌거벗고 태어남. 나는 내 창조주의 지혜 앞에서 머리를 숙여야 한다.
c) 로마 8:26-34	하지만 우리가 나약하고 부족함에도 성령을 통해 하느님께서는 당신 자신을 우리에게 주십니다. 하느님은 우리 편입니다.
d) 반복	
e) 반복 또는 시편 139:1-18	앞의 어떤 부분이든, 특히 위로와/또는 혼란을 발견한 부분을 반복한다.
f) 반복 또는 시편 8	오 하느님, 당신께서는 저를 살펴보시어 아십니다. 우리가 무엇이기에 이토록 돌보십니까?

신명 1:29-33	거룩하신 분께서 너희 앞에 가시면서 너희를 위해 직접 싸우실 것이다. 부모가 아이를 업듯이 하느님께서 너희를 업고 다니신다.
신명 7:7-9	너희가 커다란 민족이 아니기에 하느님이 너희를 사랑하신다.
지혜 11:22-26	온 세상도 당신 앞에서는 조그만 씨앗과 같습니다.
이사 54:5-10	너를 만드신 하느님이 너의 남편이 되신다.
예레 18:1-6	하느님은 옹기장이시고 우리는 진흙이다.
시편 19	하늘은 하느님의 영광을 노래한다.
시편 104	창조의 영광… 당신은 계절을 구분하시고자 달을 만드셨습니다. 해는 질 때를 압니다.

내 존재는 내 신비에 뿌리를 두고 있고 거기에는 다음과 같은 세 가지 놀라운 진실이 담겨있다. 거룩하신 하느님(초월성: 이사 6:1-3), 무가치한 나(욥 1:21), 나와 친밀한 관계를 맺고 싶은 하느님의 열망(1요한 4:10). 나는 사랑에 의존하는 존재이다. 그 체험은 "나는 두려움에 떨고 사랑으로 불탑니다"라는 아우구스티누스의 말과 같다. 나는 사랑을 말과 행동으로 다음과 같이 찬미한다. 우리가 사랑을 체험할 때 입으로 자연스럽게 찬미가를 부르기에 말로 찬미하고, 진정으로 사랑받는 사람은 모든 것에서 연인을 느끼며 알고 다정하게 반응하고자 행동으로 찬미한다.

> 왜 하느님께서는 당신을 이 수련에 초대하셨을까? 어쩌면 그것은 하느님께서 당신을 사로잡고 당신에게 강렬한 기쁨과 존경 그리고 명예롭고 놀라운 사랑을 주고 싶기 때문이지 않을까?
>
> ― 데이빗 하웰스

기도 자료 3

● **주제**

나를 용서하기를 바라시는 하느님.

● **은총**

원하는 것 즉 용서하기를 간절히 바라시는 하느님을 깊게 알게 해달라고 청한다.

● **기도 자료**

a) 시편 103	하늘이 땅 위에 드높은 것처럼 하느님의 사랑은 자애롭다.
b) 이사 55:1-13	목마른 자들아 모두 물가로 오너라. 내 생각은 너희 생각과 같지 않다. 하느님께서는 너그러이 용서하신다.
c) 루카 5:12-14	나병 환자를 고쳐주시려는 예수님의 열정은 치유하고 용서하시는 하느님의 열정이라는 증거이다. "당연히 나는 치유해주고 싶다."
d) 루카 15:11-32	회개하는 아들과 회개하는 아버지.
e) II코린 5:17-21	모든 것은 하느님의 작품입니다. 우리를 위해서 하느님께서는 죄 없는 분을 죄인으로 만드셨습니다.
f) 반복	앞의 구절이나 위로와/또는 혼란을 체험한 앞 구절의 일부분.

• 추가 독서: 기도 시간 밖에서 성찰하기 위한 자료

시편 136	영원한 하느님의 사랑에 감사드림.
루카 15:1-10	잃은 양과 동전에 대한 이야기.
요한 10:7-8	나는 착한 목자다. 나는 내 양들을 위해 목숨을 바친다.
I요한 1:5-2:2	우리가 우리 죄를 인정한다면 정의로운 분이 우리를 용서하신다는 사실을 믿을 수 있습니다.
로마 5:12-21	아담을 통해서 죄가 들어왔고 예수님을 통해서 은총과 생명을 얻게 되었습니다.
로마 8:28-39	우리에게 예수님을 내준 하느님께서 우리 편이 안 되신다는 것이 가능하겠습니까?
묵시 7:9-17	하느님께서는 그들을 생명의 샘으로 이끄신다.

우리는 선과 악의 싸움터에서 살아간다. 범죄의 상황은 매우 신비하다. 따라서 하느님께서 사랑으로 죄를 드러내셔야 한다. 그 이유는 우리가 삶에 침투하는 죄의 교묘한 방법을 못 보기 때문이다. 우리는 그 존재를 못 보기에 하느님의 도움을 받지 않은 채 계속 우리 힘으로 악과 싸우려고 시도한다. 때때로 우리는 우리를 사랑하기에 용서하시는 하느님께서 우리를 받아들이도록 허락하기 전에 '우리 자신을 고치려고' 시도한다. 그러한 시도는 다음과 같은 말씀 때문에 언제나 실패한다. "너희는 나 없이 아무것도 할 수 없다!"(요한 15:5) "사랑은 이렇습니다. 우리가 하느님을 사랑한 것이 아니라, 그분께서 우리를 사랑하십니다"(I요한 4:10).

영신수련은 새 차와 같다. 복잡한 것으로 꽉 차 있는 영신수련을 이해하기는 매우 어렵다. 영신수련은 투자이다. 영신수련을 한 사람은 상징적인 신분을 얻는다. 영신수련을 하려면 시간, 다듬기polishing, 집중 그리고 비용이 필요하다. 그러나 또한 영신수련은 당신을 있을 필요가 있는 곳으로 데려가는 데 쓰일 수도 있다.

— 데이빗 하웰스

기도 자료 4

● 주제

나를 더 자유롭게 해 주시는 하느님.

● 은총

원하는 것 즉 하느님의 부름에 응답할 수 있도록 나를 자유롭게 해 주시는 하느님을 깊게 알게 해달라고 청한다.

● 기도 자료

a) 창세 22:1-19	아브라함의 믿음과 개방성을 지닐 수 있기 위하여 아브라함과 이사악의 이야기를 기도한다.
b) 반복	
c) 루카 1:26-38	마리아처럼 "당신의 뜻이 제게서 이루어지기를 바랍니다"라고 말할 수 있도록 성모 영보를 기도한다.
d) 반복	
e) 필리 3:7-16	바오로가 "내가 도움이 될 것으로 생각한 모든 것을 예수님을 아는 것에 비추어 해로운 것으로 생각합니다"라고 말한 것처럼 되기를 바란다.
f) 반복 또는 요한 3:22-30	세례자 요한이 "그분은 커지셔야 하고 나는 작아져야 합니다"라고 말한 것처럼 되기를 바란다.

● 추가 독서: 기도 시간 밖에서 성찰하기 위한 자료

창세 12:1-9	하느님은 아브라함을 미지의 세계로 또한 그의 민족과 다른 길로 가라고 부르신다.
신명 6:4-9	너희 온 존재로 하느님을 사랑하라.
마태 13:44-46	보물과 진주에 대한 비유.
마르 10:17-27	예수님은 소유욕에 사로잡힌 부자를 부르신다.
루카 9:57-62	예수님을 진정으로 따르는 이는 모든 면으로부터 자유롭다.
루카 9:57-62	여러분이 그리스도의 사랑에 뿌리를 내리고 그것을 삶의 기초로 삼게 되기를 바랍니다. 자유를 주시는 하느님 사랑의 결과.

나는 다음과 같이 온전한 사람이 되라고 부름을 받았다. 나는 예수 그리스도 안에서 살라고 부름을 받았다. 나는 다른 사람들과 협력하며 인류에 대한 하느님의 강렬한 열망을 충족시키라고 부름을 받았다. 그러한 부름은 그것을 들을 수 있는 자유와 그것에 응답할 수 있는 자유 그리고 그것을 실행할 수 있는 힘을 전제로 한다. 그러한 자유는 내가 성취할 수 있는 한계를 넘는다. 즉 그것은 하느님의 은총이다. 하느님은 성령의 부름을 못 듣게 만드는 모든 편견과 선입견, 소유물로부터 나를 자유롭게 해 주신다. 하느님은 하느님 나라 건설에 다른 이와 협력하도록 나를 자유롭게 해 주신다. 하느님은 그렇게 노력하도록 내게 힘을 주신다.

우리 주술사 중 어떤 이는 얼굴의 눈을 믿기 보다는 언제나 마음의 눈으로 세상을 바라봐야 한다고 말했다.

— 마리 크라우 독Mary Crow Dog와 리차드 에르도스Richard Erdoes의
"Lakota Woman"

기도 자료 5

• 주제: 원리와 기초[23]

이 주장은 하느님의 강렬한 열망과 조화를 이루며 살기 바라는 신앙인의 자세를 표현한다. 우리가 그것을 이해했다고 해서 그것을 획득한 것이 아니다. 원리와 기초로 이루어진 자세와 태도는 우리만의 노력으로 만들어질 수 없다. 그것은 하느님의 선물이다.

바라건대, 당신이 다음 몇 주간에 걸쳐서 영신수련으로 기도하면, 하느님께서 당신에게 영적 자유에 대한 희망과 은총 모두를 주실 것이다. 하느님께서는 우리를 부르실 때마다 성령의 활동에 따라 부활하신 주님의 권능으로 자유롭게 선택한다고 부르신다. 바오로의 기도(에페소서 1:15-23) 역시 우리의 기도이다.

• 은총

원하는 것 즉 하느님이 부름에도 부활하신 주님의 힘으로 원리와 기초를 이해하고 깊게 믿게 해달라고 청한다.

• 기도 본문

당신이 원리와 기초를 더 깊이 이해하려고 노력하면서 다음과 같이 자문하고 성찰하듯이 생각하면 더 도움이 될 수도 있을 것이다. '이 구절은 무엇을 의미하는가? 나는 이것을 어떻게 이해하는가? 나는 이것을 내 삶에 어떻게 적용하는가?' 그리고 나서 그것에 대해 하느님과 대화한다.

a) 원리와 기초 첫째 부분

'창조되었다는 것'과, '다른 사물'은 무슨 뜻인가?

내 삶에서 나와 하느님 사이에 있는 다른 사물은 어떤 것인가?

b) 원리와 기초 중간 부분

내 체험으로 볼 때, 어떤 피조물이 도움이 되고 방해가 되는가? 언제? 어디서? 어떻게? 왜? 어떠한 '다른 사물이' 내 삶의 결정에 영향을 주는가? 지위? 소유물? 직업? 남들에게 받아들여짐? 재능? 의복? 생활습관? 필리피서 3장 7절부터 16절을 읽는다.

c) 원리와 기초 끝 부분

사람이 어떻게 '마음이 치우치지 않을' 수 있을까? 사람이 건강하게 오래살고 싶은 마음에서 어떻게 자유로워질 수 있는가? 내가 진정으로 열려 있다면 자유로울 필요가 있는 '사물'은 무엇인가? 이러한 자유는 내가 그런 사물에게 절대로 돌아가지 않는다는 뜻인가? 바오로의 자유에 관한 설명인 필리피서 1장 18절부터 26절을 읽는다. 무엇이 우리가 창조된 목적으로 '더 이끄는' 선택이 될 수 있을까?

d) 지난 몇 주간과 사흘 동안의 기도 수련에 비추어 자신의 말로 원리와 기초를 풀어서 적어본다. 기도 수련하면서 노트나 종이에 적는다. 기도 수련하면서 당신의 방법으로 원리와 기초에 담긴 진실을 표현하는 편지를 하느님께 쓰는 것도 도움이 될지 모른다. 당신이 다음의 해석에 관심을 집중하는 것이 도움이 될 것이다.

— 우리가 우주 속의 지구에 대한 우리의 현재 입장을 이해하는 방식으로

보면 우리는 모든 피조물과 관계를 맺도록 어떻게 부름을 받는가?

— 당신의 개인적 역할은 무엇인가? 잠깐 머무는 손님? 사랑스러운 주인? 정원사? 승무원? 또는 어떤 다른 모습?

— 당신이 영적으로 균형 잡히고 치우치지 않게 창조된 목적과 피조물을 이용하는 것을 표현하듯이, 우주에 대한 하느님의 꿈에 담긴 전망vision 에서 나온 진실을 어떻게 표현하겠는가?

— 당신이 더 '이끄는 것'을 선택하는 것과 관련된 진실을 표현하는 것을 생각하듯이, 다른 많은 사람의 협력을 어떻게 이끌어 내겠는가?

— 환경 문제가 원리와 기초를 해석하는 당신에게 주는 영향은?

e) 필리 4:11-13 능력의 원천이신 하느님 안에서 나는 모든 것을 할 힘을 얻습니다.

f) 요한 14:15-28 너희에게 모든 것을 가르쳐 주실 성령을 보내달라고 아빠께 청할 것이다.

● **추가 독서: 기도 시간 밖에서 성찰하기 위한 자료**

예레 1:4-10	이 시점에서 우리는 예레미야가 반응했던 것처럼 매우 잘 반응할 수 있다.
루카 24:36-53	원리와 기초에서 보면 우리도 제자들처럼 이해하지 못할지도 모른다. 그러나 우리가 지혜 그 자체에 그렇게 반응한다면 하느님께서 성령의 능력을 기다리는 방법을 우리에게 알려주실 때 우리는 마음을 열고 성경을 이해하게 될 것이다.

히브 11:8-10, 17-19	우리는 이 능력의 도움으로 아브라함의 신앙과 믿음을 갖게 될 것입니다. 그래서 하느님께서 우리 안에서 시작하신 모든 것을 하느님께서 완성하실 것입니다.
요한 15:1-8, 16-17	하느님께서는 우리가 더 많은 열매를 맺을 수 있게 농부가 가지를 치듯이 가지를 치실 것입니다.
에페 1:15-23	하느님께서 우리 마음의 눈을 밝혀 주시고 예수님을 살리신 능력으로 우리를 부르신다는 희망이 어떤 것인지 우리에게 알려 주십니다.
에페 3:20	지금 우리 안에서 일하시는 하느님의 능력은 우리가 청하거나 상상하는 것 이상입니다.

보호자이신 하느님, 우리가 매일 노력하도록 이끌어 주소서. 우리의 변덕과 실패가 희망을 짓눌러도 당신을 외면하지 않게 도와주소서. 당신이 키워주신 우리의 믿음이 사랑의 길을 드러내게 해 주시고 우리에게 평화를 약속하게 해 주소서. 우리는 이 믿음에 대한 우리의 전망을 방해하는 이기심을 없애려면 당신의 성령이 필요합니다.

— 로마 가톨릭 경배 기도에서 응용

기도 자료 6

● 주제

나는 인간 가족의 악한 상황의 일부이며 협조자이기도 하다. 하지만 하느님께서는 끊임없이 나를 사랑하신다. 예수님께서는 악한 상황이 주는 영향으로부터 나를 자유롭게 해주길 바라신다. 또한 성령께서는 해방자인 예수님을 받아들이게 나를 도와주신다.

● 은총

원하는 것 즉 내가 내 안에서 발견한 악한 상황으로부터 나를 계속 보호하시는 선하신 하느님 앞에서 부끄러워하고 당황하게 해달라고 청한다.

● 기도 자료

루카 15:11-32	아낌없이 내어주는 아버지가 용서하고자 늘 기다리시는 동안 헤픈 아들은 분리를 체험한다.
로마 7:14-25; 5:1-11	우리는 모두 나약하지만 예수님은 나를 위해 돌아가셨습니다.
	첫 번째 수련 현장을 구성[47], 은총[48], 대화[53]와 [54] 그리고 제1요점[50].
	첫 번째 수련 현장을 구성, 은총, 대화와 제2요점[51].
	첫 번째 수련 현장을 구성, 은총, 대화와 제3요점[52].
루카 16:19-31	부자와 라자로—예수님이 가르치신 라자로 이야기에서 영원히 분리된 부자라는 이미지는 우리 죄로 물든 상황이 가져온 논리적 결과이다.

• 추가 독서: 기도 시간 밖에서 성찰하기 위한 자료

창세 1:26-27	인류가 전체 그리고 각자로 하느님의 모습으로 창조되었다면 우리에 대한 하느님의 희망은 어떤 것일까?
창세 3:1-13	이브와 아담의 체험은 모든 사람의 체험이다.
로마 5:12-21	인간 가족은 죄로 물든 조건에 사로잡혀 있다. 우리 모두 우리 후손과 연대된 죄인들이다. 그것의 영향은 다음과 같다.
요한 9	무지 ― 바리사이들의 무지와 소경의 밝아지는 빛
I요한 1:5-2:2	거짓과 자기 합리화 ― 우리가 죄인이 아니라고 말한다면 우리 자신을 속이는 것입니다.
갈라 4:3-7	하지만 예수님은 죄에 물든 상황의 노예가 된 우리를 구하러 오셨습니다.
루카 23:32-43	예수님의 십자가 죽음을 통하여. 나는 나약하고 착한 도둑이나 나쁜 도둑처럼 나약한 구세주에게 말을 건넨다.

기도 자료 7

● 주제
내 죄의 역사와 하느님의 끊임없는 보호.

● 은총
원하는 것 즉 하느님의 자비로운 사랑을 깊이 느끼면서 자신의 죄를
더 강열하게 슬퍼하고 눈물을 청한다.

● 기도 자료

a) 둘째 수련 제1요점[56], 구성과 은총[55], 대화[61].
b) 반복 제1요점.
c) 둘째 수련 나머지 요점, 구성, 은총, 대화.
d) 둘째 수련 나머지 요점, 구성, 은총, 대화.
e) 반복 은총을 더 잘 받을 수 있는 것으로 보이는 부분.
f) 셋째 수련 [62]와 [63]에 따라 세 개의 담화를 진행한다.

● 추가 독서: 기도 시간 밖에서 성찰하기 위한 자료

에제 16:1-22	불성실한 이스라엘의 이야기는 우리의 이야기.
에제 16:59-63	우리는 죄로 물든 상황에 협력하는 순간 우상을 숭배하며 믿음을 잃어버린다.
2사무 11:1-12:15	다윗은 나탄이 직접 알려 줄 때까지 자신의 죄를 몰랐다.
티토 2:11-14	하느님의 은총이 우리 가운데 나타났습니다…. 하느님은 우리를 당신의 백성으로 삼고자 우리를 씻

으셨습니다.

에페 2:1-22   우리는 그리스도 안에서 적개심과 분열이라는 장벽
에서 해방되었습니다.

루카 19:1-10   예수님은 자캐오를 해방하듯이 우리를 해방하신
다.

루카 7:36-50   예수님은 당신의 발을 씻은 죄 많은 여인을 용서하
듯이 우리를 용서하신다. 우리는 그녀처럼 많이 사
랑할 능력을 부여받는다.

II코린 5:17-21   우리를 위해서 하느님은 예수님을 죄인으로 삼으셨
다.

누가 집행자들인가?

― 루스 매클린

우리는 집행자들 ··· 사람들은
정의와 도덕과 길을 찾지만
검고 흰 단어가 머무는
종이 위에 쓰인 법을 떠받들고,
생명을 주지 않는 법을 집행하며,
우리 이웃을 가두는 법을 사랑하고 있다.

우리는
집행자들 ···. 사람들은
안락한 가정, 제도, 교회에서
배우자와 가족과 친구들과 함께
방어하고 보호하며 믿고

부자가 빠져나갈 때,
가난한 이를 가두고
억눌린 이를 억누르며
잡힌 이를 다시 잡아들이고 있다.
우리는 집행자들···.
하느님을 우리 편으로 여기고
하느님께서 집행자이신 것처럼 꾸민다.

기도 자료 8

● 주제

내 삶과 결정에 영향을 주는 숨겨진 무절제하고/또는 악한 경향.

● 은총

원하는 것 즉 다음을 마음 깊이 이해하고 인식하게 해달라고 청한다.

a) 사적이고 공적인 세계 모두에서 전반적으로 우리에게 그리고 개인의 선택에 주는 세속의 영향(나는 그것의 대부분을 의식조차 못한다.)

b) 나의 결정과 행동 밑에 숨어 있는 무질서하고 악한 경향.

c) 나의 죄와 잘못.

● 기도 자료

a) 셋째 수련과 세 개의 담화 [62]와 [63]을 한다. 나는 살면서 저지른 죄를 참으로 싫어하고 미워하는가?

b) 셋째 수련과 세 개의 담화를 한다. 세속이 내 삶과 결정에 어떻게 영향을 주는가?

c) 셋째 수련과 세 개의 담화를 한다. 나의 악한 경향은 어떤 것인가? 나의 숨겨진 무질서한 경향은 어떤 것인가?

d) 첫째 수련 전체를 다시 기도하고 세 개의 담화를 한다.

e) 둘째 수련 전체를 다시 기도하고 세 개의 담화를 한다.

f) 다섯째 수련 [65]-[72]를 하고 세 개의 담화를 한다.

마태 5:21-26	내 이웃을 '멍청이'라고 부르는 이면의 악한 무질서는 우리를 하느님에게서 완전히 분리시키는 힘이 있다.
마태 13:1-23	세속은 우리 마음에 주는 하느님 말씀의 힘을 축소하거나 없앤다.
마르 7:1-23	악한 음모는 마음 깊은 곳에서 은밀히 솟아난다.
루카 12:16-21	부유한 바보는 안전을 열망하는 결정을 한다.
요한 8	바리사이들은 자신들이 올바르다고 생각하지만 악에 협력하고 있고 악을 못 본다.
I요한 2:15-17	눈으로 탐내는 것은 무엇인가? 내 삶에서 무엇을 헛되이 자랑하는가?
야고 3:1-5:12	마음속 욕망이 악행을 초래합니다.

　　이번 주의 처음 사흘은 이냐시오가 말하는 셋째 수련에 충실하는 기간이다. 이것은 당신이 지난 두 주간 동안 발견했던 의미나 갈등, 체험의 기복highs and lows 중에서 더 중요한 부분의 반복이다. 그것은 당신 마음에서 일어나는 하느님의 움직임을 알려주는 바로 그 반응과 체험이다. 당신과 통교하시는 하느님이 더 뚜렷하게 당신에게 인식될 수 있으므로 강하게 자극받은 곳으로 돌아가는 것이 중요하다. 그래서 하느님의 말씀이 당신의 근원에 더 깊게 들어오도록 허락된다.

기도 자료 9

• 주제

예수님의 은총이 없으면 죄로 물든 상황과 스스로 악에 가담한 결과로 하느님에게서 영원히 멀어지는 나 자신. 지금 이 순간에도 지옥에서 구원된 나 자신.

• 은총

원하는 것 즉 자신을 향한 하느님의 자비로운 사랑에 대한 더 깊은 인식을 청한다.

영신수련의 이때쯤이면 모든 기도 수련은 반복이 효과적으로 진행된다. 하나의 수련은 피정자의 요구에 따라 모든 수련과 연결된다. 각각의 수련은 끊임없이 보호하시는 하느님의 사랑으로 악의 신비가 지닌 다양한 차원을 드러내는 데 도움을 준다.

• 기도 자료

a) 첫째 수련과 세 개의 담화를 한다.
b) 둘째 수련과 세 개의 담화를 한다.
c) 셋째 수련과 세 개의 담화를 한다.
d) 넷째 수련 이것은 특별한 수련이다. 하느님과 함께 지난 몇 주 동안의 체험을 회고하거나 요약한다. 당신은 지난 몇 주에 걸쳐서 당신 체험의 기복을 주목했다. 이제 어쩌면 빠뜨렸을 수도 있을 분위기로nuance인 덜 분명한 방향orientation을 주목하거나 글로 적는다. 그리고 나서 세 개의 담화 때 그것들을 하느님께

가지고 가라 [64].

e) 다섯째 수련.

f) 반복 앞에서 체험한 부분 또는, 요한 10:7-18 착한 목자이신 예수님의 자비로
운 사랑을 표현한 부분.

● **추가 독서: 기도 시간 밖에서 성찰하기 위한 자료**

이사 59:1-21	죄인인 제가 제 삶에 있는 속임수라는 그물을 인식 하면서 하느님께 왔습니다. 저는 나약하지만 하느 님의 약속을 믿습니다.
에제 36:25-32	깨끗한 물로 저를 씻어주시고 살로 된 마음을 제게 넣어 주소서.
요한 13:1-9	내 발을 씻으신 예수님의 섬김을 통하여 하느님께 서 하신 것.
요한 21:15-19	따라서 예수님께서는 베드로를 용서하듯이 나를 용서하신다.
에페 2:1-10	하느님께서는 우리를 너무나 사랑하시고 우리에게 자비하고 관대하셨습니다. 우리는 하느님의 은총 으로 구원을 받았습니다. 우리는 착하게 살라고 하 느님이 손수 만드신 작품입니다.
시편 136	당신의 크신 사랑과 자비는 영원합니다.
루카 1:46-55	마리아의 노래. 나에게 큰일을 하신 전능하신 하느 님의 위대하심을 온몸으로 선포합니다.

어둠은 단지 시력의 상실만이 아니다. 그것은 손으로 만지라는 초대이다.

― 데이빗 하웰스

기도 자료 10

• 주제

하느님은 말씀으로 사람을 만들어서 당신의 가장 깊은 열망을 이루고
자 선택하신다.

• 은총

원하는 것 즉 예수님의 잉태와 우리 자신과 지구에 대한 성삼위의
강한 열망을 깊이 이해함으로써 하느님께서 꿈을 이루고자 선택하신
것을 깊이 느껴서 깨닫게 해달라고 청한다.

• 기도 자료

좀 더 곰곰이 생각하면서 처음 사흘을 보낸다. 마치 연애편지를 읽듯
이 강생에 관한 기도 자료를 읽고 곰곰이 생각한다. 당신 마음속에서
반응하고 응답할 것 같은 이야기에 대해서 하느님께 질문한다. 신비롭고
놀라운 강생의 진리로 생각mind과 마음heart을 채운다. 다음은 당신의 궁금
증을 해결해 줄 수도 있는 몇 가지 질문이다.

이 역사적 사건 이면에 있는 하느님의 꿈은 무엇인가? 무슨 일이
일어났는가? 그것은 왜 그런 방식으로 일어났는가? 거기에 누가 있었
나? 환경은 어땠을까? 어떻게 그것이 가능했는가? 왜 그런 방식으로?
그래서 어쨌다는 것인가? 역사적인 잉태가 오늘날 일어난다면 어떤
상황이 벌어질 것인가? 그 아기는 여자로 태어날 수 있을까? 이러한
신비로운 사건이 우리 시대에는 어떻게 일어나고 있는가?

a) 강생	강생 수련의 첫째 길잡이와 더불어 [102]-[109], 우리를 돌보시는 하느님께서 지구에서 버둥거리는 우리를 어떻게 관상하시는지 생각과 마음으로 숙고한다. "모든 피조물이 지금까지 다 함께 탄식하며 진통을 겪고 있습니다" (로마 8:22). 적극적으로 상상하며 지구의 상태를 직접 깊이 느끼시는 하느님과 함께 걱정한다. 성삼위께서 논의하는 것을 마음으로 들어본다. 하느님의 마음에 담긴 우리에 관한 꿈은 무엇일까?
b) 반복	마리아와 예수님의 잉태와 예수님의 삶을 통하여 우리를 구원하고자 수고하시는 성삼위 하느님을 생각한다. 당신 스스로 질문하고 하느님의 영께 앞의 안내에 있는 몇몇 질문을 여쭈어 본다.
c) 반복	마지막 두 개의 기도 수련에서 마음을 움직였던 상황으로 돌아간다. 그때의 상황에 머물고 그 상황이 스스로 펼쳐지게 한다.

다음 사흘 동안 상상으로 더 깊게 기도 수련한다. 사람들을 보며 그들이 말하는 것을 듣고, 그들의 활동에 참여하면서 성경 구절이 상상을 이끌어 가도록 허락한다. 마치 그것이 바로 지금 당신에게 일어나는 것처럼 스스로 사건에 들어간다. |
d) 루카 1:26-38	예수님 잉태 선언. 이것이 일어나는 것을 바라보고 대화를 듣고, 그것에 대해 마리아와 이야기를 나눈다. 거기에 머무른다. 마리아의 자궁에서 특별한 아이로 성장하는 세포를 관상한다!
e) 반복 또는 루카 1:39-56	엘리사벳을 방문하는 마리아와 함께 언덕과 들판을 판을 걸어간다.
f) 마태 1:18-25	마리아의 약혼자인 요셉은 자신과 무관하게 마리아가 임신했음을 발견한다. 요셉은 꿈 덕분에 곤경에서 벗어

난다. 이 잉태는 유대인 마을에서 평범한 가정을 꾸미
려 했던 그들의 모든 꿈과 이해와 열망에 영향을 준다.

● 추가 독서: 기도 시간 밖에서 성찰하기 위한 자료

요한 1:1-18	한 처음에 말씀이 계셨다.
요한 3:16-18	하느님께서 세상을 너무나 사랑하신 나머지 당신의 아들을 보내셨다.
에페 1:3-14	하느님의 구원 계획.
에페 1:3-14	하느님께서 당신 자신을 쏟아 부어서 우리와 같은 사람이 되셨다.
필리 2:5-11	때가 차자 하느님께서 당신의 아드님을 여인에게서 태어나게 하셨다.
티토 3:3-8	하느님께서는 온 마음으로 우리를 구원하신다.
시편 40	찬미의 노래. 마침내 이제 우리를 돌보시는 하느님께서 나에게 몸을 굽히셨다.

하느님의 마음에 담긴 세상에 대한 꿈은 돌처럼 굳어버린 각 사람의 마음에 머무르는 계약으로 표현되었다(예레미야 31:31). 이 꿈의 효력은 부엌의 냄비들과 말의 방울들까지 포함해서 삶의 모든 것이 거룩해지는 이미지인 즈카르야서 14:20-21절에 기록되어 있다. 미카서 6:8을 보면 희망이 담긴 하느님의 꿈은 우리가 사랑스럽게 부드러워지고 하느님과 함께 겸손하게 걸으면서 정의를 실천할 때 이루어진다. 예수님은 요한복음 17장에서 이 꿈을 성취하기 위해서 다음과 같이 기도했다. '아버지 우리가 하나이듯이 그들도 하나가 되게 해주십시오.' 그러한 꿈의 완성은 천상의 예루살렘이 우리의 모든 눈물을 닦아 주시는 거룩하신 분과

함께 천국에서 내려온다는 이미지로 그려진 묵시록 21:1-7에 표현되었다.

우리의 관능sensuality은 본성nature과 동정심compassion 그리고 은총에 바탕을 두고 있다. 하느님은 관능적인 우리 몸 안에 계신다. 하느님은 우리의 본질 substance과 관능이 결코 분리되지 않도록 한데 모아주시는 수단이다.

— 노리치의 줄리안Julian of Norwich

기도 자료 11

● **주제**

예수님의 탄생.

● **은총**

원하는 것 즉 나를 위해서 사람이 되신 하느님을 깊이 알아서 예수님을 더 사랑하고 예수님의 영을 더 가까이 따를 수 있게 해달라고 청한다.

이 기도 자료로 기도 수련할 때 더 의식적이고 능동적으로 상상한다. 복음의 이야기나 사건은 이렇게 안내받는 상상 기술로 당신의 상상을 인도한다. 우리는 이 방법을 복음 관상이라고 부른다. 각각의 수련은 예수님의 삶에서 일어난 사건이 지금 당신에게 일어나도록 허락할 것을 요청하고 있다. 그 사건을 현장에서 '느끼거나', '눈으로 보거나', '귀로 들음으로써', 달리 말하면 모든 상상력을 능동적으로 함께 사용해서 사건이 일어나게 허락한다. 이야기 안에 자신을 몰입시킨다. 이야기가 상상의 나래를 펼치게 한다. 당신은 능동적으로 상상하며 그렇게 '기억함으로써' 과거로 돌아가지 않는다. 오히려 신비로운 예수님 삶이 당신의 현재 삶으로 들여보내진다.

● **기도 자료**

a) 성탄	수련 자료[111]-[117]로 복음 관상.
b) 루카 2:1-7	성경 구절로 복음 관상.
c) 루카 2:8-20	들판의 목동들과 함께 지내고 그들과 같이 마구간에 있는 예수님을 방문한다.

d) 반복	움직임이나 내적 반응을 체험한 요점[118]-[119].
e) 반복	움직임이나 내적 반응을 체험한 요점.
f) 오감 활용	루카 2:1-7과 영신수련 책[121]-[126]을 도우미로 사용한다.

오감 활용은 또 다른 반복이다. 때때로 다른 기도 수련을 하면서 자연스럽게 오감 활용이 일어날 수도 있다. 그러나 여기서는 더 분명하게 접근한다. 그것은 당신을 매우 조용하고 수동적으로 기도하게 만든다. 그것은 **바라보거나 경탄하거나 머무는** 것이다. 그것은 냄새 맡고, 만지고, 맛보고, 바라보는 당신의 감각을 활용하는 것이라기보다는 앞의 기도 수련에서 당신이 체험한 한두 가지의 특별한 순간이 당신의 감각을 사로잡게|absorb 적극적으로 허락하는 것이다. '하느님의 좋으심을 맛보고 바라보라'(시편 34:8). 당신의 감각과 당신 자체를 온전히 그 이야기 속에 잠기게 만든다.

• 추가 독서: 기도 시간 밖에서 성찰하기 위한 자료

이사 52:7-10	하느님께서 우리를 위로하러 오시니 기뻐하라 시온.
히브 1:1-6	하느님의 모상인 아드님을 통하여.
이사 7:10-14	젊은 여인에게서 태어난 이를 임마누엘이라 할 것입니다. 그것은 하느님께서 우리와 함께 계신다는 뜻입니다.
히브 10:5-10	예수님은 세상에 오시면서 '저는 당신의 뜻을 이루러 왔습니다'라고 말했다.
스바 3:14-18	구원자이신 하느님이 네 한가운데에 계신다.
루카 1:68-79	즈카르야의 노래. 당신의 백성을 찾아오시는 우리

	하느님께서는 찬미 받으소서!
1요한 1:1-3	우리는 우리 자신의 눈으로 그분을 뵈었고 우리 손
	으로 그분을 만졌습니다!

이냐시오가 모든 기도 수련 끝에 기록한 담화로 성찰하는 것은 이 시점에서 도움이 된다. 그는 '친구가 다른 친구에게 말하는 것과 같이' 대화하라고 제안한다[54]. 담화는 기도 수련의 끝만 아니라 전체에 걸쳐서 하게 되어 있다. 당신이 자신을 사건에 참여하도록 둘 때 사건이 당신에게 현실이 된다는 것은 오롯한 진실이다. 대화는 다음과 같이 양방향으로 진행된다. 한쪽이 말을 하면 다른 쪽은 듣고 한쪽이 듣는 동안 다른 쪽이 말을 한다. 복음 관상에서도 마찬가지이다. 복음 이야기를 가지고 예수님이나 다른 사람들과 대화를 하는 자신을 상상하고 당신이 일상에서 대화하듯이 그 사람과 서로 대화를 주고받는다. 당신의 생각과 느낌을 표현한다. 다른 사람과 함께 조용히 머무른다. 서로 바라본다. 자신이 흠뻑 빠져있는 일과 은밀한 것을 서로 말한다. 자신이 말하는 것을 관찰하지monitor 않는다. 일어나는 것이 무엇이든 믿는다. 가능한 자연스러워진다. 가능한 진실해진다. 진실한 당신 자신이 된다. 당신은 당신과 이야기하는 사람(들)을 감동시키려고 노력할 필요가 없다. 그들은 당신을 감동시키려고 노력할 필요가 없다.

기도 자료 12

● 주제

성전에서 이름을 받는 예수님.

● 은총

원하는 것 즉 나를 위해서 사람이 되신 하느님을 깊이 알아서 예수님을 더 사랑하고 예수님의 영을 더 가까이 따를 수 있게 해달라고 청한다.

● 기도 자료

복음 관상 방법을 사용한다. 상상을 통하여 사건 속으로 들어간다. 마치 자신이 거기에 있는 것처럼 장면의 일부가 된다. 신비가 자신에게 스며들도록 허락한다.

a) 루카 2:2-21	예수님은 할례를 받고 이름을 받는다. 마리아와 요셉 그리고 그들의 친척들과 함께 거기에 머무른다.
b) 루카 2:22-38	당신에게 이름을 지어준 기억과 세례를 기도에 포함시킨다. 그것들에 대해서 그들과 이야기를 나눈다.
b) 루카 2:22-38	예수님이 머무는 성전으로 마리아와 요셉과 함께 간다. 사건에 참여한다. 참여한 사람들에게 말하고 그들의 이야기를 듣는다.
c) 마태 2:1-12	예수님에게 존경을 표하는 구경꾼들과 함께한다. 그들과 대화를 나눈다.
d) 반복	다음과 같은 내적 반응을 체험한 요점을 반복한다. 안락, 불편, 상기된 기분, 갈등, 기쁨, 슬픔.
f) 오감 활용	앞의 기도에서 영적 위안을 체험한 한두 가지 부분.

● **추가 독서: 기도 시간 밖에서 성찰하기 위한 자료**

시편 33	하느님의 권능과 섭리는 나라들의 계획을 부순다.
이사 9:1-4, 6-7	놀라운 경륜가이며 평화의 왕자인, 아이의 탄생.
이사 62:1-5	젊은이가 젊은 여인과 결혼하듯이 하느님께서 너희와 결혼할 것이다.
이사 62:11-12	노래하여라. 시온아, 너희 구원자가 오신다!
필리 2:1-8	다른 사람보다 나은 것처럼 행동하지 마십시오. 하느님께서 당신 자신을 버리시고 정치적으로 나약한 종의 모습을 취하셨습니다.
II코린 1:3-7	그러므로 우리의 하느님께서 고통받는 우리를 위로하실 수 있습니다.

예수님의 유년 시절로 복음 관상을 하면서 환영받지 못하는 마을에서 아들의 탄생, 외국으로 망명과 같은 정치적인 상황 때문에 바뀐 마리아와 요셉의 꿈을 성찰한다. 예상치 못한 인간사에 얽히며 개인적인 신화와 더 깊은 숙고에 스며드는 계시를 통하여 하느님의 꿈이 펼쳐질 때 마리아와 요셉은 자신들의 신화를 재검토해야 했고 더 새로운 신화를 다시 발견해야 했다.

이냐시오는 복음 관상을 안내하면서 '유익한 점을 얻기 위하여 성찰하라'고 지시한다. 우리는 기도하면서 우리 삶에 적용하는 방안을 알아내야 한다고 생각해서 그의 지시를 잘못 해석할 수 있다. 그의 지시는 그렇지 않다. 우리는 하느님의 말씀이 우리 현실과 삶에 대한 우리의 사고방식에 영향을 주시도록 허락해야 한다. 하느님께서는 우리가 기도하면서 얻은 결과나 '유익한 점'으로 우리를 직접 깨우치거나 놀라게 하신다. 기도를 **마친 후** 기도 체험을 회고할 때를 위하여 기도하면서 '지성'을 활용하며 더 명확하게 분석하는 것을 미룬다.

기도 자료 13

● **주제**

집에서 멀리 떨어진 곳에서 태어나서 피난민이 되고 나중에 목수의
아들이 된 예수님.

● **은총**

원하는 것 즉 나를 위해서 사람이 되신 하느님을 깊이 알아서 예수님
을 더 사랑하고 예수님의 영을 더 가까이 따를 수 있게 해달라고 청한다.

● **기도 자료**

a) 마태 2:13-15	예수님과 마리아 그리고 요셉과 함께 이집트로 피 난한다. 이집트에서 그들과 함께 시간을 보낸다.	
b) 마태 2:16-18	그들의 체험에 대해 서로 대화하고 그들에게 당신 의 어린 시절을 이야기한다. 그들이 말해야만 하는 것을 듣는다.	
c) 마태 2:19-23	무죄한 어린이들이 학살당함.	
d) 반복		
e) 반복		
f) 오감 활용	나자렛으로 돌아옴. 예수님이 12살까지 자라는 과 정을 관상한다.	

● **추가 독서: 기도 시간 밖에서 성찰하기 위한 자료**

이사 42:1-9	예수님은 피난처에서 외적이고 내적인 감옥에 갇힌 죄인들을 구출할 종으로 양육되었다.
시편 59	하느님은 예수님이 되어서 "내 원수에게서 나를 구해주소서!"라고 울부짖는 소리의 의미를 직접 체험하며 알게 되었다.
마태 6:25-34	예수님은 하느님께 의존하며 걱정 없이 사는 것을 체험으로 깨달았다.
히브 11	자신의 선조들처럼 신뢰와 믿음으로 산 예수님.
신명 6:1-9, 20-25	요셉과 마리아는 예수님이 하느님을 온 마음으로 사랑하도록 가르쳤다.
신명 11:18-21	그들은 토라의 가르침에 따라 그를 기르고 그에게 하느님의 뜻을 사랑하는 마음을 심어주었다.

집회 3:1-16, 4:1-10; 요한 4:31-34, 6:38; 마태 6:5-13.

우리가 복음을 관상할 때 예수님의 삶과 일치하는 우리의 지난날이 종종 기억나기 시작한다. 당신이 그것이 일어나게 둔다면 다음과 같은 아름다운 결과를 얻는다. a) 과거의 상처 치유, b) 살면서 겪은 사건에서 하느님의 역사 목격, c) 삶에서 일어난 중요한 사건의 의미를 깨달음, d) 매일 내 삶의 천을 함께 짜는 하느님을 인식.

기도 자료 14

● **주제**

예수님은 한 가지 특별한 사건을 빼고는 나자렛에서 드러나지 않게
자랐다.

● **은총**

원하는 것 즉 나를 위해서 사람이 되신 하느님을 깊이 알아서 예수님
을 더 사랑하고 예수님의 영을 더 가까이 따를 수 있게 해달라고 청한다.

● **기도 자료**

a) 루카 2:41-50	마리아와 요셉은 12살이 된 예수님을 특별한 부름을 받은 성전으로 데려갔다. 그들과 같이 사건의 모든 부분에 참여한다. 당신의 어릴 적 체험과 그것에 대한 느낌을 그들에게 나눈다.
b) 루카 2:51-52	예수님의 소년 시기의 일부를 함께 지낸다.
c) 루카 2:51-52	예수님이 12살 때부터 집에서 떠날 때까지 함께 지낸다.
d) 반복	
e) 반복	
f) 오감 활용	

• 추가 독서: 기도 시간 밖에서 성찰하기 위한 자료

마태 13:54-56	목수의 아들로 알려지고 인식된 예수님이 세월이 흐른 후 권위를 가지고 말하는 것을 보고 고향 사람들은 정말로 놀랐다.
필리 2:1-5	예수님은 다른 사람과 어울리는 법을 배워야 했고 경쟁하거나 자만하지 않고 살았다. 바오로는 우리보고 똑같이 하라고 요구한다.
콜로 3:12-21	바오로가 우리에게 가르쳐 주는 내용은 예수님이 자랄 때 들었던 내용과 같다.
히브 2:14-18	예수님은 모든 면에서 우리와 같아야 했다.
시편 42	이 시편은 예수님이 12살 때 성전에서 경험했던 것을 생각하면서 느낀 감정을 다음과 같이 잘 표현하고 있다. "내 영혼이 당신을 그리워하나이다. 나의 하느님. 제가 무리와 함께 당신의 집에 들어갔을 때를 기억합니다…."
시편 63:1-8	당신의 영광을 보려고 이렇듯 성소에서 당신을 바라봅니다.

종이 인형 예수님

― 루스 매클린

편안한 벨벳 상자 속에 봉인되어 침묵하고,
답답한 유리 상자에 갇힌 채 잠자는
사랑하는 예수님,
어디에서나 나는 당신을 늘 간직했나요?
어디에서나 나는 당신의 입과 눈을 가렸나요?

인간성도 없고
유혹이나 욕망도 없는,
그냥 종이인,
주님,
나의 종이 인형,
나의 종이 인형 예수님.

나의 하느님,
당신은 어떻게 누군가를
사랑할 수 있었나요.
나의 하느님, 당신은 어떻게 나를
사랑할 수 있었나요.

기도 자료 15

• 주제

세상을 위한 하느님의 꿈을 드러내시는 예수님에 대한 이냐시오의 이미지를 보여주는 그리스도 나라. 이 주제는 예수님의 공생활에 대한 복음 관상의 맥락을 제공한다. 나는 당신이 예수님 안에서 변화된 이냐시오의 이미지와 신화에 참여함으로써 영신수련 동안 하느님의 부름을 더 잘 들을 수 있게 되기를 바란다.

• 은총

원하는 것, 즉 자신의 역사에서 예수님을 발견함으로써, 예수님을 사랑하며, 자기 삶의 유일하고 구체적인 상황에서 예수님의 부름을 들을 수 있도록 자신을 더 열게 해달라는 은총을 청한다.

• 기도 자료

a) 마태 3:13   집을 떠나는 예수님. 예수님이 요르단강으로 여행을 떠나기 바로 전에 예수님의 집에서 함께 며칠 머무른다. 자신의 꿈을 나누는 예수님과 소중했던 지난날을 회상하는 마리아와 함께한다.

b) 마태 3:13   어머니와 친척 곁을 떠난 예수님과 함께 요르단강으로 간다. 당신의 희망과 꿈 그리고 예수님의 영을 따르고 싶은 열망을 나눈다.

c) 마태 3:13-17   예수님과 함께 요르단강에 가서 그가 세례를 받을 때 함께한다. 성령께서 예수님에 관한 이야기를 예수님에게 어떻게 더 깊게 이해시키는지 본다.

| d) | 그리스도 나라 이냐시오의 꿈과 그것이 예수님 안에서 실현될 가능성을 생각한다[91]-[98]. |
| e) | 그리스도 나라 이냐시오는 자신의 이미지와 우화를 통해서 세상에 대한 하느님의 꿈과 만났다. 다음과 같이 시간을 내어 세상에 대한 하느님의 꿈에 참여시켜 줄 자신의 이미지를 만들어 본다. |

─ 당신이 세상에 대해 가장 깊은 열망과 전망을 가질 수 있고 자신의 신화나 이야기로 그것을 표현할 수 있다면, 그것은 무엇인가?

─ 어떤 사람이 그러한 전망을 구현하는가?

─ 그 사람에게 적절하고 예상되는 반응은 어떤 것인가?

─ 예수님 안에서 모든 이의 가장 깊은 열망이 구현된다. 당신은 지금 어떤 기도나 봉헌을 하고 싶은가?

f) 반복

● 추가 독서: 기도 시간 밖에서 성찰하기 위한 자료

지혜 9	예수님이 집을 떠나시듯이 지혜를 청하는 솔로몬의 기도는 예수님의 깊은 꿈과 열망을 잘 표현한 것일 수도 있다.
루카 14:25-30	예수님은 자신이 살았던 것처럼 아버지에게 철저히 투신하라고 우리를 초대하신다.
예레 1:4-10	요르단강의 체험은 예레미야의 부름과 비슷할지도 모른다.
사도 10:34-38	이것은 예수님의 요르단강 체험에 대한 베드로의 설명이다.
시편 89	기름 부음 받은 이가 이 시편에서 묘사한 위로와 넘치는 위안은 같다. 예수님은 이 위안을 통하여 기름 부음 받았고, 아마도 자신과 자신의 이야기를

	고통을 받는 종으로 이해하시게 되었을 것이다.
이사 42:1-9; 49:1-7	이러한 종의 이야기는 요르단강에서 예수님이 받으신 위로의 의미를 생각하게 해 준다.
루카 9:23-26;	예수님은 우리보고 철저하게 가난하게 살며 자신을 포기하라고 부르신다.
에페 4:17-24	지난날의 삶을 버리기, 영적으로 생각하기, 더 깊은 열망에 따라 선택하기.
II코린 5:15-21	그리고 그분과 화해하는 일에 참여하기.
II코린 12:7-10	우리가 약함에도 하느님은 성령의 현존과 능력으로 우리를 통하여 활동하십니다.

우리는 자연과 인간의 마음에 작용하는 힘과 치유하고 결합해주는 능력과 진실을 신뢰할 수 있다. 우리는 우리 가족의 정원인 이곳 지구에서 우주와 함께 춤을 추며 우리의 공통 기반common ground을 발견할 것이다.

— "Wounded Earth, Wonder Earth", 메리 사우서드Mary Southard의

1989년도 달력

기도 자료 16

● 주제

광야 체험으로 강해지고 더 민감해지자 공적이고 정치적인 생활을
시작하시는 예수님.

● 은총

원하는 것 즉 나를 위해서 사람이 되신 하느님을 깊이 알아서 예수님
을 더 사랑하고 예수님의 영을 더 가까이 따를 수 있게 해달라고 청한다.

● 기도 자료

a) 마태 4:1-11   광야에서 유혹받으시는 예수님과 함께 머무른다.
b) 루카 4:14-32   고향에서 거부당하시는 예수님과 함께한다.
c) 반복
d) 반복
e) 오감 활용
f) 두 개의 깃발
[136]-[147]

● 추가 독서: 기도 시간 밖에서 성찰하기 위한 자료

로마 5:18-19   예수님은 광야에서 부름을 거부하고 정치적이거나
                     기적을 일으키는 권력의 길을 따르라는 유혹을 받으셨
                     다. 그분은 그러한 유혹을 극복함으로써 이브와 아담
                     의 이야기에 상징적으로 들어있는 우리의 불순종을
                     파기시키셨다.

시편 94:17-23;	그는 영적인 가난을 체험하면서 다른 모든 것을 버리고 오직 아버지에게 의존하고 북돋아 주시는 하느님을 거듭 믿었다.
히브 4:14-16; 5:7-10	이것은 예수님께서 겪으신 고난에 대한 설명이다.
집회 51	그리고 그 고난의 마지막에서 그분의 기도는 다음과 거의 똑같이 되었을지도 모른다.
마르 8:31-33	그분은 고난을 겪은 후 삼 년 동안 다양한 방법으로 다시 다가오는 똑같은 유혹을 알아차리실 수 있게 되었다.

나는 더 잘 돌보는 세상을 만들기 위해 사람들과 협력하라고 어떻게 부름을 받고 있는가? 내가 예수님을 따라야 하는 사람이라면 내게 주어진 나의 이야기와 선물로 보아서, 어떤 요소나 분위기로 예수님 따름을 묘사하겠는가? 예수님이 짜신 인생의 천은 수많은 실과 색깔로 되어 있다. 그중의 어떤 실과 색깔이 나의 천을 짜는 데 필요한가?

영적인 가난이란 재능이나 은총, 성취 따위가 아니라 오직 하느님께만 믿음을 두는 것이다. 그것은 지성, 마음 그리고 소유한 것과 시간이라는 모든 자원을 하느님께 내어놓는 것이다. 그것은 계획, 노력, 선택에 담긴 지구를 위한 하느님의 꿈에 의식적으로 협력하는 것이다. 그것은 내게 필요한 인정 받음, 존경 그리고 소유물에서 충분히 벗어나서 오직 하느님만 의존한다는 것을 뜻한다.

도전에는 실패가 숨어 있다. 우리가 성공할 것을 미리 알았다면 그것은 도전이 될 수 없다.

— 제니퍼 라우든Jennifer Louden의 'The Woman's Comfort Book'

기도 자료 17

주제

우리는 구체적이고 실제적인 삶에서 하느님의 부름을 들으라고 다급하게 이끄는 성령께 더 주목할수록 부자가 되고 싶은 마음, 존경받고 싶은 마음, 자립하고 싶은 마음이 더 커지는 것을 체험한다. 우리는 예수님을 더 적극적으로 닮고자 우리 자신이나 우리가 소유한 어떤 것보다도 하느님께 더 의존하는 쪽을 희망한다.

은총

원하는 것 즉 자신이 내린 결정과 그 결정의 반대 방향으로 자신을 이끄는 힘에 들어있는 사탄의 속임수를 알아볼 수 있게 해달라고 청한다. 또한 예수님의 깃발과 태도에 따라서 결정을 내릴 수 있도록 주님이고 구세주이신 예수님을 더 깊게 알게 해 달라는 은총을 청한다.

기도 자료

다음의 a), b)와 f) 자료에서 기도를 하느님과 더불어 더 반추하며 시작하는 방식으로 약간 바꾼다. 그 밖의 자료는 복음 관상으로 시작한다.

a) 두 개의 깃발과 담화   수련의 첫 번째 부분에 집중해서 이것이 개인인 자신과 문화의 영향을 받은 자신에 적용되는 것을 보려고 노력한다.

b) 두 개의 깃발과 담화   수련의 두 번째 부분에 집중한다. 이것이 자기 삶의 독특한 상황에 적용되는 것을 보려고 노력한다.

| c) 루카 6:17-23 | 참 행복은 예수님의 깃발을 나타낸다. 루카가 묘사한 사건에 참여한다. 현장에서 예수님이 말씀하시는 것을 듣는다. 그의 가르침에 영향을 받는다. 참 행복은 당신이 하느님 앞에서 성취해야 하는 항목이 아니다. 오히려 그것은 하느님께서 예수님과 깊은 관계를 맺는 당신을 보시는 방법에 대한 설명이다. |

d) 반복 또는 루카
18:18-30 부자를 부름과
세 개의 담화를 한다.
e) 반복과 세 개의 담화.
f) 세 가지 부류의 사람들
[149]-[156], 일러두기
[157]을 주의 깊게 읽는다.

● 추가 독서: 기도 시간 밖에서 성찰하기 위한 자료

마태 13:24-30, 36-43	가라지와 밀은 우리 각자와 세상의 사회적 구조에 존재한다.
마르 6:17-44	두 잔치는 두 개의 깃발 이미지이다.
마르 10:35-45	야고보와 요한처럼 관대한 사람도 종종 징표를 찾으려고 예수님을 따른다.
I베드 2:1-3:17	베드로는 정신적으로 가난하게 살라는 부름을 자신의 문화에 있는 사람들에게 적용한다. 이것은 나와 나의 문화에 어떻게 적용되는가?

우리가 흘러보내는 시간이 높은 파도처럼 밀려와도, 우리는 여전히 우아한 넥타이를 정중하고 태연하게 매만지고 있다.

— 쟈르코스라브 하벨카Jaroslav Havelka의 "Reflection and Preoccuptions"에서 인용

기도 자료 18

● 주제

예수님은 내가 나의 독특한 상황(즉, 건강, 사회적 환경, 재정, 성격, 시간, 가정의 특성, 재능, 다른 사람들의 반응, 열망 등)에서 당신 영의 기획enterprise과 아버지의 뜻에 따라 사람들과 기꺼이 협력하기를 바라신다.

● 은총

원하는 것을 청한다. 이 시점에서 결정이 필요한 자신의 삶에 대한 깨달음을 청하고 자신에 대한 하느님의 열망과 조화를 이루면서 이해하고 선택할 정도의 충분한 자유를 청한다.

● 기도 자료

기도 자료 a)와 b)는 하느님이 이 시점에서 당신이 결정하기를 바라시는 사안을 발견하는 데 도움을 준다. 그것이 여기서 적절하지 않으면 이어서 내가 제시한 추가 독서 중 두 개를 선택할 수도 있다. 기도 수련 c)는 같은 방법으로 도움을 줄 수 있는 수련이다. 하지만 그것도 역시 지금 결정 과정에 들어갈 당신의 준비 상태를 알려줄 것이다.

a) 당신 앞에 전혀 만난 적이 없는 사람 하나를 상상한다. 그 사람은 결정해야 할 것에 관하여 당신의 조언을 들으려고 한다. 당신은 그의 말을 듣는다. 그는 영신수련의 처음부터 지금까지의 모든 체험─깨달은 은총, 마음에서 흘러나오는 열망, 주장, 어려움 등─을 설명하고 결정해야 할 부분에 대한 당신의 의견을 묻는다. 그를 도와서 논점을 명료하게 만든다. 그리

고 그것에 대해 예수님과 대화를 나눈다.

b) 세월이 흘러 자신에게 죽음이 임박했다고 상상한다. 중요한 이 순간에 자유
  롭고 분명한 정신으로 영신수련 동안에 결정하고 싶은 사안은 어떤 것인가?
  직업? 가족? 사도직? 여가? 생활 방식? 그것을 예수님과 이야기한다.

c) 세 가지 부류의 사람들 [150]-[157], 세 개의 담화.

d) 요한 1:35-51 사도들을 부름.

e) 루카 5:1-11 베드로를 부름.

f) 반복.

● **추가 독서: 기도 시간 밖에서 성찰하기 위한 자료**

마태 5장-7장   산상 설교.

● **다음 복음에 있는 사람들은 어떤 부류인가?**

루카 9:59, 루카 12:16-21, 마태 7:21, 마태 13:45-46, 마태
19:16-22, 마태 19:27-30, 마태 25:24-25, 마르 12:41-44

내가 친구를 바꾸려고 그의 작업 방식에 저항하자 그는 다음과 같이 지혜롭
게 응답했다. "나는 변하고 싶지 않네. 전쟁은 적개심에서 나오기 마련이기
에 나는 변화를 온전히 투신하고 이겨야 하는 적으로 삼아 집중하고 싶지
않네. 나는 우정을 쌓는 방식을 바꾸고 싶네. 나는 적의 영토를 정복하고
파괴한 뒤 버리는 우정보다 친구가 되어 함께 걷자고 초대받는 우정을 원하
네."

― 데이빗 하웰스

기도 자료 19

• 주제

예수님의 공생활.

• 은총

원하는 것, 즉 나를 위해서 사람이 되신 하느님을 깊이 알아서 예수님을 더 사랑하고 예수님의 영을 더 가까이 따를 수 있게 해달라고 청한다.

• 기도 자료

a) 요한 2:1-11   카나의 혼인 잔치.
b) 루카 7:1-10   백인대장의 종을 고침.
c) 마르 5:25-34   하혈하는 여인을 고침.
d) 오감 활용
e) 세 가지 유형의 겸손
[165]-[168]

• 추가 독서: 기도 시간 밖에서 성찰하기 위한 자료

마태 15:21-28   가나안 여인 만나시는 예수님.
마태 15:29-31   고통받는 사람들 치유하시는 예수님.
마태 19:13-15   어린이들 축복하시는 예수님.
루카 10:38-42   마르타와 마리아의 집을 방문하시는 예수님.
루카 17:11-19   나환자 10명 치유하시는 예수님.
루카 7:36-50   예수님의 발 씻는 죄 많은 여인.
요한 4:4-42   우물가에서 사마리아 여인을 만나는 예수님.

미쳐버림

－루스 매클린

당신께 미치게 하소서. 주여….
미치고, 당신을 사랑하여,
해와 별들로 이끄는 길을 혼자 걸으며
시간을 보내게 하소서.

노래하며 춤추게 하고
당신 팔에서 쉬게 하며
그냥 머물고 나누고
바람을 타고 달리게 하소서.

나 자신이 되게 하고
당신에게 미치게 하소서.
온전히 미쳐서
당신을 사랑하게 하소서, 주님.

당신의 어둠 속으로 뛰어들게 하소서.
꿈꾸고 만지게 하소서.
눈물 흘리며 웃게 하소서.
당신에게 미치게 하소서, 주님.

온전히 미치고 당신을 사랑하고,
온전히 미쳐, 당신을 사랑하며.

기도 자료 20

● 주제

예수님의 공생활. 그는 자기 시대의 불의한 사회 구조에 직면한다.

● 은총

원하는 것, 즉 나를 위해서 사람이 되신 하느님을 깊이 알아서 예수님을 더 사랑하고 예수님의 영을 더 가까이 따를 수 있게 해달라고 청한다.

● 기도 자료

a) 세 가지 유형의 겸손	공적인 일에서 부름에 응답하는 그리스도인들은 유형의 겸손 종종 세 가지 유형의 겸손을 체험한다.
b) 마르 2:23-28, 루가 6:6-11	예수님은 바리사이들이 주입한 불의한 구조에 직면한다. '안식일이 사람을 위해서 있는 것이지 사람이 안식일을 위해서 있는 것이 아니다.'
c) 마태 23:1-19	예수님은 그들의 위선뿐만 아니라 사람들을 계속 억압하는 구조에 대해서도 설교하였다.
d) 요한 2:13-22	예수님은 상인들을 성전에서 내쫓았다.
e) 반복	
f) 반복 또는 오감 활용	

루카 4:14-22	예수님은 자신의 사명을 선포한다. 하느님께서 묶인 이들에게 자유를 선포하라고 나를 보내셨다.
루카 7:18-23	예수님은 자신의 사명과 일을 설명한다.
레위 19:1-2, 11-18	착취하거나 빼앗지 말아야 한다. 네 이웃을 너 자신처럼 사랑해야 한다.
이사 1:10-26	내가 어떻게 너희의 희생 제물에 마음을 둘까? 당신의 정의를 드러내소서. 잘못을 고쳐주소서.
이사 58:1-12	내가 기뻐하는 단식은 불의한 족쇄를 없애고 멍에를 풀어주는 것이다.
이사 61	하느님의 영이 내게 내리시어 정의를 선포하게 하셨다. 그들은 정의로운 참나무라고 불리리라.
이사 66:17-25	새 세상에 대한 전망. 그저 며칠 살지 못하고 죽는 아기가 없고 늑대와 새끼 양이 함께 길러질 것이다.
루카 16:19-31	부자와 라자로의 비유.

영성은 물이 당신의 배를 받쳐 주거나 심지어 당신이 배에서 내려 헤엄칠 수 있다고 믿는 것과 같은 믿음의 문제이다.

— 데이빗 하웰스

예수님을 온전히 따르기

— 자유로운 헌신 Liber Devotion 기도에서 따옴

주 예수님, 온몸으로 당신을 온전히 사랑하고 당신이 품으신 어떤 것이라도 망설임 없이 끌어안게 하소서. 그리하여 당신이 사랑하듯이 세상을 사랑하고 당신이 거부한 거짓과 탐욕과 교만이라는 세속적 지혜를 거부하게 하소서.

세속의 지혜를 따라서 남에게 인정받고 명성과 지위를 누리며 행복하게 살기를 좋아하는 사람임에도 당신을 충실하게 따르며 세속과 반대로 살기를 간절히 원합니다.

당신을 너무나 사랑하고 모든 것 안에서 당신처럼 되기를 바라는 제게 해 주신 것에 감사드립니다. 당신 가까이서 살고 싶습니다. 당신이 겪은 것을 겪고자 저 자신을 열면서 다가오는 당신을 선택합니다. 그러므로 어느 누구도 아프게 하거나 우리를 보살피시는 하느님께 실망을 드리지 않도록 살고 싶습니다. 그래서 사랑하는 주님을 더욱더 닮기 위하여 모욕을 받고 거부당하며 아무것도 아닌 사람으로 취급받고 싶고, 주님의 발자국을 더 가까이 따르고 싶습니다. 당신은 우리를 생명으로 이끄는 참된 길이십니다. 세속적인 지혜가 남들에게 인정받고 지위와 부와 헛된 자아를 추구하도록 탐욕스럽게 애착시킬 수 있다면 당신은 정말로 당신을 따르는 이들로 하여금 성실과 가난, 거부당함과 십자가를 더 사랑하게 만들 수 있으십니다!

기도 자료 21

● **주제**

예수님의 공생활

● **은총**

원하는 것, 즉 나를 위해서 사람이 되신 하느님을 깊이 알아서 예수님을 더 사랑하고 예수님의 영을 더 가까이 따를 수 있게 해달라고 청한다.

● **기도 자료**

a) 마태 14:13-21   예수님이 수많은 군중을 먹임.
b) 마태 14:22-33   예수님이 물 위를 걸음.
c) 마태 17:1-13,   변모 후 거부당함과 수난을 말하시는 예수님.
22-23
d) 반복
e) 반복
f) 오감 활용

● **추가 독서: 기도 시간 밖에서 성찰하기 위한 자료**

마태 8:23-27   폭풍을 잠재우는 예수님.
I열왕 19:9-13   바람결 같은 고요 속에서 하느님을 발견한 엘리야.
요한 6   빵의 나눔과 생명의 빵에 대한 예수님의 가르침.
루카 19:47-48   성전에서 가르치시는 예수님.
마르 12:35-44   청중의 상황에 맞춰 가르치시는 예수님.
요한 7:14-52   아버지에게서 받은 것만을 가르치시는 예수님. 예
                  수님을 거부하는 많은 사람.
루카 10:1-24   70명의 제자를 파견하시는 예수님.

기도 자료 22

● 주제

예수님 공생활의 마무리 단계

● 은총

원하는 것 즉 나를 위해서 사람이 되신 하느님을 깊이 알아서 예수님을 더 사랑하고 예수님의 영을 더 가까이 따를 수 있게 해달라고 청한다.

● 기도 자료

a) 요한 11:1-44   예수님이 라자로를 무덤에서 불러냄.
b) 마태 26:6-16   베타니아의 만찬.
c) 마태 21:1-11   예수님이 나귀를 타고 예루살렘으로 입성함.
d) 반복
e) 반복
f) 오감 활용

● 추가 독서: 기도 시간 밖에서 성찰하기 위한 자료

요한 11:45-54	예수님을 죽이기로 작정한 무리의 두목. 민족을 위해 한 사람의 고통받는 것이 더 낫다.
시편 27	하느님은 내 빛이요 구원이시다. 악인들이 내게 덤벼들 때 내가 누구를 두려워하리오?
시편 5	고난 가운데 드리는 기도.
마태 11:25-30	수고하고 짐 진 사람 모두 다 내게로 오너라.
루카 13:34; 19:41-44	예루살렘을 바라보며 눈물을 흘리시는 예수님.

시편 118	집 짓는 자들이 버린 돌이 예수님이 머릿돌이 될
	것이다. 주님의 이름으로 오는 이여 찬미 받으소서.
시편 122	'주님의 집에 가자'는 그들의 소리를 듣고 나는 기뻤다.
이사 42:1-9	고난받는 종의 노래.

우리는

— 루스 매클린

우리는 밤에 움직이고 낮에는 숨는
도망자요 내쫓긴 자들이다.

달빛 아래서 달아나고 그림자 속에 숨으며
적의 눈을 피해 도망가고 무차별 폭격을 필사적으로 피하려다
피를 흘리며 놀란 채 찢긴다.

가시 덫에 걸린 채 다가온 사람들의 말을 듣고 얻어맞다가
형제들에게 비난당하며 자매들에게 조롱당한다.

고문당하고 울부짖으며 떨면서 어쩔 줄 몰라 한다.

우리는 피난민들 밤에 움직이고 낮에는 숨는다.

기도 자료 23

● **주제**

최후의 만찬과 겟세마니의 고뇌로 시작되는 예수님의 수난과 죽음.

● **은총**

예수님의 수난과 죽음을 관상하면서 나를 위해 엄청난 고통을 받으면서 몹시 슬퍼하고 아파하며 눈물을 흘리시는 예수님과 함께 슬퍼하게 해달라고 청한다.

● **기도 자료**

다음의 성경 자료를 사용하기 전에 이냐시오가 일러두기[190]-[199]에서 설명하는 은총과 준비와 주안점을 이해하는 것이 중요하다. 이 주안점을 유지하기 위해서 당신은 처음 이틀 동안 영신수련 본문을 사용하거나 성경으로 기도하기 전에 본문을 주의 깊게 읽어도 좋다. 각각의 상황에서 1) 은총, 2) 여섯 가지 요점, 3) 일러두기[199]를 주목한다. 당신은 또한 계속 세 개의 담화를 할 수도 있다.

a) 마태 26:17-30 최후의 만찬 ― 과월절 식사와 성찬.
b) 요한 13:1-17 제자들의 발을 씻으심.
c) 마태 26:31-46 예수님이 겟세마니에서 고뇌하심.
d) 반복
e) 반복
f) 오감 활용

● 추가 독서: 기도 시간 밖에서 성찰하기 위한 자료

요한 12:23-33	예수님의 내적 갈등. 한 알의 밀알이 죽지 않으면…. 지금 내 영혼이 혼란스럽다.
루카 22:24-38	첫째 자리를 두고 제자들이 서로 다투었기에 예수님이 그들의 발을 씻겨주셨을 수도 있다.
예레 31:31-34	최후의 만찬에서 예수님은 예언을 완수하심.
요한 15:12-27	예수님은 사랑의 주요 계명을 가르쳐 주고 거절당했던 자신의 체험이 포함된 진정한 제자 직분을 설명하신다.
시편 142	쫓기는 사람의 기도.

우리는 기도하면서 고통을 받는 예수님과 함께 머무를 수 있을까? 우리는 그것을 사랑하는 사람의 마지막 순간을 자세히 설명한 편지를 읽는 것과 비교할 수 있다. 또한 우리는 그것을 죽어가는 사람의 곁에서 조용히 머무르는 것과 비교할 수도 있다. 죽음을 앞둔 사람은 우리가 결코 알아챌 수 없는 비밀을 간직한다. 우리는 죽어가는 사람의 곁에서 오직 우리 자신에게만 관심을 쏟으며 함께 있거나 계속 머물 수 없다.

— 진 라플레이스Jean Laplace의 "Direction Of Conscience"에서 따옴

기도 자료 24

- **주제**

예수님은 체포당해 재판받은 뒤 수난하고 죽으신다.

- **은총**

내가 원하는 것 즉 나를 위해 엄청난 고통을 받으면서 몹시 슬퍼하고 아파하며 눈물을 흘리시는 예수님과 함께 슬퍼하게 해달라고 청한다.

- **기도 자료**

a) 마태 26:47-56	잡히신 예수님.
b) 요한 18:12-27, 마태 26:57-75	한나스와 카야파에 잡혀가신 예수님. 최고 의회에서 야간 심문을 당하신 예수님, 모욕을 당하신 예수님.
c) 루카 22:66-71	아침에 최고 의회에서 심문을 당하신 예수님.
d) 반복	
e) 반복	
f) 오감 활용	

- **추가 독서: 기도 시간 밖에서 성찰하기 위한 자료**

시편 35	박해받는 의인의 기도. 이제 내가 넘어지자 그들은 기뻐하고 나를 에워쌌다.
시편 55	박해받으며 드리는 기도. 적이 나를 모욕했다면 나는 참아 견뎠을 것이다. 그러나 너는 나의 친구이지 않으냐?
시편 57	하느님, 저를 불쌍히 여기소서. 저는 사자들 가운데

누워있습니다.

시편 69	하느님, 저를 구하소서. 물이 목까지 들어찼습니다.
시편 70	비탄의 울부짖음. 나를 조롱하는 이들에게 혼돈을 주소서.
시편 143	내 얼이 속에서 아뜩해지고 내 마음은 두려움으로 가득합니다.
이사 50:4-7	나는 모욕을 받지 않으려고 내 얼굴을 가리지 않는다. 나는 수치를 당하지 않을 것임을 알고 있다.

1) 나는 예수님의 사람들his members 안에서 고통 받고 있는 예수님을 지금 어떻게 알아보는가?

2) 나는 내 삶의 구체적인 상황에서 동정(함께 아파)하라는 부름을 어떻게 받고 있는가?

3) 나는 자신, 가족, 공동체 등에 어떻게 투신하라고 요청받는가?

4) 나는 십자가를 져야 할 때 어떻게 반응하는가?

지금은 예수님과 더 깊이 친밀해지는 시간이다. 그러나 여기서 구체적으로 표현되는 친밀감으로써 결정의 구체적 실행과 삶에 대한 입장을 반드시 대화에 포함시키는 것을 잊지 않는다.

기도 자료 25

● 주제

예수님의 마지막 순간인 수난과 죽음.

● 은총

내가 원하는 것 즉 나를 위해 엄청난 고통을 받으면서 몹시 슬퍼하고 아파하며 눈물을 흘리시는 예수님과 함께 슬퍼하게 해달라고 청한다.

● 기도 자료

a) 루카 23:1-25, 요한   빌라도와 헤로데 앞에서 재판을 받으시는 예수님.
18:28-19:16
b) 루카 23:26-32   십자가의 길.
c) 루카 23:33-49   십자가형.
d) 반복
e) 반복
f) 오감 활용

당신은 다양한 상황에 맞추어 기도 자료를 적용해도 좋다. 그렇게 적용한다면 다음 자료 중의 몇 개를 반복에 대신하거나 반복에 첨가해서 사용할 수 있다.
위의 b)를 하기 전에 다음을 한다.

마태 27:26-31   조롱하고 왕관을 씌움.
요한 19:1-5   빌라도는 군중에게 예수님을 보여주고 '이 사람을 보라'고 말한다.

위의 c)를 하고 나서 다음을 한다.

루카 23:50-56   십자가에서 내려져서 어머니 품에 안긴 예수님.

● 추가 독서:기도 시간 밖에서 성찰하기 위한 자료

시편 22	나의 하느님, 나의 하느님, 어찌하여 저를 버리십니까?
시편 31	혹독한 시련 가운데 하는 기도. 나를 박해하는 모든 이에게 저는 조롱거리가 되었고 내 친구들에게는 무서움이 되었습니다.
시편 38	탄식 기도. 열병으로 내 갈비뼈가 불에 탑니다.
이사 52:13-53:12	종의 넷째 노래. 그의 모습이 망가졌기에 많은 이들이 그를 보고 질겁하였다.
로마 5:6-11	우리가 여전히 나약하였으나 예수님은 우리를 위해 돌아가셨습니다.
필리 2:1-8	하느님이시면서도 우리 중의 하나가 되었고 죽음에 이르기까지 순종하셨습니다.
II코린 4:7-18	우리는 몸에 예수님의 죽음을 지니고 다닙니다.

● 예수님의 마지막 말씀

마태 27:46; 루카 23:34, 43, 46; 요한 19:26-28, 30

목마르다

— 루스 매클린

당신의 낡은 잔으로
물 한 모금을 마시고 싶습니다.
하지만
먼저 가르쳐 주십시오.
생명의 물로
목을 축이고,
지치고 피 흘리는 발을
위로하며,
부서지고 상처 입은 영혼들을
싸매주는 방법을.
그러고 나서 …

저로 하여금
일그러진 잔을 높이 들어
연약한 입술에 대고
당신의 영혼에서 흐르는 물을
마시게 해주십시오.

기도 자료 26

성 주간 주제

● 주제
파스카 신비

● 은총
내가 원하는 것, 즉 나를 위해 엄청난 고통을 받으면서 몹시 슬퍼하고
아파하며 눈물을 흘리시는 예수님과 함께 슬퍼하게 해달라고 청한다.

● 기도 자료

a) 성 목요일: 마르 14:12-72로 예수님 수난의 처음 절반.
b) 성 금요일: 마르 15:1-47로 예수님 수난의 나머지 절반.
c) 성 토요일: 수난 전체에 해당되는 복음 이야기 중 하나.

당신은 기도하는 시간과 일상에서 때때로 마리아의 입장에서 수난
전체를 성찰해 볼 수도 있다. 예수님은 금요일에 묻혔고 마리아는 토요일
에 지난 며칠 동안 일어났던 모든 일을 기억하고 돌아보았다. 오늘 그녀와
함께 기억하며 시간을 보낸다. 온종일 예수님의 죽음이 당신의 온몸과
당신을 둘러싸고 있는 세상에 스며들게 한다. 다음은 마리아의 입장에서
기도 시간 밖에서 성찰할 수 있는 **추가 독서**이다.

● 추가 독서: 기도 시간 밖에서 성찰하기 위한 자료
시편 42; 애가 3:13-26; 루카 2:25-35; 지혜 4:7-14; 욥 1:21;
이사 42:1-9

부활 주간 주제

● **주제**

예수님의 부활.

● **은총**

내가 원하는 것 즉 영광되고 너무도 기뻐하시는 예수님 덕분에 마음
껏 기뻐하게 해달라고 청한다.

● **기도 자료**

d) 이제 하느님이신 예수님께서 어머니 마리아에게 부활 주일에 나타나신
   것을 복음 관상하듯이 기도한다. 이에 관한 성경 구절은 없다. 그러나
   이냐시오가 일러두기[299]에서 제시하였듯이 그랬을 것으로 추정된다.
   이 수련을 하기 전에 일러두기[218]-[225]에서 제시한 요점을 꼭 읽는다.

e) 반복 예수님이 어머니에게 나타나심.

f) 반복 또는 요한 20:1-10 베드로와 요한이 빈 무덤을 발견하다.

● **추가 독서: 기도 시간 밖에서 성찰하기 위한 자료**

루카 1:46-55; 에페 1:3-14; 시편 89, 시편 116, 잠언 8:22-36

빛

돌멩이를 걷어차고
먼지를 들이마시며,
길을 따라가다
답을 찾으려
포도 잎을 잡아 뜯는다.

모래 속 깊이 처박히고
숲속에서 방황하다가
꿈속에선 아예 엎어졌다.

그러자 빛이다.
다시 뚫고 나오는
영광스러운
빛이다.

기도 자료 27

● 주제
부활하신 예수님.

● 은총
내가 원하는 것 즉 이제 주님이시며 영광되고 기뻐하시는 예수님 덕에 마음껏 기뻐하게 해달라고 청한다.

● 기도 자료
예수님의 부활에 관한 복음을 관상하면서 [218]-[225]에서 제시된 주안점을 유지한다.

a) 마태 28:1-10   무덤에서 여인들에게 나타나신 예수님.
b) 요한 20:11-18   마리아 막달레나에게 나타나신 예수님.
c) 루카 24:13-25   엠마오로 가는 제자들에게 나타나신 예수님.
d) 반복
e) 반복
f) 오감 활용

● 추가 독서
기도 시간 밖에서 성찰하기 위한 자료. 위로하시는 예수님과 관련된 독서

마태 18:19-20   내 이름으로 둘이나 셋이 모인 곳에 나도 함께 있다.
루카 22:31-32   베드로야, 너를 위해서 기도했다. 너는 네 친구들을 북돋아 주어야 한다.
요한 14:16-20, 25-31   너희를 고아처럼 남겨두지 않겠다. 성령께서 너희

	에게 모든 것을 가르쳐 주실 것이다.
요한 17	우리를 위한 예수님의 기도.
히브 4:14-5:10	우리의 대사제께서는 직접 체험하며 이해합니다.
II코린 1:3-7	하느님께서는 슬퍼하는 우리를 위로하시기에 우리
	도 서로 위로할 수 있습니다.
II코린 12:7-10	예수님의 힘은 우리의 약점을 채워 줍니다.

부드럽고 미묘한 부활과 관련된 독서

아가 2:8-17	내 사랑은 노루와 같고…. 창틈으로 기웃거리다.
아가 3:1-4	내가 사랑하는 이를 보셨나요?
이사 54:4-10	이제부터 너의 창조주께서 너의 남편이 된다.
시편 121	하느님은 너를 지키시는 분이며 네 그늘이다.
요한 10:14-18	나는 착한 목자다.

기도 자료 28

● **주제**

부활하신 예수님.

● **은총**

내가 원하는 것 즉 영광되고 너무도 기뻐하시는 예수님 덕에 마음껏 기뻐하고 내 일상에 현존하시는 예수님을 더 깊이 이해할 수 있게 해달라고 청한다.

● **기도 자료**

a) 루카 24:36-45; 요한 20:19-2	제자들을 위로하고 그들과 함께 머무르시는 예수님을 주목한다.
b) 요한 20:24-29	토마스에게 나타나신 예수님.
c) 반복	
d) 반복 또는 오감 활용	
e)	사랑을 얻기 위한 관상[230]-[237]. 관상을 하기 전에 이냐시오가 제시한 '사랑을 얻기 위한 관상' 전체를 읽는다. 오늘은 길잡이와 앞의 두 가지 설명과 더불어 첫째 요점[234]를 관상한다.
f)	사랑을 얻기 위한 관상의 첫째 요점을 반복하거나 둘째 요점[235]를 관상한다.

● **추가 독서: 기도 시간 밖에서 성찰하기 위한 자료**

예수님께서는 우리 일상에 어떻게 현존하시는가? 먼저, 예수님께서는 우리가 부름받았다는 희망을 품도록 성령의 지혜와 깨달음을 주신다

(에페 1:15-23). 그분은 둘이나 셋이 당신의 이름으로 함께 모일 때 현존하신다(마태 18:19-20). 예수님께서는 당신 성령의 힘으로 우리를 내적으로 북돋아 주시고 우리가 상상하거나 청할 수 있는 것보다도 훨씬 더 풍성하게 주신다(에페 3:14-21). 예수님께서는 당신의 아버지와 성령과 함께 우리 안에 당신의 집을 만드시고(요한 14:23) 포도나무가 가지를 키우듯이 우리를 키우심으로써 우리가 더 풍성하게 열매를 맺도록 도와주신다(요한 15:1-17). 이러한 현존에 대한 우리의 응답은 조상들의 믿음을 지니고 사는 것이고(루카 17:5-6) 산상 설교의 체험에서 자극받아 착하게 사는 것이다(마태 5:3-12). 우리는 일상에서 다른 사람들에게 예수님의 태도를 보여주어야 한다(필리 2:1-11). 우리의 활동은 우리 안에 계신 그분의 현존과 사랑에 대한 징표이다(야고 2:14-26).

기도 자료 29

● **주제**

사랑을 얻기 위한 관상. 부활하신 주님인 예수님께서 모든 것 안에 계신다.

● **은총**

내가 원하는 것 즉 받은 많은 은총을 마음 깊이 느끼며 너무 감사해서 사랑과 섬김으로 온전히 응답할 수 있게 해달라고 청한다.

● **기도 자료**

a) 사랑을 얻기 위한 관상: 첫째 요점[234] 반복 또는 둘째 요점[235].

b) 사랑을 얻기 위한 관상: 셋째 요점[236].

c) 요한 21 예수님께서 티베리아스 호숫가에서 제자들에게 나타나심. 예수님께서는 섬기며 협력하고, 위로하며 부르고 힘을 주신다.

d) 반복.

e) 사랑을 얻기 위한 관상: 넷째 요점[237].

f) 반복 또는 오감 활용.

● **추가 독서: 기도 시간 밖에서 성찰하기 위한 자료**

시편 136	하느님께서는 창조적인 권능으로 모든 역사 속에서 일하시고 하느님의 자비는 끝이 없다.
시편 138	감사의 마음이 가득한 노래.
시편 140	역사 속에서 일하시는 창조주 하느님을 찬미하라!

또한 로마 전례양식의 넷째 성체 감사송이나 성공회의 대체 예배서 Book of Alternative Services의 첫째 감사송이 도움이 될 수 있다.

부활한 주님인 예수님은 보이지 않는 하느님의 이미지이며 모든 것과 모든 생명의 활동 안에 계신다(콜로 1:15-20). 따라서 그분의 아버지 처럼, 그분은 계속해서 우리 안에서 우리를 위해 일하신다(요한 5:17, 19-20). 우리 삶에서 그분이 일하시지 않으면 우리는 열매를 맺을 수 없다(요한 15:4-8). 그분은 언제나 우리와 함께 계시고, 세상이 끝날 때까지도 함께 하신다(마태 28:20). 하느님의 권능은 우리가 약하고 무기 력하게 보일 때조차도 작용하신다(II코린 12:7-10). 하느님께서 먼저 우리를 사랑하셨기에 우리는 행동하며 진실하게 서로 사랑하도록 부름 을 받았다(I요한 4:7-5:5; I요한 3:18). 부활하신 주님인 예수님 안에서 우리는 생명을 얻었고 지혜로운 자를 부끄럽게 만들려고 베드로와 바오 로와 같은 우리를 선택하셨다(I코린 1:26-2,5).

걸음걸이steps, 패턴patterns, 몸짓body movements이 중요함에도 그것들은 춤출 때 문제가 되지 않는다. 당신은 이 세 가지를 곁들이고incidental 음악에 몸을 맡기며 찬양할 때 춤을 춘다.

— 데이빗 하웰스

기도 자료 30

● 주제

예수님께서 우리를 한 몸으로 만들고자 성령을 보내신다.

● 은총

내가 원하는 것 즉 우리 안에 계신 예수님 성령의 권능에 대한 깊은 깨달음과 더 잘 돌보는 세상을 만들기 위해 서로 강력하게 협력하고 싶게 해달라고 청한다.

● 기도 자료

a) 루카 24:36-53	예수님이 승천하는 현장에 머물면서 "너희는 나의 증인이다."라는 예수님의 말씀을 듣는다.
b) 사도 2:1-24	오순절의 사건 현장에 머무른다.
c) 사도 2:42-47, 4:32-37	초기 그리스도 공동체 안에 머무른다.
d) 반복 또는 다음을 성찰하듯이 기도한다.	성령의 능력으로 우리는 예수님 나라의 백성이 됩니다(1베드 2:9). 새 건물의 각 부분으로 함께 건설하고(에페 2:19-22) 한 몸의 지체가 됩시다(로마 12:4-5). 우리는 다양한 선물을 하나로 이루어가며 결합합니다(1코린 12:4-7). 따라서 한 몸으로 서로 협력할 때 예수님께서는 우리 안에 머무르신다(마태 18:19-20). 우리가 서로 존중하며 합의한 결정은 예수님의 성령으로 감화를 받는다(요한 14:26). 그러므로 우리는 더 많은 열매를 맺게 될 것이다(요한 15:5).

e) 반복

f) 오감 활용

● 추가 독서: 기도 시간 밖에서 성찰하기 위한 자료

사도 1:1-11	예수님께서 하늘로 올라가시면서 "너희는 나의 증인이다"라고 말씀하신다.
사도 4:5-22	베드로와 요한은 최고 의회에서 주 예수님의 권능에 대해 말하였다.
II코린 5:14-21	예수님의 사랑이 우리와 사람들을 화해시키셨습니다.
콜로 1:24-29	우리 자신의 몸으로 그리스도의 남은 수난을 채우고 있습니다.
필리 4:4-13	우리는 우리 힘의 원천이신 예수님의 영 때문에 기뻐하기에, 모든 것에서 힘을 받습니다.
I코린 12	그분의 몸에 드릴 나의 은사는 무엇입니까? 내가 은사를 드릴 몸은 어디에 있습니까?
에페 4:1-16	어떻게 내가 한 몸으로 결합되어 활동합니까? 내가 활동하는 몸은 어디에 있습니까?

그리스도의 영혼은 저를 거룩하게 하소서.

그리스도의 몸은 저를 구원해 주소서.

그리스도의 피는 저를 취하게 하소서.

그리스도의 늑방의 물은 저를 씻어주소서.

그리스도의 수난은 저에게 힘을 주소서.

오, 선하신 예수님, 저의 기도를 들어주시어

당신 상처 속에 저를 숨겨주시고

당신을 떠나지 않게 해주시며

사악한 원수로부터 지켜주소서.

제가 죽을 때에 불러주시어

당신께 오라 명하시고

당신의 성인들과 더불어

영원토록 당신을 찬미하게 하소서. 아멘.

보충 기도 자료 1

• 주제

예수님의 사명과 부름을 드러내면서 주 예수님의 이미지를 제시하는 그리스도 나라. 그것은 영신수련에서 예수님의 부름을 직접 듣도록 우리를 준비시키려고 그분의 생애에 관한 복음 관상으로 이끄는 전망이다.

• 은총

내가 원하는 것 즉 예수님을 더 사랑하고 구체적이고 유일한 내 삶에서 마음을 열고 그분의 부름을 듣기 위해 예수님을 깊이 느껴서 알게 해달라고 청한다.

• 기도 자료

a) 그리스도 나라 일러두기[91]-[94]로 시간을 보낸다. 왕의 이야기를 마음 깊이 생각한다. 지금 열정적이고 관대하게 당신을 사로잡을 수 있는 사람이나 사물은 어떤 것인가?

b) 그리스도 나라 일러두기[95]-[98]을 깊이 생각한다. 당신의 상상과 마음을 사로잡는 예수님은 어떤 모습인가?

c) 봉헌 일러두기[98]의 봉헌 기도를 깊이 생각한다.
당신은 영신수련의 봉헌을 문자 그대로 바칠 수 있는가? 그렇지 않다면? 영신수련의 이 시점에서 당신의 마음에 있는 것과 조화를 이루는 봉헌을 적어본다.

d) 반복, 앞의 a)-c)에서 일어나는 움직임을 가지고 반복한다.

e) 반복 또는 자신의 처지에서 예수님을 계속 따르도록 자신을 사로잡는 예수님의 삶에서 일어난 여러 사건 중에서 한 가지를 택한다.

f) 반복, 계속되는 수련에서 일어났던 움직임을 반복한다.

● 추가 독서: 기도 시간 밖에서 성찰하기 위한 자료

루카 14:25-30	예수님은 자신이 실행했던 방식과 같게 아버지께 철저히 투신하자고 우리를 초대하신다.
이사 42:1-9; 49:1-7	'종'에 관한 이야기는 예수님 자신이 지녔던 개인적인 신화에 대한 생각을 제공한다.
루카 9:23-26; 57-62	예수님은 가난하고 자신을 포기하는 단순한 삶을 철저하게 껴안으라고 우리를 초대하신다.
에페 4:17-24	과거의 생활방식을 버리고 영적으로 생각합시다.
II코린 5:14-21	그분과 화해합시다.
II코린 12:7-10	우리가 나약함을 두려워함에도 하느님께서는 우리의 나약함을 성령의 현존과 권능으로 채우실 것입니다.

나는 더 잘 돌보는 세상을 만들기 위해 사람들과 협력하라고 어떻게 부름을 받고 있는가? 내가 예수님을 따라야 하는 사람이라면 나의 이야기와 은총으로 보아서, 어떤 요소나 뉘앙스가 예수님을 따르는 나 자신을 묘사하겠는가? 달리 말하면, 예수님이 짠 인생의 천은 수많은 실과 색깔로 되어 있다. 그런 실과 색깔 가운데 어느 것이 나의 천을 짜는 데 필요한가?

보충 기도 자료 2

● 주제
예수님께서 부활하시다. 부활의 신비.

● 은총
원하는 것 즉 영광되고 너무도 기뻐하시는 예수님 때문에 마음속 깊이 기뻐할 수 있게 해달라고 청한다.

넷째 주간의 첫째 복음 관상을 하기 전에 영신수 [218]에서 [225]까지 주어진 주안점을 읽는다. 여기서 당신은 다른 복음 관상에서처럼 이야기 속에 머무는 방법을 안내받는다. 그러나 이제 넷째 주간에서 안내가 달라진다. 당신은 각 사건에 들어갈 때 다음의 양상에 특별히 집중한다.

    a) 수난 동안 사라졌던 것처럼 보였던 신성이 그 현존을 어떻게 드러내는지 집중한다.

    b) 또한 종종 서로 위로하는 친구들처럼 부활하여 위로하시는 주님인 예수님께 집중한다.

● 기도 자료

a) 어머니에게 나타난 예수님: 어머니이신 마리아를 위로하시는 주님이신 예수님을 관상한다. 이에 대한 성경 구절은 없으나 이냐시오가 썼듯이[229] 우리는 그렇다고 당연히 추정해야 한다.

b) a)와 같이 한다.

c) 요한 20:1-10 베드로와 요한이 빈 무덤을 발견한다.

d) 반복

e) 반복

f) 오감 활용

● 추가 독서: 기도 시간 밖에서 성찰하기 위한 자료

시편 89	하느님의 성실성에 대한 찬미와 기도.
시편 116	죽음에서 구해주신 것에 대한 감사. 나는 모든 선한 일을 내게 베풀어 주신 하느님께 어떻게 보답할 수 있을까?
잠언 8:22-31	창조주이신 지혜. 산들이 생겨나기 전에 나는 태어났다.
루카 1:46-55	마리아의 찬미가.
에페 1:3-14	하느님의 구원 계획. 하느님께서는 당신 목적의 비밀을 우리에게 알려주신다.
II코린 1:3-7	슬퍼하는 우리를 위로하시는 하느님께로부터 받은 같은 방식으로 우리는 슬퍼하는 사람들을 위로할 수 있습니다.

보충 기도 자료 3

● **주제**

하느님 이야기 속의 내 이야기. 내 이야기 속의 하느님의 이야기—세상에 대한 하느님의 꿈 실현.

● **은총**

원하는 것, 즉 세상에 대한 하느님의 꿈과 조화를 이룰 수 있는 나만의 진정한 신화를 예수님의 성령을 통하여 알게 해달라고 청한다.

이미지는 우리 마음의 언어이다. 그리고 이미지는 우리 안에 머물러 계신 성령께서 하느님의 꿈에 의식적으로 동참하도록 우리를 격려하시는 방법을 하느님의 은총으로 드러낼 수 있다. 이미지는 다른 사람의 이야기와 우리 자신의 이야기에서 만들어진다. 이미지는 가장 깊은 열망과 꿈을 드러낼 수 있다. 열망과 꿈은 개인적이고 진정한 우리 신화의 일부가 된다. 그 신화는 하느님의 영 안에서 에너지를 방출하고 미래를 제시할 수 있다.

당신은 개인적이고 진정한 신화를 발생시키기 위해 여러 가지를 시도할 수 있다. 나는 당신의 천에 필요한 색깔의 천을 찾아내도록 도와주려고 한다. 예수님은 여러 가지 색깔의 실로 인생의 천을 짰고 당신도 마찬가지다. 신화가 종종 이야기로 표현되지만 여기서 신화는 단순히 당신 마음속 희망과 꿈을 요약한 유의미한 이미지가 될 수 있다. 계속해서 당신의 여정을 성찰하는 다음 단계를 시작한다.

제1단계: 과거의 신화나 이미지 인식하기

나는 영신수련을 하면서 결코 충분하게 이해하지 못했던
나의 이야기에 담긴 여러 가지 모습에 관하여
나를 일깨워 주는 모든 시간에
내 이야기와 꿈을 하느님과 계속 나누었고
하느님은 당신의 이야기와 꿈을 내게 나누었다.

어떤 부분은 아름다웠고 어떤 부분은 몹시 아팠으며
어떤 부분은 덜 아름답거나 어떤 부분은 추했다…

이야기를 나누면서
나는 하느님께서 나를 있는 그대로 받아주시고
다른 사람들도 있는 그대로 받아주신다는 것을
더욱더 이해하게 되었다…

하느님은 당신의 사랑을
있는 그대로 받아들일 수 있고
다른 사람들을 있는 그대로
받아들이는 힘을
내게 주고 싶어 하신다.
그래서 우리는 함께 세상에 대한
하느님의 꿈을 받아들일 수 있게 된다.

내 이야기 때문에 나는 내가 된다. 사람들이 내 이야기를 내게 들려줬고 나도 사람들에게 내 이야기를 나누었다. 나는 어릴 적 놀이와 노래로 내 이야기를 표현했다. 몇 년에 걸쳐서 나는 다음과 같은 많은 방법으로 이런 이야기의 주제를 되풀이했다.

성경 이야기와 동화로
노래의 가사로
연인들의 언어로
밤의 꿈과 백일몽으로
시의 글귀로, 영화 속 이미지로
소름이 돋는 이야기로
기도와 그리움 그리고 깊은 욕망으로.

여기서 당신이 아직 그렇게 하지 않았다면 앞의 것을 성찰하면서 주목한 것을 적는다. 이 모든 회상은 당신의 주제와 연합될 때 당신의 이야기가 된다.

이 주제 가운데 어떤 것은 당신의 진정한 신화를 표현하고 또 어떤 것은 세상에 대한 하느님의 꿈을 무시해 버리는 당신의 역逆신화counter-myth를 표현한다.

여기서 잠시 멈추고 다음과 같이 떠오르는 생각을 적는다.

— 이 주제 중에 어느 것이 당신의 진정한 신화에 속하는가?

— 이 주제 중에 어느 것이 당신의 역신화에 속하는가?

역신화에서 벗어나야 함에도 이 시점에서 계속 자신의 진정한 신화를 열망한다. 마리아와 요셉이 다음과 같이 하였듯이 당신은 새로운 꿈을 위한 시간이 필요하다.

예기치 않게 예수님을 잉태한 후의 행동.
시메온의 예언을 들은 후의 행동.
외국으로 피신한 후의 행동.

제2단계: 하느님과 함께 지금 시간을 내어 자신의 마음에 자리 잡은 신화나 이미지를 알아본다

● 당신이 세상에서 가장 깊은 욕망과 당신 자신에 대한 전망을 알아낼 수 있다면 이야기로 표현해 본다. 그것은 어떤 것일까?
● 당신이 5년 후에 죽는다면 기억되기를 바라는 당신의 약력에 넣을 솔직하고 구체적인 사실이나 행적은 어떤 것인가? 하느님을 섬기고 당신의 힘과 유의미한 열정을 간직하기 위하여 당신에게 진정으로 필요한 것은 어떤 것인가?
● 어떤 이미지가 당신에게 생명력을 주는가?
● 최근의 어떤 이야기가 당신을 다음 십 년 동안 세상에 대한 하느님의 꿈에 협력하게 만드는가?

제3단계: 중추적이고 핵심적인 이미지나 신화가 당신에게 떠오르도록 기도하고 기다린다

이 질문을 숙고할 때, 어쩌면 몇몇 주제나 이미지(당신의 신화에 담긴 요소)가 떠오르기 시작할 것이다.

이제 기도 수련을 시작하면서 앞의 주제나 이미지를 계속 마음에 간직한다. 그리고 미래로 나아가는 방법을 당신에게 알려주는 유의미한 이미지, 이야기 또는 꿈을 보여 달라고 성령께 청한다.

21장
당신에게 보내는 이냐시오의 편지

다음은 로욜라의 이냐시오의 이름으로 일러두기[19]에 따라서 영신수련을 하는 사람에게 보내는 편지이다.

이것은 다음과 같은 여러 가지 목적을 추구한다.

— 기도
— 영신수련 준비
— 이냐시오 카리스마 연구
— 창의적 이용 증진

당신도 알다시피 나는 늘 그리고 간절하게 하느님과 하느님의 은총 그리고 죽고 부활하신 예수님에 관하여 사람들에게 이야기하고 싶었습니다.

나는 그렇게 이야기를 해서 형제자매들이 하느님께서 주시는 자유를 누리기를 바랐습니다.

나는 교회가 언제나 전해주려고 했던 소식을 전해주고 싶었습니다. 게다가 나는 그것을 새로운 방식으로 할 수 있다고 느꼈습니다. 어떻게 그렇게 되었느냐고요?

나는 하느님을 직접 만났는데, 자서전에서 말했듯이, 특히 마치 선생님처럼 손수 나를 가르치신 하느님을 만레사에서 몇 달을 지내면서 직접 만났습니다.

사람들은 이런 나, 로욜라의 이냐시오를 이니고Inigo라고도 불렀습니다.

내가 아는 하느님이신 성부, 성자와 성령께서는 이름이 없고 이해할 수 없으며, 신비하지만 가까이 있고, 모든 상상을 초월해서 당신 자신을 내게 주시는 분이셨습니다.

나는 그렇게 너무도 가깝게 혼동하거나 실수할 여지가 없는 은총으로 하느님을 분명하게 알았습니다.

단지 사람의 설명이 아니라 하느님 그분 자체를 나는 알았습니다. 나는 신성하고 엄위하신 분을 알았습니다.

현대의 여러분이 말하듯이 체험으로 내가 지금 얼굴을 맞대고 하느님을 알지라도, 또다시 하느님은 다른 분이 되시고…

그럼에도 어느 정도 같은 분이신 하느님을 나는 알았습니다.

이것은 은총이며 선물입니다.

성부, 성자 그리고 성령이신 하느님께서는 당신 자신인 선물을 받고 싶은 누구에게나 주고 싶어 하십니다.

내가 만레사에서 받은 은총은 나 자신이나 선택받은 소수의 사람만 누리는 특별한 특권으로 삼을 것이 아니었습니다.

그래서 영신수련이라는 작은 책에 내 체험의 구조를 적었습니다. 나는 영적으로 도움을 받으면 유익할 것으로 생각되는 누구에게나 이 수련을 시켰습니다.

평신도였던 나는 사제가 되려고 신학교에서 공부하기 오래전부터 이 일을 하였습니다.

나는 하느님께서 당신의 뜻을 발견하기를 열망하며 신중하게 선택하여 세상에서 책임을 지고 행동하려고 준비하고 관대한 사람들과 직접 인격적으로 대화하기를 원하신다고 확신하며 영신수련을 시켰습니다.

나는 하느님께서 영신수련의 지도에 따라서 관대하게 준비하려고 노력하는 사람들을 때에 맞게 직접 이끄시는 것을 수년 동안 목격했습니다.

하느님께서는 마음이 열려 있는 사람들과 몸소 대화할 수 있고 또 그렇게 대화하십니다.

그런 일이 일어날 때 그 사람은 하느님을 진정으로 압니다.

그런 사람은 자유로운 하느님의 지고한 권능을 삶에서 체험할 것입니다. 이것은 매우 단순하지만 놀라운 확신으로 내 영성의 핵심입니다.

수년에 걸쳐서 사람들은 불행하게도 내 영성을 너무 엄격하고 조직적으로 생각했습니다. 그들이 그렇게 생각한 것은 영신수련의 외적인 구조와 내용을 내적 역동과 분리했기 때문이며, 언제나 내가 믿어온 매우 단순한 접근법을 때때로 잘못 해석하고 오해했기 때문이기도 합니다.

말하자면, 우리는 오직 준비하고disposition 창조적으로 개방하면서 최선을 다합니다. 그러면서도, 우리는 오직 하느님의 영만이 우리가 찾고 있는 것을 주실 수 있다고 알고 있습니다.

영신수련에는 여러 가지 방법이 담겨 있지만, 영신수련을 방법으로

만 축소한다면 내 영성은 배반당할 것입니다.

　사람들이 알 수 있는 방법이나 길이 없는 불가해한 존재를 깊이 신뢰하며 삶의 끝자락에서 피조물로서 최종적이며 두려운 선택을 시작하는 내 방법을 포함해서 모든 명백한 확신을 포기하고 궁극에 이끌리지 않는다면 내 영성은 배반당할 것입니다.

　하느님을 직접 체험하도록 사람들을 돕는 것과 우리가 하느님이라고 부르며 불가해한 신비를 깨닫는 것은 서로 유사합니다.

　그리고 우리는 하느님과 대화할 수 있습니다.

　이것이 영신수련 여정의 목적입니다.

　당신은 성부와 성자 그리고 성령께서 직접 당신과 나누기를 열망합니까?

　당신은 그런 직접적인 나눔과 대화를 바탕으로 삶을 선택하고 결정하기를 열망합니까?

　그러면 모든 방법으로 영신수련에 들어가십시오.

　그러나 당신은 다음과 같은 대가를 치러야 할 것입니다.

　시간이라는 대가,

　인내라는 대가,

　당신의 기운을 빼앗고 당신을 산만하게 만들어 영신수련 하기로 정한 매일의 고요한 시간에 당신 자신을 맡기지 못하게 마음을 빼앗는 일과 힘겨운pressing 결정을 거의 일 년 동안 미루는 대가.

　매일 특별한 시간, 어쩌면 가장 좋은 시간을 기도에 쓰는 대가,

　더 기도하고, 가능하다면 기도하며 더 집중하는 대가,

　하느님께서 당신에게 영향을 주시기를 기다리며 그분이 그렇게 할 것이라고 믿는 대가.

당신만의 방법을 포기해야 하고, 적어도 잠시 기다려야 하는 대가.

가끔 당신은 '결코 시작하지 말았어야 하는데'라고 생각하며 점점 민감해지도록 이끄는 다양한 반응을 체험할 것입니다. 그 반응은 내적이고, 그중의 어떤 반응은 다음과 같은 영적인 움직임입니다.

혼동, 불안, 기쁨, 고통, 향상, 평화,
열정, 평안, 행복, 슬픔, 메마름, 좌절,
눈물, 희망, 깨달음, 유혹, 두려움.

나는 영신수련 책에서 위와 같은 것을 스페인어로 '자극agitaciones'—선하고 악한 영들로 말미암은 영적인 움직임이라고 설명했습니다.

현대의 심리학은 그런 자극이 어떻게 일어나는지 의심의 여지없이 다르게 설명할 것입니다.

나는 당신과 당신의 기도 길잡이가 그런 반응을 가려내도록 도와줄 식별 규칙을 갖고 있습니다.

나는 당신의 기도 길잡이를 위해서 쓴 이 책의 시작에서 전체 영신수련에 적용되는 22개의 안내 사항이나 해설을 포함시켰습니다.

적당한 때가 되자 그 해설은 일러두기Annotations로 알려졌습니다.

당신이 앞으로 할 영신수련은 일러두기 19번을 따른 것이거나 여러분과 같은 시대의 사람들이 부르는 일상에서 하는 영신수련입니다.

당신이 시작하려는 여정은 수개월이 걸리고 당신은 매일 생활하며 영신수련을 하게 될 것입니다. 당신이 일러두기 20번을 따른다면 일상과 직업에서 벗어나 피정 집에서 침묵하며 그와 같은 여정을 할 것입니다.

당신은 일러두기 20번을 따르는 영신수련이 더 나은 방법이라고 생각할지도 모릅니다. 특별히 내 시대에 나 자신도 종종 그렇게 생각했습니다.

그러나 생각해보십시오, 그 당시 우리에겐 피정 집이 없었고, 침묵하며 30일 영신수련을 하는 사람조차도 집에서 멀리 떨어진 하숙집에서 머물러야 했고, 미사와 저녁기도, 성체강복을 받기 위해서 하루에 여러 번 교회에 가야 했습니다.

피정자는 화장실에 가려고 밖으로 나갔고 빨래하러 시냇가로 갔으며, 때로는 요리도 하고 필요한 것을 사러 갔습니다.

오늘날 피정집에서 일러두기 20번으로 피정하는 사람들보다 나의 시대에 일러두기 20번을 따라서 피정하는 사람들에게 분심이 더 많았습니다.

내 시대의 또 다른 점은 함께해야 하는 문화입니다. 그 당시 사회는 당신이 분열적이고 분리되었다고 보는 오늘날과 같지 않았습니다. 그때 사람들은 더 통합적으로 삶을 바라봤습니다.

지난 70년에 걸쳐서 당신은 무의식이라고 불리는 것을 발견한 것처럼 보입니다. 나는 당신이 이 현상을 의식적인 당신의 자아로부터 분리된 것으로 체험한다고 믿습니다. 당신의 삶은 다양한 방면에서 분리된 것처럼 보입니다.

내 시대의 사람들은 당신이 체험하듯 삶의 공적이고 사적인 측면이 서로 이질적으로 체험하지 않았다고 나는 믿습니다.

또한 지금 당신이 생각하듯이 성sacred과 속secular이 서로 분리되었다고 우리는 말하지도 않았습니다.

내 시대의 사람들은 영적인 체험과 세속적인 체험을 쉽게 통합했습니다. 그러므로 30일 동안 떠나 있을 때 그들은 자신들 안에서 두 가지를 더 자연스럽게 하나로 체험했습니다.

당신의 시대는 그렇지 않습니다. 일러두기 19번을 따르는 영신수련의 장점은 하느님의 영 체험과 일상을 통합하도록 배우는 것입니다.

당신이 앞으로 여러 달 동안, 일과 가족 그리고 휴식이라는 수많은 활동을 이 여정에 맞출지라도 그것들이 하느님에게서 당신을 떼어놓는 것처럼 보일 수도 있습니다.

그러나 장담하건대 당신이 충실하게 기도하고 수련한다면 모든 것 안에서 하느님을 발견하기 시작할 것입니다.

영신수련의 목적은 하느님을 발견하고 체험하며 선택하면서 사랑에 사랑으로 보답하는 것입니다.

기도 길잡이는 당신 여정의 동반자입니다.
그녀는 당신의 우두머리가 아니고 심판관도 아닙니다.
당신과 그녀는 복종하고 지배하는 관계가 아닙니다.
당신과 그녀의 관계는 주종이 아닙니다.
또한 당신은 그녀에게 성스럽게 순종하는 사람도 아닙니다.
그녀는 자매 순례자입니다.
그녀는 당신과 마찬가지로 죄인입니다.
그녀는 당신 삶의 이 시점에서 당신을 안내하는 도구로써 하느님께서 쓰시는 사람입니다.

나는 영신수련의 활용에 관하여 그녀에게
아주 특별히 지시했기 때문에
그녀는 당신을 방해하지 않을 것이고
하느님께서 당신과 직접 인격적으로 대화하도록 허락할 것입니다.
그래서 나는 당신과 당신의 길잡이가 동반자가 되고,
여러분 모두 착한 지향과 관대한 마음으로
올 것이라고 생각합니다.
당신은 우정과 부드러움이 하나로 어울린
관계를 맺게 될 것입니다.
당신의 입장에서 보면,
당신은 매일 매우 충실하게 수련할 것과
수련 체험을 충실히 성찰할 것을 요청받습니다.

이어서 기도 길잡이를 만날 때, 다음과 같이
당신의 체험에서 퍼져 나오는transpiring 것을 나눌 것입니다.
흥분과 침울, 깨달음, 갈등, 성공한 기분, 실패한 기분.
그녀는 당신의 기도 체험을 듣고 당신을 안내하며
당신이 여정을 진행하도록 도와줄 수 있을 것입니다.
그녀의 첫 임무는 바로 하느님을 인격적으로 만나는 것을 방해하는
걸림돌을 극복하도록 당신을 도와주는 것입니다.
그것은 시간이 오래 걸릴 수도 있고 빨리 될 수도 있습니다.
그녀는 그것을 위해서

가르치고, 설명하고, 이야기하고
가능하다면 몇 가지 실험도 할 것입니다.
그러나 당신이 일단 하느님께서 자신과 친해지도록 허락하고,
당신의 신비가 하느님의 신비에 감응될 정도로 자유로워지면
길잡이는 두 번째 임무를 수행할 것입니다.

그녀의 두 번째 임무는 더 수동적인 것으로서
말하자면, 그것은 곁에서 그냥 바라보는 것이지만
하느님이 당신을 이끄는 동안 집중하는 것입니다.
나는 이것을 일러두기 15번에서 다음과 같이 설명하였습니다.

"하지만 영신수련을 하는 중에는 창조주이신 주님이 하느님의 열망을 찾으
려는 피정자와 몸소 깊이 통교하고, 그를 뜨겁게 사랑하고 칭찬하며 앞으로
하느님을 더 잘 섬기도록 준비시키시는 것이 훨씬 더 좋다. 그러므로 영신수
련 지도자는 저울처럼 중심에 서서 창조주가 직접 피조물과 함께 그리고
피조물이 그의 창조주 주님과 함께 행동하도록 두어야 한다."

그녀는 다음과 같은 명백한 두 가지 과장을 피하도록 당신을 도와줄
것입니다.
첫 번째는
하느님은 당신과 직접 통교하실 수 없다.
그리고 당신은 결코 하느님을 가까이 체험할 수 없다.
이러한 과장에 대항하여
그녀는 당신의 마음에서 일어나는 것을

진지하게 파악하는 법을 가르칠 것입니다.

두 번째는

나의 사회처럼 당신의 사회도 변하고 있기 때문에

당신의 시대에 점증하는 과장입니다.

당신은 하느님이 아닌 확실한 보호막을 찾고 싶은

유혹을 받을지도 모릅니다.

그런 과장은 모든 좋은 느낌을

직접 하느님을 체험한 것이라고 주장합니다.

이러한 과장에 대항하여

그녀는 진정한 당신의 마음에 더 잘 맞추도록

당신을 도와줄 것입니다.

종종 인간 본성의 적은 하느님께 주도권을 맡기려는

당신의 시도를 축소시키려고 끊임없이 유혹해서

그러한 두 개의 과장 중 하나 또는 다른 것으로

당신 안에서 하시려는 하느님의 착한 일을

방해하려고 시도할 것입니다.

나의 바람은 무엇일까요?

그것은 하느님의 신비에 들어가는

당신의 능력과 기능을 매주,

천천히 그리고 점차 향상시키는 것입니다.

그러면 당신은 내가 하느님의 사랑을 체험했던 방법으로

하느님의 사랑을 체험할 수 있습니다.

당신이 영적 자유를 누리며
부활하신 나의 주님이고 왕이신 예수님과
일치하고 깊이 사랑받으며 성장하는 것이
나의 바람입니다.
모든 성인들의 통공으로,
당신을 위해서 당신 삶의 어느 시점에서,
당신이 하느님의 능력으로 감화되고,
그러한 열망에서 흘러나온
당신의 모든 열망과 활동과 결정이
우리에게 부모님 이상이신 하느님께로 향하고,
하느님을 섬기고 찬미를 드리게 되기를 나는 간구합니다.

우리는 당신이 매일의 체험에서
하느님의 끊임없는 현존을 의식하며 성장하고
당신의 사적이고 공적인 세계 모두에서
현존하시는 하느님을 발견하기를 기도합니다.
그런 뒤에 나중에 믿음으로 살아가고
하느님의 말씀으로 수련하면,
당신은 언제 어디서나 하느님을 발견할 수 있고
모든 사건에서 하느님의 뜻을 찾으며
모든 사람과 자유를 위한 투쟁에서
주님이신 예수님을 발견하게 될 것입니다.
당신이 행하는 모든 것과 있는 모든 곳에서
당신은 현명한 판단과 온당한 결정을

내릴 수 있을 것입니다.

여기서 나는
영신수련의 마지막 주간을 향하는 당신에게
다시 두 가지를 설명하면서 끝내렵니다.
첫째,
사랑은 말이 아니라
행동으로 표현됩니다.
당신의 마음속에 쏟아진 하느님의 사랑은
당신을 형제자매들에게 나아가게 만들 것입니다.
둘째,
사랑은 서로에게 속한 두 사람이
서로 나누는 데 있습니다.
사랑하는 사람은 자신이 지닌 모든 것을
사랑받는 사람과 나누고
사랑받는 사람은 사랑하는 사람에게 똑같이 합니다.
당신은 영신수련 여정에서
사랑받는 사람이고, 하느님은 당신의 연인입니다.
성부와 성자와 성령께서는
가진 것 모두를 포함해서 그분들의 친밀한 삶도
당신과 나누고 싶어 하십니다.

나는 당신의 마음에 쏟아진 예수님의 사랑으로
당신이 지닌 모든 것을
성삼위와 나눌 수 있게 되기를 바랍니다.

21장 미주

1) 나는 이 편지를 칼 라너Karl Rahner, S. J.가 쓰고 로잘린 오켄든Rosaleen Ockenden이 번역한 *Ignatius Loyola* (London:Collins, 1979, pp. 11-14)라는 책에 있는 로욜라의 "이그나티우스"가 현대의 예수회원들에게 보내는 글을 읽은 1980년대 초에 썼다. 나는 이 편지의 처음 세 쪽을 라너의 저술에 대한 오켄든의 번역에서 각색했다. 그녀는 그 안에서 우리와 직접 대화하기를 원하시는 하느님에 대한 이냐시오의 깊은 확신과 영을 잘 파악해서 매우 효과적인 운율과 문장으로 번역하였다. 이 편지는 루스 매클린이 초안했다.

2) 동방정교회 전통에서 피정자들은 종종 그들의 사제를 나의 영적 아버지라고 부르기도 한다. 로마 가톨릭의 전통에서는 피정자들은 종종 자신들의 지도자에게서 단식과 보속 등에 대한 허락을 받는다.

22장
여정의 끝에서

영신수련을 마친 피정자들에게 며칠이나 몇 주간 동안 수련 체험을 성찰하라고 권하는 것이 현명하다. 이 성찰은, 일대일에서든 모둠에서든, 피정자들이 자신들의 독특한 영신수련 체험을 인식하고 전유하며 더 정확하게 이름을 붙이는 데 도움을 줄 것이다. 그들은 체험을 성찰하며 일상에서 이 영성을 적용하도록 도움을 받을 것이다. 성찰 질문이 담긴 다음의 주제는 이 과정에 도움을 줄 수도 있다.

성찰 주제 1: 모든 것 안에서 하느님을 발견하기

하느님은 창조하실 뿐만 아니라 모든 것 안에서 우리를 위해 수고하기 때문에 모든 것 안에 현존하신다. 나는 영신수련을 하는 동안 매우 다양하게 하느님의 현존을 체험하였다. 나는 삶에서 하느님의 현존을 발견하고 이해했던 방식으로 모든 것 안에서 하느님을 발견하기를 바란다.

● 은총

자신이 원하는 것 ─ 모든 것과 모든 사건 그리고 자기 삶의 모든 체험에 현존하시는 하느님에 대한 내적 인식을 청한다.

1. 사랑을 얻기 위한 관상[230]은 다음과 같은 네 가지로 하느님의 현존을 성찰하라고 요청한다.

   ─ 하느님께서는 모든 은총을 주신다.
   ─ 하느님께서는 모든 은총에 현존하신다.
   ─ 하느님께서는 나를 위해 일하고 수고하신다.
   ─ 하느님께서는 모든 것의 근원이시다.
   영신수련 동안 나는 다양한 하느님의 현존을 어떻게 체험했는가? 나는 어떻게 반응했는가?

2. 하느님의 현존에 대한 나의 인식은 지난 몇 달 동안 어떻게 바뀌었는가? 예를 들면, 나는 몹시 슬펐던 체험을 지금 은총으로 체험하는가?

3. 나는 내적 체험에 집중하기 위하여 여러 가지 방법으로 도움을 받았다. 다음의 방법은 내게 어떻게 도움을 주었는가?
   회고, 반복, 의식 성찰, 복음 관상, 길잡이와 공동식별, 결정 과정.

4. 나의 개인적인 체험을 바탕으로 기도에 대한 원리 세 가지를 후세에게 남긴다면 그 원리는 어떤 것일까?

성찰 주제 2: 하느님의 이미지

내가 생각하는 사람들의 이미지는 그들과의 관계에 영향을 준다. 즉 그것은 나의 기대, 그들의 말에 대한 나의 해석, 그들에게 알려지고 사랑받도록 허락하는 나의 방식에 영향을 준다. 하느님의 이미지는 같은 방식으로 우리에게 영향을 준다. 그 이미지는 우리가 기도하는 방법, 기도에서 받는 것, 그것을 받아들이는 방법 그리고 마침내 삶과 우리 자신을 이해하는 방법에 영향을 준다.

● **은총**

자신이 원하는 것 — 하느님의 진정한 이미지와 체험을 통하여 그것이 형성되는 과정을 더 깊이 깨닫게 해달라고 청한다.

1. 영신수련에 들어갔을 때 내게 영향을 준 하느님의 이미지는? 비인격적인 힘? 신성한 교통경찰? 유능한 감독? 영화감독? 천상의 품? 막강한 꼭두각시 조종자? 등.
2. 영신수련은 내가 생각하는 하느님의 이미지에 어떤 영향을 주었는가? 변화, 갈등의 원인, 성경 독서에 영향.
3. 요즈음 내가 생각하는 하느님의 이미지는 성경에 나오는 하느님의 이미지와 같은가? 언제 그리고 어떻게 그런 일이 일어났는가? 다음이 몇 가지 예이다.

— 하느님은 목자이고 환대하는 주인이시다(시편 23:1).
— 하느님은 너의 보호자이시다(시편 121:5).

— 어찌 어미가 젖먹이를 잊을 수 있겠느냐(예레 49:15)?

— 하늘에 계신 부모님께서야 성령을 얼마나 더 잘 주시겠느냐(루카 11:13)?

— 예수님께서는 종의 모습을 취하셨다(필리 2:7).

— 예수님께서 "마리아"라고 말씀하셨다. 그녀는 그분께 "선생님!" 하고 대답했다(요한 20:16).

4. 나는 하느님의 이미지가 나의 삶에 대한 이미지와 어떻게 연결되었는지 알게 되었는가? 다음은 어떤 부모의 사례이다.

"하느님께서 자비로우신 감독처럼 보였기에 나는 내 가족에게 뭔가를 이야기를 해야 할 때마다 조바심을 냈다. 나는 모든 답을 알아야 하는 것으로 생각했다."

성찰 주제 3: 죄를 용서받고 구원받음

구세주이신 예수님을 따르는 사람이 되려면, 나는 그분이 내 삶에 있는 악의 영향으로부터 나를 구해주시도록 허락해야 한다. 나는 예수님을 더 가까이 관대하게 따를 수 있도록 악의 영향에서 계속 벗어나야 한다.

● 은총

자신이 원하는 것 ― 자신의 죄를 다루는 방식과 대비되는 성삼위의 방식에 대한 내적 인식을 청한다.

1. 나는 순례자로서 죄와 용서를 어떻게 체험했는가? 요즈음 내 존재의 어두운 측면에 들어갔던 순간이 있는가?
2. 나는 이 어둠에 들어가기 위해서 어떤 태도가 필요했나?
3. 나는 영신수련 여정의 기도 체험을 바탕으로 용서, 사악함, 죄, 무질서한 경향, 구원의 의미를 어떻게 설명하겠는가?
4. 나는 영신수련의 어느 부분에서 그렇게 깨달았는가? 예를 들면, "나는 예수님이 집에서 떠나는 것을 관상하기 전까지 결코 악을 깊게 이해하지 못했다. 나는 몇 가지 이상한 이유로 ... 나는 가장 사랑하는 사람들에게 내 영향력을 몹시 입증하고 싶어 했던 자신을 발견했다. 나는 그것이 매우 부끄러웠다."
5. 앞으로 살면서 다루어야 할 악하고 무질서한 나의 경향은 어떤 것인가? 예를 들면 "나는 요즘 과정에 참여하면서 그동안 몹시 두려워했던 자신을 발견했다. 두려움은 내 삶의 많은 부분에 영

향을 끼쳤다. 나는 예수님의 유년 시절을 관상하면서 여러 가지로 두려움을 배웠던 어린 시절의 이야기가 생각났다. 나는 두려움이 내 행동의 대부분을 조종하고 있음을 깨달았다."

성찰 주제 4: 제자 직분에 부름받음

하느님께서는 더 잘 돌보는 세상을 만들기 위해 사람들과 협력하라고 나를 부르신다. 따라서 우리는 함께 하느님의 생명을 더 깊이 나눌 수 있다. 그 부름은 대체로 나의 한계, 두려움, 나약함을 극복하고 미지의 세계로 나아가라는 부름이다.

- **은총**

자신이 원하는 것 ― 자신이 체험한 다양한 부름을 더 깊이 이해하고 그것이 자신의 마음속에 어떻게 드러나는지 이해하게 해달라고 청한다.

1. 나는 나 자신을 극복하라고 부르시는 하느님을 어떻게 체험했나?
2. 나는 지난 몇 달 동안 나 자신을 깊이 이해하도록 어떻게 부름받았는가? 예를 들면: "잘 몰랐던 나 자신을 이해했다고 생각하면서… 나는 나 자신을 이해하려고 노력할 때마다 속았음을 발견했다. 하지만 하느님께서 나를 깨우치시게 허락할 때 비로소 내게 영향을 주는 것을 발견했다."
3. 요즘 나는 사람들과 더 친밀해지라고 어떻게 부름을 받았는가? 복음 관상은 내게 이것을 어떻게 쉽게 해 주는가?
4. 하느님께서는 나의 직업이나 삶의 중요 국면에서 부름/부름에 대한 승인/새로운 부름을 분명하게 밝히셨는가?
5. 나는 언제 어디서 부름의 징표로 간절함과 갈등을 내적으로 체험했는가?

성찰 주제 5: 영적 자유

우리는 예수님을 너무도 사랑하기에 마음속에서 열망하는 것과 그 열망으로 선택한 것이 하느님을 지향하고 하느님 나라를 건설하고 싶은 순간에 영적 자유를 체험한다. 영적 자유에는 두 가지 양상이 있다. 이기적인 열망으로부터 자유, 무절제한 애착으로부터 자유(부당한 선입견), 무질서한 경향(건강하지 않은 고정관념)으로부터 자유라는 '무엇으로부터 자유freedom from'가 있다. 다음으로 하느님께 애착하기 위한 자유, 좋은 선택을 할 수 있는 자유, 미지의 미래를 살기 위한 '무엇을 위한 자유freedom for'가 있다.

● 은총

자신이 원하는 것 — 자유롭게 해주는 하느님의 힘을 삶에서 체험한다는 의미를 더 깊이 그리고 더 실제적으로 깨닫게 해달라고 청한다.

1. 일반적으로 영적 자유와 관련되어 생각나는 다음과 같은 전통적인 용어를 영신수련에서 체험한 것으로 설명한다. 치우치지 않음, 균형 잡힌 저울, 무질서한 애착, 질서 있는 애착, 자아 극복, 완벽, 부자유.
2. 나는 지난 한 달 동안 나를 자유롭게 해주는 하느님의 활동을 언제 체험했는가? 하느님께서 하느님이 되시게 했을 때? 조종하지 않고 기도했을때? 사랑스러운 죄인인 자신을 받아들였을 때? 거절당함과 가난을 청하는 기도를 열망했을 때? 예수님과 함께 기뻐했을 때? 등.

3. 어떤 복음 관상 방법이 나에게 더 큰 자유를 주었는가? 상상력에 필요한 놓아주기? 사건에 들어가고 머무르기? 등.

4. 나는 이러한 자유를 체험하기 시작할 때 내적으로 어떻게 반응했는가? 예를 들면 우울해서 포기하고 싶을 때 드러나는 것을 안 보려는 마음과 싸우기 시작했음.

성찰 주제 6: 식별 ― 결정 내리기 ― 속임수

하느님의 말씀을 듣는 한 가지 방법은 말씀 때문에 일어나는 내적 움직임이나 반응을 인식하는 것이다. 그러나 우리는 오직 구체적인 결정을 할 때 종종 강한 반감 □ 불안 □ 혼란 □ 평화 □ 따뜻함 □ 매력 □ 슬픔□ 두려움 □ 하느님의 끊임없는 돌봄□ 예수님을 온전히 닮고 싶은 마음 등과 같은 영적인 움직임을 더 분명하게 체험한다. 전문 용어로 보면 이것은 **영적 위안**이나 **영적 황폐**이다. 우리는, 이것들이 들락거리고 우리에 대한 하느님의 열망을 발견하려고 노력할 때 종종 속는다. 따라서 우리는 때때로 식별이 필요하다.

● **은총**
자신이 원하는 것 ― 내적 체험을 통하여 직접 대화하시는 하느님의 방법을 더 깊이 이해하게 해달라고 청한다.

1. 영들을 식별하는 규칙, 특별히 일러두기[316], [317], [322], [326], [327], [332], [333]을 체험에 비추어서 설명한다.
2. 지난 몇 달 동안 기도하면서 언제 착한 천사의 탈에 속았는가?
3. 영신수련 체험이 심각한 결정 과정에서 어떻게 도움이 되었는가? 그것은 이미 내린 결정을 '지키는 데' 어떻게 도움을 주었는가? 그것은 결정 속에 숨겨진 동기를 드러내는 데 어떻게 도움을 주었는가?
4. 내가 살면서 결정할 때 도움을 받을 수 있는 영신수련 체험은? 결정과 기도의 관계, 자유를 증진하는 의식 성찰, 복음으로 기도하며 '쟁점 뒤로 연기', 4열 종대 방법, 영적 위안과 영적 황폐 식별.

성찰 주제 7: 예수님과 함께 고통 받기

예수님의 고통과 죽음에 관한 기도는 남을 위해 사는 우리의 능력을 직면하게 해줄 수 있다. 우리는 그렇게 나약한 순간에 가능한 다른 사람에게 필요한 존재가 되기 위하여 자신의 관심사를 잊으라고 초대받는다. 예수님의 수난과 죽음은 영적 여정에서 우리에게 관대함과 성실을 가르치는 학교이다.

● 은총
자신이 원하는 것 ― 영신수련에서 체험했던 예수님의 수난을 더 깊이 이해하게 해달라고 청한다.

1. 사람들은 예수님의 수난을 기도하면서 다양하게 체험한다. 나도 예수님의 수난을 기도하면서 체험했던 것을 이해하려고 노력한다. 그 예는 다음과 같다. 메마름, 혼돈, 위로받음, 예수님 위로하기 어려움, 필사적인 노력, 동정, 인간 가족 안에서 고통받는 사람들에 대한 깊은 이해, 승인받음 등.
2. 나는 예수님의 수난을 기도하면서 인생에 대해, 헌신에 대해, 결정 실행에 대해, 나 자신의 이미지에 대해 무엇을 발견했나?
3. 내가 영신수련을 하면서 결정을 내렸다면 수난을 기도할 때 그 결정은 어떻게 승인을 받았거나 받지 못하였는가?
4. 나는 영신수련 체험을 바탕으로 다음 글에 담긴 의미를 어떻게 표현하겠는가?

— 예수님의 동정심은 예수님의 수난과 관련된다.

— '그리스도의 영혼'의 '그리스도의 수난은 나를 격려하소서.'

— 예수님의 제자가 되기 위하여, 우리는 날마다 우리의 십자가를 져야 합니다(루카 9:23).

성찰 주제 8: 예수님의 부활

부활하신 주님인 예수님은 하느님의 진정한 이미지이고 지상에서 일어나는 그분의 모든 사건은 그분 안에 실존한다. 영신수련 여정 내내 부활하신 주님의 영은 나와 함께하셨다.

● 은총

원하는 것을 청한다. 부활하신 주님이신 예수님께서 어떻게 나에게 드러내시는지 내적으로 인식하게 해달라고 청한다.

1. 나는 영신수련 여정을 하면서 부활하신 주님인 예수님의 현존을 언제 가장 강하게 의식했는가? 나는 내 곁의 동반자, 모범적인 진리 증거자, 연인, 여왕이나 왕, 친구인 예수님을 체험했는가?
2. 부활을 체험한 나는 다음의 진실을 어떻게 설명하겠는가?

― 우리가 위로받을 때, 그것은 당신이 주시는 위로입니다(II코린 1:6).

― 보지 않고 믿는 사람들은 복되다(요한 20:29).

― 예수님은 개인으로 죽었지만 공동체로 부활하셨다.

― 친구들이 서로 위로하는 방법과 유사하게 예수님은 신비롭게 부활하여 위로하셨대224].

― 다른 사람이 기쁠 때 우리도 같이 기쁜 것은 우리 자신을 초월하라는 부름인가?

3. 죽고 부활하신 예수님의 행동 양식pattern은 우리 영적 여정의 행동

양식이다. 나는 영신수련의 다양한 순간에 그러한 행동 양식을
어떻게 의식했는가? 예를 들면 "나는 영신수련을 시작할 때 새로
운 기도 방법을 배워야 했다. 그렇게 배우면서 나는 하느님 또는
다른 것을 친밀하게 체험하지 못하게 방해하는 기도에 대한 고정
관념을 버려야 했다."

성찰 주제 9: 우리들의 지혜

당신은 영신수련 여정을 성찰함으로써 또한 당신 삶을 성찰함으로써 어려운 때에 균형을 잡게 도움을 줄 생각이나 모순과 격언을 분명하게 표현할 수 있다. 다음은 여정의 동반자들이 제공한 그와 같은 생각이다.

- 이것 중에 어떤 것이 당신의 삶 그리고 영신수련 여정과 조화를 이루는가?
- 당신은 언제 그리고 어떻게 이것들을 진정으로 이해했는가?
- 당신은 자신을 위해 이러한 표현을 어떻게 변화시키고 적용하겠는가?
- 당신이 첨가하고 싶은 말은?

내 자매 리따와 이야기하고 있을 때 그녀는 다음과 같이 말했다. "너도 알다시피 나는 어렸을 때 멋진 꿈을 아주 많이 꾸었지! 그러나 어느 누구도 내 꿈을 키워주지 않았어. 나는 오페라 가수가 될 수도 있었지. 그런 일은 일어나지 않았어. 그러나 일어났던 모든 것은 나의 꿈과 전혀 달랐지."

— 타샤 거윙Tarcia Gerwing

우리가 고통 때문에 체험의 뿌리를 보고 감탄한다면 우리 영성은 강화된다. 상처 입은 우리 자신을 받아들이면 우리는 상처를 극복하려는 유일한 관심에서 벗어나 다르게 살아간다.

— 토머스 모어의 Care of the Soul에서 인용

옷이 몸을 감싸고 피부가 근육을 감싸며 살이 뼈를 감싸고 온몸이 심장을 감싸듯이 하느님의 선은 우리의 영혼과 육신을 감싸고 에워싼다.

─ 노르위치Norwich의 줄리안Julian이 쓴 Revelations of Divine Love에서
인용

유리를 보는 사람은 시선을 유리에 머무를 수도 있다. 또는 그는 원하면 그것
을 통과해서 천국을 발견한다.

─ 조지 허버트George Herbert

즐거움은 무엇이 흘러 들어오는가가 아니라 무엇이 흘러나가는가에 따라
가늠된다. 사용할 욕구라는 그릇이 작을수록 필요한 기쁨은 더 빨리 넘친다.

─ 데이빗 스타인들 라스트David Steindl-Rast의 the Heart of Prayer,
Gratefulness에서 인용

모든 문화를 통해서 현명한 사람들은 다음과 같이 말한다. 사는 기술은 일어
나는 일의 조절이 아니라 일어나는 일의 사용이다.

─ 글로리아 스타이넘Gloria Steinham의 『셀프혁명(A Book of Self-Esteem:
Revolution from Within)』 에서 인용

나는 우리가 신비로운 하느님과 신비로운 우리라는 두 가지 미지의 세계에
서 살고 있음을 깨달았다. 나는 사람이기에 모든 변수variables를 모르고 살면
서도 신중하게 선택해야 함을 깨달았다. 나는 그렇게 사는 것이 내 운명이라
고 생각했으나 이제는 그런 삶으로 초대받고 있음을 깨달았다.

─ 존 벨트리

종종 하느님의 영은 비둘기처럼 당신의 머리 위에 내리고 당신의 마음에

말씀하신다. 하느님의 영은 때때로 꿈과 이미지, 느낌과 기억을 속삭여 주려고 당신 영혼의 무의식이라는 깊은 물에서 헤엄치며 솟구치는 돌고래와 같다.

— 데이빗 하웰스David Howells

분도회 영성으로 보면 우리는 계속 일을 하고 있고 하느님은 일을 끝내기를 바라신다. 세상은 덜 끝났고 개발이 우리의 몫이기에 우리는 일한다.

— 존 치티스터John D. Chittister의 Wisdom Distilled from Daily에서 인용

우리 주술사 중의 어떤 이들은 단순히 머리에 있는 눈을 믿기보다는 언제나 마음의 눈을 통해 세상을 보아야 한다고 말한다.

— 까마귀 개 메리Mary Crow Dog와 리차드 에르도스Richard Erdoes의 Lakota

Woman에서 인용

우리는 너무 정직하려 애쓰고 너무 순진하게 순종하며 너무 세심해서 일을 망쳐버린다. 우리는 노력해서 은총을 바꿀 수는 없다.

— 마가렛 헤블스와이트Margaret Hebblethwaite의 Motherhood and

God에서 인용

인생은 언제나 더 나아지고 있다는 사실을 젊은이들은 모른다.

— 타샤 거윙

용어와 개념 색인

2권 및 3권

약어 표기

▲ 용: 용어풀이

▲ 2권 51 ㅁ3: 2권 51쪽 미주 3번

▲ 3권 32장〉 222-243: 3권 32장의 222-243쪽 참조

▲ 영신: 영신수련

▲ 특: 특별 참조

▲ []: 영신수련 일러두기

ㄱ

■ 가난 Poverty

용; 2권 228, 3권 121; 두 개의 깃발을
보라; [14], [98], [147], [157]

■ 가난한 영 Poverty of Spirit

용; 2권 220, 2권 228, 2권 238, 2권 340,
3권 115; 세 개의 담화, 두 개의 깃발,
세 가지 유형의 겸손을 보라; [98], [146]

■ 감정(영향) affectivity

용; 3권 91, 3권 169, 3권 182, 3권 217,
3권 394 ㅁ8; 감정을 자극하는 서사 담론,
그림 6)3권 43; 식별을 위한 규칙에 포함
된 감정의 움직임, 그림 13, 14, 15〉 3권
181-184; 감정적 회심 3권 279; 영적
위안, 영적 황폐, 거짓 영적 위안을 보라.

■ 강생 Incarnation

용; 2권 322; ~과 치유받는 상태의 피정자
2권 196; 그리스도 나라 전의 강생기도
2권 197; 그리스도교 세계관은 강생임
2권 199; 강생에 대한 주석 2권 199-203;
원리와 기초에 대한 강생적인 태도 2권
309; 강생 기도 2권 322-328; [101]-[109]

■ 개인 지도 성당 피정 Week of Directed
Prayer in

2권 Church Setting 3권 390

■ 개인적인 생각 Private Thoughts

용; 일러두기에서 개생의 의미 [17] 2권
58 ㅁ9, 3권 228; [17], [32]

■ 거짓 영적 위안 Counterfeit Consolation

용; 2권 210, 2권 224, 2권 244, 3권
155, 3권 177, 3권 187, 3권 205, 3권
214; 거짓 영적 위안과 거짓 평화가 다양

용; 2권 200, 3권 327; 전통적 세계관,
발전적 세계관, 사회적 분석, 신학적 성
찰, 신화를 보라.

■ 세 번째 유형의 겸손 Third Kind of Humility
용; 세 가지 유형의 겸손을 보라.

■ 세 가지 부류의 사람들 Three Classes of
Persons
2권 230-234 그리고 비타협적 태도 3권
91; 그리고 치유받는 상태의 피정자 3권
91; [149]-[157]

■ 세상(세속) World
용; 2권 158 ㅁ15, 2권 232, 2권 247;
세상에 대한 하느님의 관계 2권 202,
2권 220, 루치펠과 세상 2권 231; 신화를
보라; [102]

■ 세속적 사랑 | Worldly Love
용; 육적이고 세상의 사랑을 보라, 두
개의 깃발; [9], [63], [97], [142], [146],
[167], [173]

■ 셋째 주간 Third Week
셋째 주간에 들어갈 준비 상태 2권 251,
2권 260; 그리고 승인 2권 253, 2권 259,
2권 263, 268, 부칙과 셋째 주간에 대한
환경을 적용하기 2권 260; 셋째 주간에
대한 주석 2권 259-278; 청하는 은총과
조화 이루기 2권 262; 셋째 주간의 은총과
영적 위안 인식 2권 266; 셋째 주간 적용
2권 276; 셋째 주간 기도 자료 2권
265-271; [190]-[217]

■ 속임수 Deception
용; 2권 391, 2권 406; 속임수의 다양한
종류, 범주 2권 231, 3권 204; 종종 속임수
의 원인과 방법을 드러내는 영적 황폐
2권 232; 두 개의 깃발 2권 232, 3권
114-116; 피정자의 선함과 연결 2권 248;
처음과 중간 나중을 분석 2권 248; 치유받
는 상태의 피정자와 함께 속임수를 비유
적으로 사용 3권 76; 거짓 영적 위안
[331]-[334] 특)[332]

■ 숨겨진 무질서한 경향 Hidden Disordered
Tendency
용; 2권 151-162, 2권 181 ㅁ23, 2권
236; 숨무경 설명 그림, 그림 3)2권 157;
속임수와 관련된 2권 231; [62]

■ 승인 Confirmation
용; 2권 259, 2권 263, 2권 274, 2권
268, 2권 285, 28장)3권 159-172; 공동
체로부터 객관적인 승인이 필요할 수도
있는 주관적 승인 3권 143; 승인받지
못한 결정이 떠오른 뒤 3권 143, 3권
148-150, 3권 160; 그림 11)3권 134;
연구와 성찰을 위한 범례 3권 167-170

■ 시간에 충실하기 Time Commitment
2권 34-39, 2권 76, 2권 225, 2권 290;
구조를 보라; [13]

■ 식별 Discernment
용; 2권 89, 2권 222; 식별의 내용이 둘째
주간을 통하여 변화됨 2권 208-213, 2권

245; 식별 대 해석 2권 208; 미래를 위한 식별 실습 2권 236; 의식 성찰 2권 291; 영신수련 이후 일상 2권 291; 승인 단계에서 식별 범례 3권 166-170; [176], [313]-[336]

■ 신비 Mystery

용; 2권 199, 2권 203, 2권 213, 2권 251, 2권 290, 3권 30, 3권 55, 3권 68; 복음 관상하며 '신비에 들어가기' 2권 203, 2권 209, 2권 222, 3권 46, 3권 50; 그리고 오감 활용 2권 213; 그리고 전문 직업의식 3권 358-361; [127], [206]

■ 신학적 사고 Theological Thinking

용; 3권 354-357; 마음속으로 신사 3권 338; 드러내 놓고 신사 3권 340;[22]

■ 신학적 성찰 Theological Reflection

용; 3권 289-292; 그리고 안내를 위한 팀 모임 3권 386 ㅁ15

■ 신화 Myth

용; 그리스도 나라 2권 195-196, 2권 375-382, 25장〉3권 99-111; 개인적 신화 2권 195, 2권 202, 2권 214, 2권 227, 2권 375-382, 3권 99; 문화적인 신화 3권 99; 예수회의 집단 신화 3권 103 ㅁ6

■ 실존주의 Existentialism

용; 3권 329

■ 심리주의 Psychologism

용; 3권 330, 3권 357

■ 심리치료 상담 Psychotherapeutic Counselling

용; 영신수련의 심리학 2권 77, 2권 226, 2권 387, 3권 181, 3권 185, 3권 193, 3권 217, 3권 221 3권 227, 3권 327 ㅁ16; 영적지도와 다르거나 연관된 점 2권 80-86, 3권 303-316; 영적지도와 겹치는 부분, 그림 21〉3권 304, 그림 22〉3권 313, 그림 23〉3권 314; 성취할 수 있는 것으로서 온전함에 대한 환상 3권 317; 그리고 영적지도 기술의 개발 3권 364

■ 심리학적 소양 Psychological Literacy

용; 2권 387, 3권 181, 3권 307-317; ~과 개인주의 3권 330-332, 3권 362-367

ㅇ

■ 악한 영 Evil Spirit

용; 3권 217; 3권 226 ㅁ28; 선한 영을 보라; [313]-[315]

■ 악한 천사 Bad angel

용; 3권 226, 3권 217, 3권 217-219, 3권 223, 3권 225-228; 악한 영, 천사, 성령을 보라; [329]

■ 애정(애착) Affections

용; 2권 387; 3권 113-118; 감정을 보라.

■ 양심 성찰 Examen of Conscience

용; 의식 성찰과 다른 점 2권 88; [43]

■ 어둔 밤 Dark Night

용; 황폐와 다름 3권 193 ㅁ15, 3권 198